中国古代文论选读

皮朝纲　蒲友俊　张小元　编著

电子科技大学出版社
·成都·

图书在版编目（CIP）数据

中国古代文论选读 / 皮朝纲，蒲友俊，张小元编著
.—成都：电子科技大学出版社，1993.6（2024.8 重印）

ISBN 978-7-81016-710-9

Ⅰ.①中… Ⅱ. ①皮…②蒲…③张… Ⅲ. ①古典文学—文学理论—中国 Ⅳ. ①I206.2

中国版本图书馆 CIP 数据核字（2008）第 087310 号

中国古代文论选读

皮朝纲　蒲友俊　张小元　编著

出　　版：电子科技大学出版社（成都市一环路东一段 159 号电子信息产业大厦九楼　邮编：610051）
责任编辑：徐守仁　汤云辉
责任印制：梁硕
主　　页：www.uestcp.com.cn
电子邮箱：uestcp@uestcp.com.cn
发　　行：新华书店经销
印　　刷：成都金龙印务有限责任公司
成品尺寸：130mm×185mm　印张 10.375　字数 224 千字
版　　次：1993 年 6 月第 1 版
印　　次：2024 年 8 月第 15 次印刷
书　　号：ISBN 978-7-81016-710-9
定　　价：29.00 元

说　　明

四川省高教自考汉语言文学专业本科段教材由该专业主考院校四川师范大学根据上级有关部门的精神，组织专家、教授严格按照自学考试大纲的规定和标准编写，经四川省高教自考委员会汉语言文学专业指导组负责人审定。我们编写这套教材的目的主要是为我省参加汉语言文学本科段自学考试的同志提供适合自学特点的教材，以应急需。同时也是为了减少教材征订环节，缩短发行周期，保证按时向考生提供所需教材。

这套教材与原使用的教材在内容、体例、标准上相同。考生可在这套教材和原使用的教材之间任选一种使用。

编　者

1993年5月

目　录

第一章　先秦文学理论

先秦时期，指我国自有史以来至秦王朝建立这一漫长的历史时期，这一时期文学理论的性质特点和先秦文学的历史现状是互相呼应的。

首先，先秦文学理论还处于萌芽状态。从远古至秦末期，诗歌还没有完全从与音乐、舞蹈的原始综合体中独立出来，散文还附庸于史学和哲学之中，人们对文学本身的性质、特征还缺乏自觉的认识。尽管在春秋末期已出现了“文学”一词（见《论语·先进》），但其概念所包含的内容却相当广泛，基本上就是一切文化学术的总称，大约与今天所谓狭义的“文化”同义。所以，在当时情况下，还不可能出现任何形式的文学理论专著，所谓的文学批评往往是就事论事，如论诗仅限于“诗三百”（即《诗经》），人们的文学观点、观念往往以片言只语的形态散见于各种文化典籍及文学作品本身之中。诸如部分历史著作（如《尚书》、《左传》）、诸子哲学（如《论语》、《孟子》、《荀子》、《墨子》、《庄子》）和文学作品（如《诗经》、《楚辞》）等，就点点滴滴地记载了不少原始形态的文学批评和文学理论，它们是我国古代文论的萌芽或滥觞。

其次，先秦早期的文学理论，可以追溯到《尚书》时代。而主要成就则反映于春秋战国之际的诸子著述之中。当时社会性质急剧变动，各阶级都企图为实现自己的政治理想寻找理论依据，整个思想文化领域出现了“诸子横议，百家争鸣”的生动局面，学术思想十分活跃。随之产生的文学批评，都打上了各家的思想烙印。从总体上说，这些思想，包括文学理论，都与当时的社会生活有密切关系，但却并不像后世那样受到统治阶级的直接干预和控制，或多或少地表现出一种自由多样的色彩，因而于文艺美学常有真知灼见。

再次，在先秦诸子中，最有代表性的是儒、道两家学派。他们共同奠定了我国古代文学理论批评的基础，对后世的影响极大。儒家学派的代表人物有孔子、孟子、荀子。孔子的文学理论着重阐述了文学的社会作用，提供了著名的“兴观群怨”说；孟子则提出了文学批评的具体方法，主张“知言养气”、“以意逆志”和“知人论世”；荀子则进一步发展了儒家的学说，阐述了创作的原则，初步奠定了“明道、征圣、宗经”三位一体的封建社会正统文学观，反映了战国后期儒家文学理论逐步适应封建大一统政治需要的发展趋势。道家的代表人物是老子和庄子，他们的理论很少直接谈到文学，但从哲学的高度论述了美与道的关系，特别是庄子关于自然美、言意关系和浪漫主义创作方法的论述，对后世的文学创作和文学理论，更产生了深远的影响。总之，儒家的文学理论以政教为中心，注意探讨文学与社会生活的关系；道家的文学理论以审美为中心，注重探讨文学自身的规律，儒道互补，为我国文学理论的全面发展，打下了坚实的基础。

墨家和法家，在先秦也是“显学”，他们都对文学发表了自己的见解。墨子主张文学要“尚质”、“尚用”，提出了“言有三表”的写作原则和标准，对后世文学理论有一定积极影响。法家则根本上反对文学，比如韩非子就说："工文学者非所用，用之则乱法"（《韩非子·五蠹》），主张对文学实行专制、禁锢。这种理论在两千多年的封建社会中虽然阴魂不散，成为统治阶级实行文化专制、大搞文字狱的思想武器，但作为文学批评，在理论上却遭到了人们的遗弃。因此本章只着重介绍儒、墨、道三家文学思想，法家就从略了。

第一节 "诗言志"

[说明]

"诗言志"最早见于《尚书·舜典》。

《尚书》是现存最早的关于上古（虞、夏、商、周初）时期典章文献的汇编。其中保存了商及西周的一些重要史料，比较可靠，虞、夏之事则多系传闻的追述，并非信史。此书相传曾由孔子刊定，被儒家列为经典之一。后遭秦火，至西汉初仅存二十八篇，据说由伏生口授用汉时通行文字隶书抄写，是为《今文尚书》（以别于伪《古文尚书》），《舜典》是其中的一篇，为"诗言志"一语的最早出处。

《尚书·舜典》关于"诗言志"这一段文字，记载了传说中舜帝与当时主管文艺的乐师夔的一次对话（但不能简单地看成是尧舜时代的文学理论）。当时，诗、乐、舞是三位一体的，舜论乐而及诗。从文论的角度看来，这段话有三点值得注意。

一、用"诗言志"概括了诗歌表情达意的基本特征。"诗言志”，《史记·五帝本纪》作“诗言意”，“志”即“意”，指人的内心意念，汉人《毛诗序》说：“在心为志，发言为诗。”闻一多先生在《歌与诗》一文中对“志”有精辟的解释。他说：“志字从‘㞢’，卜辞‘㞢’作‘㞢’，从‘止’下‘一’，像人足停止在地上，所以‘㞢’本训停止……‘志’从‘㞢’从‘心’，本义是停止在心上。停止在心上亦可说是藏在心里。”可见“诗言志”的初始意义就是说诗要表现人的内心思想感情活动。把人“藏在心里”的志意、意念用语言表达出来，就是诗。这个论断高度地概括了诗歌作为语言艺术的本质特征：诗是表现的、抒情的。

二、提出了诗歌教育作用的要求和理论。舜的这段话，阐述了诗歌内容、形式和作用三方面的要求，认为这三者是互相联系的。从“言志”到“和声”，到“八音克谐，无相夺伦，神人以和”，内容和形式都达到了一种和谐统一的美，这样就能实现“教胄子：直而温，宽而栗，刚而无虐，简而无傲”的目的，即为统治阶级培养具有“中和”之美的理想人格。这对形成儒家“诗教”的传统理论是不无影响的。

三、朱自清先生指出“诗言志”是中国古代诗论“开山的纲领”（《待言志辨·序》），说明了这一理论在中国文学史上的历史地位和深远影响。中国古代抒情诗繁荣而叙事诗不够发展；论诗注重表现的“缘情”、“贵意”和“神韵”、“意境”，都与“诗言志”的主张密切相关。毛泽东同志从无产阶级的立场出发，书写“诗言志”三字赠给文艺工作者，给这一理论注进了新的内容。

[原文]

《尚书·舜典》(节录)

帝[1]曰:“夔![2]命女典乐,教胄子[3]:直而温,宽而栗,刚而无虐,简而无傲[4],诗言志,歌永言,声依永,律和声[5]。八音克谐,无相夺伦,神人以和[6]。”夔曰:“於[7]!予击石拊石,百兽率舞[8]。”

[注释]

[1] 帝:指舜。

[2] 夔:人名,相传尧舜时掌管音乐的人。

[3] 女:同汝。典,主持。乐,音乐。胄,帝王和贵族的后代。

[4] 这四句说:通过音乐潜移默化的教育,培养“胄子”:“正直而温和,宽宏而庄严,刚毅而不暴虐,简易而不傲慢”的理想人格。栗,坚貌。

[5] 言:用语言表达。永,长。律,乐律。这四句意思是说:诗用语言表达思想感情,歌则拖长诗的语言徐徐咏唱,声音的高低起伏与歌咏相配合,又用乐律来调和歌声。

[6] 八音:指分别用金、石、土、革、丝、木、匏、竹八种材料制作的乐器。克,能。伦,次序。这三句意思是说,八种乐器的演奏要和谐统一。不要搞乱了相互之间的位置次序,让神和人听了都感到和乐。

[7] 於(Wū):叹词。

[8] 予：我。石，磬。拊，小击。百兽，指由人化装的各种动物图腾。率，相从。

第二节　孔子的文学思想

[说明]

孔子（前551—前479），名丘，字仲尼，鲁国陬邑（今山东曲阜）人。孔子是春秋末期著名的思想家、教育家和政治活动家。他的一生致力于维护正在崩溃中的奴隶制度，希望通过复兴“周礼”以维持社会的稳定与进步，这在客观上是与当时历史发展的方向背道而驰的。因此他的主张总是遭到一些新兴封建势力的反对，导致了他的政治活动的失败。中年以后，孔子便以全部的精力从事教育工作，整理、研究古代文化典籍，创立了以仁学为核心的儒家思想体系。他的文艺思想作为这一体系的一个组成部分，既是对当时文学艺术在实际社会生活中的地位和作用的理性概括，也是对我国古代早期文艺思想发展的归纳总结，因而具有深厚的传统基础，对后世文学创作和文学理论的发展产生了巨大的影响。

孔子的文学思想，主要保存在《论语》之中。孔子作为一个积极“用世”的儒学开创者，他的文艺思想的现实主义精神是相当突出的，这主要表现在他对“诗教”的强调，而“诗教”的中心点则是为政治服务。孔子认为《诗三百》对培养符合封建道德标准的理想人格具有决定性意义，他说：“兴于诗，立于礼，成于乐。”（《论语·泰伯》）认为在这个君子修身、立身、成性的过程中，学诗是首要的第一步。孔子还说过：“温柔敦厚，诗教也。”（《礼记·经解》），肯定了诗的“中和之美”对人的潜移默化作用。

本节选录《论语》十五则，可以反映孔子文学思想的主要内容，并从中看出他强调“诗教”为政治服务的宗旨。这些内容有以下几个要点：

一、强调文学的社会作用。孔子认为学诗有多方面的功用，而核心的东西是为封建礼教、政治服务。他说：“小子！何莫学夫诗？诗可以兴，可以观，可以群，可以怨。迩之事父，远之事君；多识于鸟兽草木之名。”（《论语·阳货》）。这就是孔子著名的“兴观群怨”说，它概括了文学的社会作用，其中特别强调观风俗、考得失，以及干预政治（“可以怨”）和“事父事君”的礼教内容。

二、主张内容与形式的统一。在文学作品内容和形式的关系问题上，孔子主张先“质”而后“文”，认为内容决定形式，形式为内容服务。他以美人的“巧笑倩兮”和绘画的“绘事后素”（《八佾》）为喻，说明了文学以思想内容为本的道理。但他并不轻视形式技巧，而是主张“文质彬彬”，要求文质并重，内容和形式完美统一。据《左传·襄公二十五年》记载，孔子说过“言之不文，行之不远”的话。

三、重视“中和”之美。孔子评论《关雎》说：“乐而不淫，哀而不伤。”意思是说《关雎》所表现的感情快乐而不放荡，忧愁而不悲伤。表明了孔子对“中和”之美的肯定。孔安国就明确指出这一点：“乐不至淫，哀不至伤，言其和也。”孔子在哲学上主张“中庸”，认为“过犹不及”，反映在审美追求上便是“致中和”。孔子一方面肯定了情感追求的合理性，一方面又主张这种情感追求要受到一定的理性制约，使之处于适度状态，这样才能符合“温柔敦厚”的诗教理想。因为这个道理，所以它主张“放郑声”，理由是“郑声淫”。

四、提出了文学批评的两个标准：一个是思想的标准，一个是艺术的标准，具体地说就是“善”与“美”两个标准。孔子主张美善统一，“尽善尽美”。但实际上孔子是把思想标准（善）放在第一位，而把艺术标准（美）放在第二位的。“子谓《韶》，尽美矣，又尽善也。谓《武》，尽美矣，未尽善也。”（《八佾》）孔子推崇更符合“礼”义的“禅让”，而反对暴力革命，所以扬《韶》而抑《武》。又，他肯定《诗三百》，是因它“思无邪”，即思想感情的内容没有离经叛道的东西。这些都说明孔子为了文学更好地服务于一定的政治教化目的，总是把思想标准放在首位的。

[原文]

《论语》（选录）

子贡[1]曰：贫而无谄[2]，富而无骄，何如？子曰：可也；未若贫而乐道，富而好礼者也。子贡曰：《诗》云：“如切如磋，如琢如磨[3]”，其斯之谓与？子曰：赐也，始可与言《诗》已矣，告诸往而知来者。（《学而》）

子曰：《诗三百》[4]，一言以蔽之，曰：思无邪[5]。（《为政》）

子夏[6]问曰：“巧笑倩兮，美目盼兮，素以为绚兮[7]。”何

谓也？孔子曰：绘事后素。曰：礼后乎[8]？子曰：起予者[9]商也；始可与言《诗》已矣。（《八佾》）

子曰：《关雎》乐而不淫，哀而不伤[10]。（《八佾》）

子谓《韶》[11]。尽美矣，又尽善也。谓《武》[12]。尽美矣，未尽善也。（《八佾》）

子曰：质胜文则野，文胜质则史[13]。文质彬彬[14]，然后君子。（《雍也》）

子曰：兴于诗，立于礼，成于乐[15]。（《泰伯》）

子曰：诵《诗》三百，授之以政，不达[16]；使于四方，不能专对[17]；虽多，亦奚以为[18]？（《子路》）

子曰：有德者必有言，有言者不必有德。（《宪问》）

颜渊问为邦[19]，子曰：行夏之时，乘殷之辂，服周之冕，乐则韶舞[20]，放郑声，远佞人。郑声淫，佞人殆[21]。（《卫灵公》）

子曰：辞达而已矣[22]。（《卫灵公》）

……鲤趋而过庭[23]，曰：学诗乎？对曰：未也。曰：不学诗。无以言。鲤退而学诗。（《季氏》）

子曰：小子！何莫[24]学乎诗？诗可以兴[25]，可以观[26]，可以群[27]，可以怨[28]。迩之事父，远之事君[29]；多识于鸟兽草木之名[30]。（《阳货》）

子谓伯鱼曰：女为《周南》、《召南》矣乎[31]？人而不为《周南》、《召南》。其犹正墙面而立也与[32]。（《阳货》）

子曰：恶紫之夺朱也[33]，恶郑声之乱雅乐[34]也，恶利口之覆邦家者[35]。（《阳货》）

[注释]

[1] 子贡：孔子的学生，姓端沐（一作木），名赐，字子贡。

[2] 谄：谄媚，奉承。

[3] 如切如磋二句：见《诗·卫风·淇奥》。切、磋、琢、磨，分别指骨的加工、象牙的加工、玉的加工、石的加工的工艺。《淇奥》是一首恋歌，这两句形容一位男子像是用象牙、玉石雕琢出来的一样美好。子贡用来比喻孔子所说的意思是精益求精。

[4] 《诗三百》：《诗经》最初无名称，或只称《诗》，或举其作品约数，称《诗三百》。

[5] "思无邪"：思原作语助词，但后人多解作思想或意思之思，语义是一致的。

[6] 子夏：孔子的学生，姓卜，名商，字子夏。

[7] 巧笑倩兮三句：上二句见《诗·卫风·硕人》。"素以为绚兮"可能是散佚了的一句。倩，面貌美好。盼，顾盼，企慕。素，洁白的绢。绚，彩色花纹。

[8] 绘事后素二句：绘事，指绘画。素，白色的底子。意谓先有白色的底子，然后再在上面作画，礼后乎，是不是礼在后呢？意指"礼"作为文饰后于"仁"的内容，服务于内容的表现，使内容的美具体可感。

[9] 起予者：启发我的。

[10] 《关雎》二句：《关雎》是《诗·国风·周南》的首篇，为青年男子求偶的恋歌。淫，过度佚乐；伤，过度悲哀。这两句肯定《关雎》所表达的思想感情合于中和之美。

[11] 《韶》：相传为虞舜时乐曲，据说是表现舜接受尧的禅让继承其统业的内容。

[12]《武》：相传为武王时乐曲，据说是表现武王伐纣建立新王朝的内容。

[13]质胜文二句：质，质朴；文，文采。野，粗野。史，史官，以雕琢文书为职业，引申为浮华之义。

[14] 文质彬彬二句：彬彬，质朴和文采配搭很适当的样子。这两句意思是只有文采与材质配合适当，然后才能成为君子。

[15] 兴于诗三句：兴于诗，包咸注："兴，起也，言修身当先学诗。"立于礼，刘宝楠注："学礼可以立身，立身即修身也。"成于乐，包咸注："乐所以成性。"指音乐有助于品性的修养形成。这三句讲诗、礼、乐三种文艺形式对君子修身养性的重要意义。

[16] 不达：达，通达，谓学诗可以通达于政事。不达，指不能通达于政事。

[17] 专对：春秋时期，士卿大夫出使四方列国，应对聘问，通行赋诗言志（即引用诗句委婉表达自己的意思），为外交对答，谓之"专对"。这里泛指外交。

[18] 奚（xī西）：何。这句说，即使读了很多诗，又有什么用处？

[19] 颜渊：孔子最得意的学生，名回，字子渊。为邦，治理国家。

[20] 行夏之时四句：时，指历法。辂（lù，音路），指车子。冕，礼帽。韶舞，当作《韶》、《武》。这四句说，建立国家制度应当集前代众美之大成：实行夏朝的历法，乘坐殷代的大车，穿戴周朝的礼帽，演奏上古乐曲《韶》、《武》。

[21] 放郑声四句：放，禁绝，郑声，产生于郑国地区的民间音乐，远，疏远，斥退。佞人，小人，殆，危险。

[22] 这句话意思是：言辞足以达意就行了。

[23] 鲤：孔子的儿子，字伯鱼。趋：快步走。

[24] 何莫：何不。

[25] 兴：感发，感动。指诗歌启发鼓舞读者的感染作用。

[26] 观：观风、观志，指通过诗歌考察社会现实的认识作用。

[27] 群：人与人之间的和同、团结，指通过诗歌互相交流感情，进而达到互相感化，增进团结的教育作用。

[28] 怨：指抒发怨情，批评不良政治的讽刺作用。

[29] 迩之事父二句：迩（ěr），近。事，事奉，服务。这两句意为：从近的说可以孝敬父母，从远的说可以侍奉君主。

[30] 多识于句：《诗经》中出现各种动植物之名，大都是用于比兴的寄托物，但作为自然知识，对读者不乏认识作用。

[31] 女为句：女，同汝。《周南》、《召（shào）南》，都属《诗经》十五国风之一。这句说，你研究过《周南》、《召南》等《国风》里的歌诗了吗？

[32] 这句意思是：那岂不像面对墙壁站着吗？言外之意是什么也看不到，一步也不能前进。

[33] 恶：憎恨。紫，间色。夺，变革取代。朱，正色。

[34] 雅乐：典型的正声，常与俗乐相对而言。

[35] 覆，颠覆。邦家：诸侯的封地为邦，大夫的领地为家；这里泛指国家。

第三节　墨子的文学思想

[说明]

墨子（约前480—前420），名翟，鲁国人，墨家学派的创始人。他生活在战国初期，稍后于孔子。墨子承认自己是

“贱人”，曾经作过造车子的工匠。据说他早年受过儒家的教育，后来抛弃了儒家思想，创立了自己的学派，成为小生产者的代言人。据《汉书·艺文志》著录，《墨子》七十一篇，现存五十三篇。《墨子》一书，是墨翟的弟子们根据笔记整理而成，虽非墨子亲手写定，但其主要内容是墨子的思想。研究《墨子》的文学观，应着重注意其《非乐》和《非命》篇中的有关论述。

墨子文学思想的基本精神是“尚用”、“尚质”，由此他提出了两个重要的文学观点，即“非乐”说和“三表”说。

先谈“非乐”说。“非乐”即否定和反对音乐。墨子把礼乐看成是统治阶级的奢侈享乐，对人民的生活、生产是不利的。

他说：“上考之不中圣王之事，下度之不中万民之利。是故墨子曰：为乐非也。”（《非乐》）墨子站在小生产者的立场，指出了统治阶级和劳动人民在文化生活上的对立和悬殊，是有积极意义的，但他因此一般地否定文学艺术超功利的审美娱乐作用，则带有很大的狭隘性。

再谈“三表”说，墨子在《非命》篇中提出了“言必有三表”的主张。什么是“三表”呢？墨子说：“有本之者，有原之者，有用之者。”即有所根据，有所考察，有所应用。他进一步解释说：“本”就是“上本之于古者圣王之事”，以历史经验为依据，“原”就是“下原察百姓耳目之实”，主张从关心人民的生活出发，考察社会现实；“用”就是“废（应是发字，实施之义）以为刑政，观其中国家百姓人民之利”，强调有利于国计民生的政治功用。墨子认为，这“三表”乃是立言之“仪”，即著文立论的标准、法则。他说；“必立仪，言而无仪，譬犹运钧之上，而立朝夕者也，是非利害之辨，不可得而明知也。”就是说没有一定历史依据和现实基础及实际功用的理论、文章，等于痴人说梦，胡言乱语，是没有任何意义的。可见墨子的“三表”说，从客观上说明了文学应根据历史和现实的基础并服务于社会人生的性质和功能，是具有朴素的唯物主义和现实主义因素的。

墨子的“非乐”和“三表”说是一致的，其基本精神都是“尚用”、“尚质”。从中我们可以看到两点，其一是墨子“非乐”是仅对音乐而言，并不否认文学著述，认为这是“仁者之事”，只要根据“三表”的原则立言，便对于“兴天下之严，除天下之害”（《非乐》）有很大的社会实用价值；其二却是忽略了文艺的审美价值。也许墨子对文学和音乐这两个不同的艺术种类更多地看到了它们的区别，而忽视了它们的共同之处，所以它对文学的认识是绝对功利主义的“尚质”、“尚用”，对“目之所美，耳之所乐”（《非乐》）持全盘否定的态度，不理解文学超功利的审美价值，这必然导致他将“文”与“质”割裂或对立起来，与孔子“文”、“质”并重的思想是大异其趣的。所以墨子所讲的文学更是广义的，主要指一般的学术文、政论文。

[原文]

墨子（选录）

子墨子言曰：仁之事者[1]，必务求兴天下之利，除天下之害，将以为法乎[2]天下，利人乎即为，不利人乎即止。且夫仁者之为天下度[3]也，非为其目之所美，耳之所乐，口之所甘[4]，身体之所安，以此亏夺[5]民衣食之财，仁者弗[6]为也。是故子墨子之所以非乐者，非以大钟、鸣鼓、琴瑟、竽笙之声以为不乐也；非以刻镂文章之色以为不美也：非以刍豢煎炙[7]之味以为甘也；非以高台厚榭邃野[8]之居以为不安也。虽身知其安也，口知其甘也，目知其美也，耳知其乐也；然上考之不中[9]圣王之事，下度[10]之不中万民之利。是故子墨子曰：为乐非也。(《非乐上》)

子墨子言曰：必立仪[11]。言而毋[12]仪、譬犹运钧之上，而立朝夕者也[13]；是非利害之辨[14]，不可得而明知也。故言必有三表[15]。何谓三表？子墨子言曰：有本之者[16]，有原之者[17]，有用之者[18]。于何本之？上本之于古者圣王之事；于何原之？下原察百姓耳目之实；于何用之？废[19]以为刑政，观其中[20]国家百姓人民之利，此所谓言有三表也……(《非命上》)

……辟[21]也者，举它物而以明之也。侔[22]也者，比辞而俱行也[23]。援[24]也者，曰：子然，我奚独不可以然也[25]。推也者，以其所不取之，同于其所取之，予之也[26]。是犹谓也[27]者同也。吾岂谓也者异也。(《小取》)

[注释]

[1] 仁之事者：当作“仁者之事”，据孙诒让《墨子闲诂》。

[2] 为法乎：为法，做榜样。乎，同于。

[3] 度：谋划。

[4] 甘：美味。

[5] 亏夺：减损、剥夺。

[6] 弗为：不干，不作。

[7] 刍豢煎炙：刍（chú），食草动物，如牛羊之类。豢（huàn），食谷动物，犬豕之类。煎、炙（zhì），煎肉，烤肉。

[8] 厚榭邃野，厚榭（xiè）：建筑在高台上的宽大屋子。邃（suì），深。野，屋宇。古读野如宇，故与宇通。

[9] 中（zhòng）：符合。

[10] 度（duó）：忖度。衡量。

[11] 这句疑作“言必立仪”，说见《墨子闲诂》。仪，表，标准。自必立仪，意为说话，写文章必先树立判断事物真假是非的标准。即下文提出的“三表”。

[12] 毋：同无。

[13] 譬犹运钧句：譬犹，譬如。运，运转。钧，制陶器所用的转轮。立，树立。朝夕，这里指测日影的仪表，古代以此计时。全句意思是，说话写文章如果没有一定的标准，就好比在转动的轮子上立一个测日影的仪表。不可能测准方向。

[14] 辨：区别、区分。这里作名词，为下句“知”的宾语。

[15] 三表：判断是非的三个标准。表，标志，标准。

[16] 有本之者：本，作动词；意谓考察其本始，言之有据。

[17] 有原之者：原，作动词，意谓考察其缘故，言之有理。

[18] 有用之者：意谓考察其效果，言之有用。

[19] 废：读为“发”；实施。

[20] 中：符合。

[21] 辟：譬喻。

[22] 侔（móu）：相等。

[23] 比辞句：比较两个命题，如果两者相等，一个命题是正确的，另一个命题便也是正确的。

[24] 援：援例。

[25] 这句意思是：你这样说既然是对的，我这样说为什么偏偏就不可以是对的呢？子，你。然，这样。奚（xī），何、什么。

[26] 推：推求，由已知推断未知。这几句意思是，根据许多已经观察到的事物（“所取者”）归纳出它们的共同点，由此推断其他尚未观察的同类事物（“所不取”）也具有这种共同点。这种方法，叫做推。即今之演绎法。

[27] 也：与“它”字通，下句中“也”字同此。

第四节　孟子的文学思想

[说明]

孟子（约前372—前289）名轲，战国中期邹（今山东邹县）人。他是儒家学派的继承者，有“亚圣”之称，其文学思想，主要保存在《孟子》一书中。此书是由孟子和他的弟子万章等人共同写作的。

孟子虽然没有系统地阐述过他的文学观，但他提出的“以意逆志”说、“知人论世”说和“知言养气”说，对我国古代文学批评鉴赏却产生了较大的影响，成为他在文论上的主要贡献。

先谈“以意逆志”说。这是孟子针对他的学生咸丘蒙拘泥于《小雅·北山》一诗的个别词句，不懂诗歌语言的艺术特征，以致不能正确把握诗意的情况下提出来的理论。孟子认为，文学语言有其特殊性，如暗示、委婉、夸张等，说诗的人不应拘泥于语言文字而妨碍对诗人之志的正确理解，孟子批评咸丘蒙对《小雅·北山》的误解，指出正确的读诗方法应该“不以文害辞，不以辞害志，以意逆志，是为得之”。又举《云汉》之诗“周馀黎民，靡有孑遗”为例，说如果“信斯言也，是周无遗民也”。

在文学理论史上，由于对“意”的不同理解，对孟子“以意逆志”说也就产生了三种不同的说法。一种认为：以己（读者）之意推求诗人（作者）之志（如赵岐、朱熹乃至朱自清等）；一种认为：以诗人之意推求诗人之志，所谓“就诗论诗”（如吴淇、王国维等）；还有一种认为从作品全篇的立意，推求诗人之志（如《中国大百科全书》文学卷）。我们认为，作者之志、读者之意和作品全篇的立意应该是相通的，它们通过读者的能动作用而得到统一。所以我们基本赞同朱自清先生的说法：“以己意迎受诗人之志而加以‘钩考’（《诗言志辨·比兴》），不过“己意”并非读者的凭空臆想。

总之，“以意逆志”的理论说明了：第一，孟子看到了诗歌语言有其艺术表现的特殊性，第二，孟子注重文学作品内容、形式和表现手法的整体性、统一性，反对把作品任何构成因素孤立起来作机械的割裂，理解；第三，孟子意识到了文学作品接受者（读者）在批评鉴赏活动中的主体能动作用。

再谈“知人论世”说。“知人论世”本是孟子论“尚友”之道的主张。所谓“尚（上）友”，就是向上与古人交朋友。孟子认为一个称得上世界性的优秀人物，是不会以能够与全世界的优秀人物交友为满足的，他将上与古人交朋友。所谓与古人交朋友，就是诵古人的诗，读古人的书。而“颂（诵）其诗，读其书，不知其人可乎？是以论其世也”。孟子看到了作品与作家本人及其所处时代环境之间的关系，所以“知人论世”实际上成了一种文学批评的主张。

最后谈“知言养气”说。孟子认为“知言”和“养气”是自己的长处。他讲的“知言”是指能够看出各种言辞背后所隐藏的实质。主要指“诐”、“淫”、“邪”、“遁”等言辞的“所蔽”、“所陷”、“所离”、“所穷”。他讲的养气，是指人的内在修养，主要是儒家的伦理道德的思想修养，所谓“配义与道”。看来孟子已把“养气”作为“知言”的先决条件。肯定了读者主体的思想水平和内在修养在文学批评中的决定性意义。这对后世的种种“文气”说都产生了这样那样的影响。

[原文]

孟子（选录）

……“敢问夫子恶乎长？”[1]曰：“我知言[2]，我善养吾浩然之气。”“敢问何谓浩然之气？”曰：“难言也。其为气也，至大至刚[3]，以直养而无害[4]，则塞[5]于天地之间。其为气也，配义与道；无是[6]，馁也[7]。是集义[8]所生者，非义袭而取之也[9]。行有不慊[10]于心。则馁矣。”……“何谓知言？”曰：“诐辞知其所蔽[11]，淫辞知其所陷[12]。邪辞知其所离[13]，遁辞知其所穷[14]……”（《公孙丑上》）

……咸丘蒙[15]曰：“舜之不臣尧，则吾既得闻命矣[16]。诗云：‘普天之下，莫非王土；率土之滨，莫非王臣’，[17]而舜既为天子矣，敢问瞽瞍[18]之非臣，如何？”曰：是诗[19]也，非是之谓也；劳于王事而不得养父母也。曰：‘此莫非王事，我独贤劳也。’[20]故说诗者[21]，不以文害辞[22]，不以辞害志[23]；以意逆志[24]，是为得之。如以辞而已矣，《云汉》[25]之诗曰：‘周馀黎民，靡有孑遗’。[26]信斯言也，是周无遗民也[27]……”（《万章上》）

孟子谓万章[28]曰：“一乡之善士[29]，斯友一乡之善士，一国之善士，斯友一国之善士，天下之善士，斯友天下之善士。所友天下之善士为未足，又尚[30]论古之人。颂[31]其诗，读其诗。不知其人，可乎？是以论其世也。是尚友[32]也。”（《万章下》）

公孙丑[33]问曰：“高子[34]曰：《小弁》[35]，小人之诗也。”孟子曰，“何以言之？”曰：“怨。”曰：“固[36]哉，高叟之为诗[37]也！有人于此，越人关弓[38]而射之，则己谈笑而道之[39]；无他，疏之也。其兄关弓而射之，则己垂泣而道之[40]；无他，戚[41]之也。《小弁》之怨，亲亲[42]也。亲亲，仁也。固矣夫，高叟之为诗也！”曰：“《凯风》[43]何以不怨？”曰：“《凯风》，亲之过小者也；《小弁》，亲之过大者也。亲之过大而不怨，是愈疏也；亲之过小而怨，是不可矶[44]也。愈疏，不孝也；不可矶，亦不孝也。孔子曰：‘舜其至孝矣，五十而慕。’[45]”（《告子下》）

[注释]

[1] 此句为孟子学生公孙丑问孟子的话。恶（wū）：何。长：擅长。

[2] 知言：善于分辨别人的言辞。

[3] 至大至刚：极伟大、极刚强。至：极、最。

[4] 以直养句：直养，赵岐注：“养之以义。”无害，不伤害。这句

意思说：用正义去培养它而不加以伤害。

[5] 塞：充满。

[6] 是：指“配义与道”。

[7] 馁（něi）：饥饿。引申为疲乏无力。

[8] 集义：朱熹《孟子集注》：“集义，犹言积善。”指内心的道德修养是一种“义”的积累过程。

[9] 非义袭句：不是把正义从外强加到内心。袭，突击。

[10] 慊（qiè）：快意、满足。

[11] 诐（bì），片面。片面的言辞我就知道它所掩盖的地方。

[12] 淫辞句：淫，过度。过分的言辞我就知道它所失足的地方。

[13] 邪辞句：离，背叛。邪僻的言辞我就知道它背离正道的地方。

[14] 遁辞句：遁，逃。穷，理劣。躲闪的言辞我就知它理屈的地方。

[15] 咸丘蒙：孟子的学生。

[16] 舜之不臣尧二句：不臣尧，不以尧为臣。这两句承上文孟子回答咸丘蒙的话而来，意思说，尧年迈退休，舜代理执行天下事，并不曾以尧为臣，自为天子，这个道理我已听老师（指孟子）讲清楚了。

[17] 诗云以下四句：见《诗·小雅·北山》。率，循。这四句说：遍天下没有一块地不是天子的土地，在所有的土地上没有一个人不是天子的臣民。

[18] 瞽瞍（gǔ sǒu）：瞎子。此指舜的父亲。

[19] 是诗：这几句诗。指前引《北山》诗。

[20] 贤劳：《毛传》：“贤，劳也。”贤劳即劬劳。

[21] 说诗者，解说诗的人。

[22] 以文害辞：谓断章取义地割裂个别字眼以曲解其辞句。

[23] 以辞害志，就辞句的表面作解释，因而歪曲了作品的原意。

[24] 以意逆志：逆，推测，钩考。这句说“以己之意‘迎受’诗人之志而加以‘钩考’”。（朱自清《诗言志辨·比兴》）。

[25] 云汉：《诗·大雅》篇名。周宣王时大旱，诗人忧虑而作此诗。

[26] 周馀黎民二句：黎民，众民。靡有孑遗，没有一个存活下来。这是夸张之辞。

[27] 这句说：如果把这两句诗当真了，就会以为周朝真的没有剩下一个人。

[28] 万章：孟子的学生，齐国人。

[29] 善士：优秀人物。

[30] 尚：同上，有追溯的意思。

[31] 颂：同诵。

[32] 尚友：擅长与古人交朋交。

[33] 公孙丑：孟子的学生，齐国人。

[34] 高子：即下文高叟，齐国人。

[35] 《小弁（biàn）：《诗·小雅》篇名，《诗序》，认为是“太子之傅（老师）作”，刺幽王信褒姒之谗故逐太子宜臼的事。

[36] 固：固执，机械地看问题。

[37] 为诗：解说诗。

[38] 关弓：弯弓，张弓。

[39] 则己句：道，忠告，劝诫。因为和越人关系疏远，所以劝告时语言和缓，以谈笑出之。

[40] 则己句：因为跟兄长的关系亲近，所以劝告的话说得迫切，出之以号泣，欲其兄必听。

[41] 戚：亲。

[42] 亲亲：前一个亲字是动词。

[43] 《凯风》：《诗·邶风》篇名。《诗序》：“卫之淫风流行，虽有

七子之母犹不能安其室（指欲去嫁）。故美七子能尽其孝道，以慰其母心，而成其志尔。”成其志，成母守节之志。

[44] 矶：激也。朱熹《集注》：“不可矶，言微激之而遽怒也。”

[45] 慕：怨慕。这句连同上句，意思是：舜尚有怨慕，《小弁》之怨，不为不孝。

第五节　庄子的文学思想

[说明]

庄子（约前369—前286），名周，宋国蒙（今河南商丘）人，战国时有名的哲学家。庄子继承了老子的天道自然观，虽进一步发展了他的消极虚无主义观点，但其思想中也包含着朴素的辩证因素。他所著的《庄子》一书，又称《南华真经》，是道家学派的经典之一，《汉书·艺文志》著录《庄子》五十二篇。现仅存三十三篇，其中内篇七篇一般认为是庄周自己所写，外篇和杂篇中可能杂有他的门人或后来道家的作品。

庄子的文章汪洋恣肆、想象丰富，是先秦诸子中最具有文学性的哲学著作，对后代文学的影响很大。但道家是反对“文”的，庄子在他的书中也很少直接谈到文学问题。然而庄子从哲学的高度关于美的探讨和对当时文艺的批判，却很有独到之处，对后世文艺理论的发展产生了深远的影响。这主要有以下三个方面的内容。

其一，庄子主张以自然朴素为美。这与道家“自然无为”

的哲学思想有直接关系。《老子》说："人法地，地法天，天法道，道法自然。"（《二十五章》），庄子发展了老子"天道自然观"，认为"道"是"自本自根"（《大宗师》的。是"无为"的，所以"自然"（自然而然，一种道家所理解的万物本身的自由，天然状态）就为其表现形态或根本特征，就最接近"道"，也就是最"美"。因此他主张"灭文章，散五采"（《胠箧》），反对通过任何人工的手段去破坏事物的本来面貌和原始状态，要求让万物保持或"复归于朴"（同上），认为"素朴而天下莫能与之争美"（《天道》）。庄子讲了一个很生动的寓言故事，"南海之帝为倏，北海之帝为忽，中央之帝为浑沌。倏与忽相与遇于浑沌之地，浑沌待之甚善。倏与忽谋报浑沌之德，曰：'人皆有七窍，以视听食息，此独无有，尝试凿之。'日凿一窍，七日而浑沌死。"（《应帝王》）按古人的解释，"浑沌"是一种没有孔窍，清浊未分的东西或朴拙状态，庄子是用它来比喻"自然"。庄子用这个故事非常形象地寄寓了他以自然为美的思想。把自然看做一种很高的境界，所以，庄子还在《齐物论》中把声音之美分为"人籁"、"地籁"、"天籁"三种，"人籁"即人工制作的箫管之类，为下等；"地籁"即风吹窍穴之类，为中等；只有块然而生，丝毫不受外界影响的纯粹自然之声，即"天籁"，才是最上焉者的"至乐"。庄子这种高扬自然美的思想对封建礼教的繁文缛节及其对自由个性的束缚和异化，具有一种反抗和批判的意义，在后世产生了积极的影响。中国古代文学艺术以自然朴素为极高审美追求的传统特色，也与之密切相关。

其二，论述了"言"与"意"的关系，提出了著名的"得意忘言"说。在"言"与"意"的关系问题上，庄子属于"言不尽意”派。庄子认为语言的最终目的是传达“意”的，但“言”又不能“尽意”。他在《天道》篇中说：“书不过语，语有贵也；语之所贵者，意也。意有所随；意之所随者，不可以言传也”。所谓“意之所随者”，指事物最精微的“道”，这是难以用语言直接表达的。他以“轮扁斫轮”（《天道》）的故事来说明这个道理，指出斫轮的最妙的道术（“数”）只能“得之于手而应之于心”，却不能用语言来说明。这种思想在他的《秋水》篇中也有反映。他明确地说“可以言论者，物之粗也；可以意致者，物之精也，言之所不能论，意之所不能察致者，不期精粗焉”。庄子看到了语言作为表达工具的功能的有限性，因此主张通过“忘言”的方式（即超越语言符号的表面形式和常规含义），以捕捉其言外之意，才能真正得意。这便是他在《外物》篇中提出的著名理论，“筌者所以在鱼，得鱼而忘筌：蹄者所以在兔，得兔而忘蹄；言者所以在意，得意而忘言。”这种理论对后世“不落言筌”的意境理论和不可言传的意境追求都具有直接的影响。

其三，《天下》篇概括了庄子的超现实主义的特色，提倡“谬悠之说，荒唐之言，无端涯之辞”。庄子认为当时“天下沉浊；不可与庄语”，就是说面对现实的黑暗、罪恶，不能同它正面严肃地讨论问题，主张采用自由而不规范的形式和超现实的手段来表达自己的感情和思想。这就形成了一种离奇荒诞和奔放不羁的思维方式和作品风格，其中往往包含着作家对社会现实的揶揄、嘲弄和不满。这对于突破封建礼教，发展人的个性，开拓思维空间和艺术想象的能力，以及丰富文学语言的表达方式和风格，都具有积极的启发意义。所以，庄子的理论和创作实践，都闪耀着独创和批判的光芒，对后世浪漫主义作家及其创作有明显的影响。

[原文]

庄子（选录）

故绝圣弃知[1]，大盗乃止……擢乱六律[2]，铄绝竽瑟[3]，塞瞽旷[4]之耳，而天下始人含其聪[5]矣。灭文章，散五采[6]，胶离朱之目[7]，而天下始人含其明矣。（《胠箧》）

世之所贵道者，书也[8]。书不过语[9]，语有贵也；语之所贵者，意也[10]。意有所随[11]，意之所随者，不可以言传也[12]。而世因贵言传书[13]，世虽贵之，我犹不足贵也。为其贵非其贵也[14]，故视而可见者，形与色也；听而可闻者，名与声也，悲夫！世人以形色名声，为足以得彼之情[15]。夫形色名声，果[16]不足以得彼之情！则“知者不言。言者不知”[17]，而世岂识之哉！[18]

桓公[20]读书于堂上。轮扁斫轮[21]于堂下，释椎凿[22]而上，问桓公曰：“敢问公之所读为何言邪？”公曰：“圣人之言也”。曰：“圣人在乎？”公曰：“已死矣。”曰：“然则君之所读者，古人之糟魄[23]已夫！”桓公曰：“寡人读书，轮人安得议乎？有说则可[24]，无说则死！”轮扁曰：“臣也，以臣之事观之[25]：斫轮，徐，则甘而不固[26]，疾则苦而不入[27]，不徐不疾，得之于手而应于心[28]，口不能言，有数[29]存焉于其间，臣不能以喻[30]臣之子，臣之子亦不能受[31]之于臣，是以行年[32]七十而老斫轮。古之人与其不可传者死矣[33]，然则君之所读者，

古人之糟魄已夫！”（《天道》）

筌者所以在鱼，得鱼而忘筌[34]；蹄者所以在兔，得兔而忘蹄”；言者所以在意，得意而忘言[35]。吾安得夫忘言之人[36]而与之言哉！（《外物》）

寓言十九[37]，重言十七[38]，卮言日出[39]，和以天倪[40]。（《寓言》）

古之道术有在于是者，庄周闻其风[41]而悦之。以谬悠[42]之说，荒唐[43]之言，无端涯之辞[44]，时恣纵而不傥[45]，不以觭见之也[46]。以天下为沉浊[47]，不可与庄语[48]，以卮言为曼衍[49]，以重言为真[50]，以寓为广[51]，独与天地精神[52]往来，而不敖睨[53]于万物，不谴[54]是非以与世俗处。其书虽瑰玮[55]，而连犿无伤[56]也；其辞虽参差[57]，而諔诡[58]可观。彼其充实[59]，不可以已[60]。（《天下》）

[注释]

[1] 绝圣弃知：弃绝圣哲和智慧。知，同智。

[2] 擢乱六律：擢（zhuó）乱，搅乱。六律，音乐的调子，有阳调六、阴调六。阳调称为六律，阴调称为六吕。

[3] 铄绝竽瑟：铄（shuō），熔化，销毁。竽瑟，泛指各种乐器。

[4] 瞽旷：春秋时晋国著名的乐师，也称师旷。因他是盲人名旷，故又称瞽旷。

[5] 含其聪：含，怀藏，此处作保全解。聪，高度的听觉。

[6] 灭文章二句：古代以青与赤相配合谓之文，赤与白相配合谓之章。此处作绘画名词，泛指文彩。五采，五色。这两句意思是，消灭各种花纹，拆散各样色彩，让事物保持自然素朴的本色。

[7] 胶离朱之目：胶，粘合。离朱，即离娄，古代传说中视力最好

的人，据说他能看清百步之外的秋毫。目，眼睛。

[8] 这两句意思是，世人最乐于称道的，就是书本上的东西了。

[9] 书不过语：书本上的东西，不过是语言文字。

[10] 这两句意思是：语言文字之所以可贵，在于它表达的意。

[11] 随：在。

[12] 这两句说：意之所在者是道，不可以用言语去传说。因为庄子认为道无迹象可寻，精微奥妙，不可以用言语论说表达。

[13] 这句说：世人因贵重表达的语言文字，从而传诵其书，不能忘言以悟道。

[14] 这句说：因为世人所珍贵的不是那应该珍贵的（指世人珍贵“言”而不珍贵“意”）。为，因为。

[15] 这两句说：世人认为通过形色名声这些外在的东西就可以认识“道”，即事物真正的本质。彼，指形而上的“道”。情，实。

[16] 果：终于，结果。

[17] 知者不言二句：见《老子》，意思是：懂得道的人不谈道。谈道的人不懂得道。

[18] 这句意思是：世人岂能懂得这个道理？之：指老子所说“知者不言，言者不知”。

[19] 桓公：齐桓公。

[20] 轮扁：制造车轮的工匠，名扁。斫（zhuò）轮：砍削车轮。斫，砍削。

[21] 择椎凿：释，放下。椎、凿，木匠的工具。

[22] 糟魄：糟粕。

[23] 有说则可：能说出一个道理来就免罪。

[24] 这句说：根据我斫轮的经验来看这个问题。

[25] 这句说：椎眼做宽了就松滑而不牢固。徐，缓，引申为宽。

甘，松滑。

[26] 这句说，榫眼做紧了就滞涩而装不进去。疾，急，引申为紧。苦，有滞涩的意思。

[27] 得之于手而应于心：指手的动作随心所欲，达到了与自由相应的境界，也即“得心应手”。

[28] 数：术，指精微的技巧。

[29] 喻：晓，告诉，使人知道。

[30] 受：接受。

[31] 行年：年纪将近。

[32] 这句说：古代的圣人和他的不可言传的道，都已变灭不存在了。

[33] 筌者二句：筌（quán），古代竹制的捕鱼器具。筌是用来捕鱼的，捕到了鱼，便可以忘了筌。

[34] 蹄者二句：蹄，古代捕兔的网。蹄是用来捕捉兔子的，捕到了兔，便可以忘了蹄。

[35] 这两句说：语言是用来表达意的，把握了意，就可以忘了语言。

[36] 忘言之人：指能超越语言符号而悟道的人。

[37] 寓言：寄托之言。指借此喻彼，借小喻大等小故事。“十九”，十言而九见信。

[38] 重言：所尊重的人的话。一说重复地说。“十七”：谓十言而七见信。

[39] 卮（zhī之）言：模棱两可。没有定见的滑头话，“日出”：日新。

[40] 和以天倪：用自然之分来调和万有。此即庄子“齐物”的意思。天倪，自然之分，指事物本来的差别界限。

[41] 风：风尚。

[42] 谬悠：荒诞无稽。

[43] 荒唐：大而空。

[44] 无端涯之辞：谓其辞虚无狂放，不着边际。

[45] 时恣纵句：恣纵，放纵。傥（tǎng），借为谠，直言。高亨《诸子新语》："谓放纵厥辞，而不直言也。"

[46] 不以觭见之也：觭（jī），角。谓其辞不以一端自见。

[47] 沉浊：沉滞、污浊。指社会混乱黑暗。

[48] 庄语：一本正经地说话。

[49] 曼衍：即《秋水》篇之"反衍"，此处意为随机心变。

[50] 以重言为真：引用古人的话，使人听了相信。真：可信。

[51] 以寓言为广：用寄寓之言以广人意，启发人的想象。

[52] 天地精神：指天地自然之道。

[53] 敖睨：同傲睨，轻视。

[54] 谴：责。这几句说，独与天地之道相往来而不轻视万物，不问是非而与世俗相处，反映了庄子"齐物"的思想和处世态度。

[55] 瑰（guī）玮：奇伟。

[56] 连犿（fán）无伤：连犿，随和，婉转的样子。谓与物相从而不违，故无伤也。

[57] 参差：不整齐。其辞或虚或实，错落不一。

[58] 諔（chù）诡：奇谲。

[59] 彼其充实：文章的言辞表现了充实的道。

[60] 不可以已：没有止境。即不可穷尽之间，已：止。

第六节　荀子的文学思想

荀子（约前313—前238），名况，赵（今山西安泽）人。时人尊称之为荀卿（汉避宣帝刘询讳，又称孙卿）。据《史记·孟子荀卿列传》载，他五十岁游学齐国，在稷下讲过学，三为祭酒，后遭谗去楚。楚春申君用为兰陵令。春申君死，被废，因家于兰陵，著书终老，葬于兰陵。现存《荀子》二十卷三十二篇。

荀子是战国时期杰出的唯物主义者，新兴地主阶级的思想家、政治家。他基本上继承了孔子的学说，但又吸收了法家、墨家和道家的某些思想，对儒家的某些观点作了修正、改造，从而建立了以"礼"为核心的政治哲学体系。其文学思想是这一政治哲学体系的一个组成部分。

荀子的时代，散文的创作已相当繁荣、成熟。荀子的文学理论与这一背景有密切关系，有三点值得注意。

第一，重视"言"的辨析和运用。春秋战国时代，各家都要用"言"的工具著书立说，表达自己的政治观点和哲学思想，形成了"诸子横议，百家争鸣"的生动局面。像孔子那样对"言"采取笼统指斥的态度已不现实。所以荀子对"言"的性质作了不同的区分，指出有圣人之言、君子之言、小人之言，认为圣人之言最为完善，"如珪如璋……四方如纲"，是崇敬的对象，是效法的标准；而小人之言则为"奸言"，"虽辨，君子不听"。荀子对"言"的这种划分都是着眼于政治的。

他认为“言”和政治有密切的关系，不同的“言”对政治起不同的作用。圣人之辨，“说行则天下正，说不行则白道而冥穷”。小人之辨，“用其身则多诈而无功，上不足以顺明王，下不足以和齐百姓”。由此，他强调“言”的运用要名实相符，“文而致实”，反对玩弄概念的“邪说僻言”，这些理论与文章的用词命意便有极密切的关系。

第二，荀子的文学思想的基本内容是明道、征圣、宗经，三位一体，而明道是其核心。这一点贯穿了他关于“言”、“文”的全部论述。在《儒效》一文中，他明确指出：“圣人也者，道之管也。天下之道管是矣。百王之道一是矣，故《诗》、《书》、《礼》、《乐》之归是矣。”在《正名》篇中他又从言的运用角度指出：“辩说也者，心之象道也。心也者，道之工宰也。道也者，治之经理也。心合于道，说合于心，辞合于说。”实际上就是为文学创作提出明道的原则，这就为后世扬雄、刘勰等人的原道、宗经、征圣的正统文学观奠定了基础。

第三，荀子十分重视乐教，高度肯定文艺娱乐作用的社会价值。他说：“乐（yuè）者，乐（lè）也。人情之所必不免也。”认为音乐具有“入人也深”、“化人也速”的巨大教育感染作用，对整个社会的民情风俗以至国家的安危治乱都可以产生直接影响。在比较深入地论述了音乐的艺术特征和社会作用的基础上，荀子根据所谓“先王立乐之方”，反复批评了墨子“非乐”的主张，特别强调统治者应该“正其乐”，并利用音乐教化人民，从而达到“治生焉”即巩固统治的目的。荀子指出：“乐者，圣人之所乐也，而可以善民心，其感人深，其移风易俗，故先王导之以礼乐而民和睦。”十分明显，荀子的乐教思想，乃是他明道、征圣、宗经的文学观在音乐领域的体现，而他关于音乐社会作用的论述，也包含了他关于文学社会作用的认识。

[原文]

荀子（选录）

学恶[1]乎始？恶乎终？曰：其数则始乎诵经，终乎读礼[2]，其义[3]则始乎为士，终乎为圣人……《礼》之敬文[4]也，《乐》之中和也，《诗》、《书》之博[5]。也，《春秋》之微[6]也，在天地之间者毕[7]矣。（《劝学》）

凡言不合先王，不顾礼义，谓之奸言，虽辩[8]，君子不听……故君子之于言也，志好之，行安之，乐言之。故君子必辩。凡人莫不好言其所善[9]，而君子为甚。故赠人以言，重于金石珠玉，观人以言[10]，关于黼黻文章[11]；听人以言，乐于钟鼓琴瑟。故君子之于言无厌。鄙夫反是，好其实，不恤[12]其文，是以终身不免埤污庸俗。（《非相》）

有小人之辩者，有士君子之辩者，有圣人之辩者。不先虑，不早谋，发之而当，成文而类[13]，居错迁徙，应变不穷[14]，是圣人之辩者也。先虑之，早谋之，斯须[15]之言而足听，文而致实[16]，博而说[17]正，是士君子之辩者也。听其言则辞辩而无统[18]，用其身则多诈而无功，上不足以顺明王，下不足以和齐百姓；然而口舌之均[19]，噡唯则节[20]，足以为奇伟、偃郤[21]之属：夫是之谓奸人之雄。圣王起，所以先诛也，然后盗贼次之。盗贼得变[22]，此不得变也。（《非相》）

假今之世[23]，饰邪说，文奸言，以枭[24]乱天下，矞宇嵬琐[25]，使天下混然不知是非治乱之所存者有人矣。(《非十二子》)

言必当理，事必当务……若夫充虚之相施易[26]也，坚白、同异[27]之分隔也，是聪耳之所不能听也，明目之所不能见也，辩士之所不能言也。虽有圣人之知，未能偻指[28]也，不知，无害为君子；知之，无损为小人。工匠不知，无害为巧；君子不知，无害为治。王公好之则乱法，百姓好之则乱事。而狂惑、戆陋之人，乃始率其群徒，辩其谈说，明其辟称[29]，老身长子[30]，不知恶也。夫是之谓上愚[31]。(《儒效》)

圣人也者，道之管[32]也。天下之道管是[33]矣，百王之道一[34]是矣，故《诗》、《书》、《礼》、《乐》之归是矣[35]。《诗》言是其志也，《书》言是其事也，《礼》言是其行也，《乐》言是其和也，《春秋》言是其微也。故《风》之所以为不逐者，取是以节之也[36]；《小雅》之所以为《小雅》者，取是而文[37]之也；《大雅》之所以为《大雅》者，取是而光[38]之也，《颂》之所以为至者，取是而通之也[39]。(《儒效》)

故凡言议期命[40]，是非以圣王为师。(《正论》)

夫乐[41]者，乐[42]也，人情之所必不免也。故人不能无乐，乐则必发于声音，形[43]于动静；而人之道，声音动静，性术之变尽是矣[44]。故人不能不乐，乐则不能无形，形而不为道[45]，则不能无乱。先王恶其乱也，故制《雅》、《颂》之声以道之，使其声足以乐而不流[46]，使其文足以辩而不諰。使其曲直、繁省、廉肉、节奏[47]，足以感动人之善心，使夫邪污之气无由得接焉：是先王立乐之方[48]也……夫声乐之入人也深，其化人也速，故先王谨为之文……乐者，圣人之所乐也，而可以善民心，其感人深，其移风易俗[49]，故先王导之以礼乐而民和睦。夫民有好恶之情而无喜怒之应，则乱。先王恶其乱也，故修其行，正其乐，而天下顺焉。故齐衰之服[50]，哭泣之声，使人之心悲；带甲婴軸[51]，歌于行伍，使人之心伤[52]，姚冶[53]之容；郑卫之音[54]，使人之心淫；绅端章甫[55]，舞《韶》歌《武》[56]，使之心庄[57]。故君子耳不所淫声，目不视女[58]色，口不出恶言，此三者，君子慎之。凡奸声感人而逆气应之，逆气成象[59]而乱生焉。正声感人而顺气应之，顺气成象而治生焉。唱和有应[60]，善恶相象，故君子慎其所去就也……乱世之征[61]，其服组[62]。其容妇[63]，其俗淫，其志利[64]，其行杂[65]，其声乐险[66]，其文章匿而采[67]，其养生无度，其送死瘠墨[68]，贱礼义而贵勇力，贫则为盗，富则为贼，治世反是也。(《乐论》)

今圣王没，天下乱，奸言起，君子无埶[70]以临之，无刑以禁之，故辩说[71]也。实不喻然后命，命不喻然后期，期不喻然后说，说不喻然后辩[72]。故期命辩说也者，用之大文也，而王业之始也。名闻而实喻[73]，名之用也。累而成文，名之丽[74]也。用丽俱得，谓之知名，名也者，所以期累实也[75]。辞也者，兼异实之名以谕一意也[76]，辩说也者，不异实名以喻动静之道也[77]。期命也者，辩说之用也[78]。辩说也者，心之象道[79]也。心也者，道之工宰[80]也。道也者，治之经理也。心合于道，说合于心，辞合于说，正名而期，质请而喻[81]，辨异而不过[82]，推类而不悖[83]；听则合文[84]，辩则尽故[85]。以正道而辩奸，犹引绳以持曲直；是故邪说不能乱，百家无所窜。有兼听之明，而无奋矜[86]之容；有兼覆[87]之厚，而无伐[88]德之色。说行则天下正，说不行则白道而冥穷[89]，

是圣人之辩说也。《诗》曰："颙颙卬卬，如珪如璋，令闻令望。岂弟君子，四方为纲。"[90]此之谓也。(《正名》)

君子之言，涉然[91]而精，俛然而类[92]，差差然而齐[93]。彼其正名，当[94]其辞，以务白其志义者也[95]。彼名辞也者，志义之使[96]也，足以相通则舍之矣[97]；苟之，奸也[98]，故名足以指实，辞足以见极[99]，则舍之矣；外是者谓之讱[100]，是君子之所弃，而愚者拾以为己宝。故愚者之言，芴然而粗[101]，啧然[102]而不类，諮諮然而沸[103]。彼诱其名[104]，眩其辞[105]，而无深于其志义者也。故穷藉而无极[106]，甚劳而无功。贪而无名。故知者[107]之言也，虑之易知也，行之易安也，持之易立也；成则必得其所好而不遇其所恶焉。而愚者反是。《诗》曰："为鬼为蜮，则不可得；有靦面目，视人罔极。作此好歌，以极反侧。"[108]此之谓也。(《正名》)

[注释]

[1] 恶：可，哪里。

[2] 共数二句：数，程序。经，六经。礼，礼经。六经本包括礼，荀子的思想是以礼为重点，所以归结到读礼。

[3] 义：意义。

[4] 敬文：敬，指周旋辑让的礼节仪式；文，指车服等级的标志，文饰。

[5] 博：广博。梁启雄《荀子简释》："《诗》、《书》博记历史，地理、风俗及鸟兽草木之名，故内容极博。"

[6] 微：微言大义，指用意深微。

[7] 毕：完备。

[8] 辩：善于谈说。

[9] 所善：自己所好尚的。

[10] 观人以言：观，示。指以言告人。

[11] 黼黻文章：古代礼服上绘绣的文采。黼（fǔ），半黑半白的花纹。黻（fú），青黑相间的花纹。

[12] 不恤：不顾。

[13] 类：法。扬雄《方言》："齐谓法为类。"

[14] 居错迁徙二句：错，置。王念孙说："居读为举，言或举错或迁徙，皆随变应之而不穷也。"

[15] 斯须：须臾，一会儿。

[16] 致实：王念孙说："致读为质。质，信也，谓信实。"指文章应真实可信。

[17] 党：同谠，直言。

[18] 无统：无纲纪。指不能用道贯通其理论。

[19] 口舌之均：之，与则同义。均，调均。口舌之均，指辩说流畅。

[20] 噡唯则节：噡（zhān），多言。"唯"，少有的意思。噡唯则节：谓说得多或说得少都能有节度。

[21] 奇伟偃郤：奇伟，夸大的意思。偃郤，高傲的意思。

[22] 变：转变，使之改过自新的意思。

[23] 假今之世：假，借。今之世，指战国时代。

[24] 枭：借为挠，搅也。

[25] 矞宇嵬琐：指欺诈谲诡和邪僻琐细的言论。矞（jué）宇，犹言谲诡。嵬琐，犹言委琐。

[26] 充虚之相施易：充，实。施，通移。此句意思是使实和虚相转变。

[27] 坚白异同：坚白，古代名家的一种名辩论题。《公孙龙子》有

《坚白论》，其主要论点是离坚白。认为坚、白、石，坚、白是分离的。同异，战国时惠施名辩思想的论题，主要内容是阐述万物之间的差异和共相，主张“合同异”。

[28] 偻指：偻（lǚ），曲。偻指，曲陈，谓婉转地述说。

[29] 辟称：辟，借作譬，称，称引。

[30] 老身长子：身已衰老而子已长大。

[31] 上愚：最愚。

[32] 管：枢要。

[33] 是：此指儒家学说。这句意思是：世间大道的枢要就是儒家学说。

[34] 一：指圣人之道。也就是儒家学说，本篇前有“道出乎一”的话。

[35] 故诗书句：刘台拱说：“之下当有道字，与上两‘之道’对文。”归，旨归。

[36] 《风》之所以二句：《风》，指《诗经》中的《国风》，与下文的《小雅》、《大雅》、《颂》，都是《诗经》分类的名称。逐，流荡。节，节制。取是以节之，即用道节之，如《毛诗序》所谓“发乎情，止乎礼义”。

[37] 文：文饰。

[38] 光：通“广”。

[39] 《颂》之二句：至，极谓盛德之极。通，同。《左传·襄公二十九年·季札观乐》：“为之歌《颂》，曰：‘至矣！……盛德之所同也。”这两句意思说：《颂》之所以为盛德之极，就因为它们以儒家之道为共同的主旨。

[40] 期命：期，期望，要求。命，名，指概念。期命，谓用几个名连贯起来以期说明其意，指判断。

[41] 乐：音乐（yuè）。

[42] 乐：喜乐（lè）。

[43] 形，表现。

[44] 而人之道三句：人之所以为人，外在的声音动静，内在的心理变化，都表现在这音乐上了。人之道：人之所以为人。性术，性格心理。泛指人的思想感情。

[45] 道：通“导”，引导。下一“道”字同。

[46] 流：淫滥放荡，没有节制。

[47] 使其文句：使乐之文辞足以明辨而不邪乱。辩，明，谓辞通意达，諰（xī），当作偲（sī），有邪的意思。

[48] 使其曲直句：曲直，声音的迴曲与放直。繁省，声音的复杂与简单。廉肉，指声音的清浊。节奏，音乐的节拍。

[49] 立乐之方：制作音乐的原则。方，原则。

[50] 其移风易俗：据郭绍虞说俗下脱一“易”字。前“易”义为变易，后“易”义为容易。

[51] 齐衰（zī、cuī）之服：丧服。

[52] 带甲婴軸：身披铠甲，头戴盔胄。婴，戴。軸（zhòu），同“胄”，头盔。

[53] 伤：读为壮，义为悲壮。

[54] 姚冶：妖冶，妖艳。

[55] 郑卫之音：春秋战国时郑、卫等国的民间音乐。儒家因为它和古代的雅乐不同，贬斥它为淫靡之乐。

[56] 绅：古代士大夫束在衣外的大腰带。端，礼服。章甫，礼帽。

[57] 《韶》：相传为虞舜时乐曲。《武》，相传为周武王时乐曲。参见《论语》注[11][12]。

[58] 庄：庄严。

[59] 女：物茂卿说："女，当作奸。"

[60] 成象：表现于歌舞。

[61] 唱和有应二句：应，和。善唱善和，恶唱恶和，是唱和有应。这两句说，音乐的唱和有应，舞蹈的善恶随之表现。

[62] 征：征兆，特征。

[63] 组：华丽。

[64] 其容妇：模仿妇女打扮。

[65] 利：贪于利，唯利是图。

[66] 杂：不纯洁，指卑污。

[67] 险：邪也。

[68] 慝而采：慝（tè），邪恶。慝而采，谓文章内容邪恶而多采饰。

[69] 瘠墨：苟简俭薄。

[70] 执：通"势"，权势。

[71] 辩说：含有辩论、论证的意思。

[72] 实不喻四句：实，具体事物。喻，表达。命，名，代表一种具体事物的概念。这四句说，不能表明物的实体，则用名来表达；仍不能表明，则告之以该物的形状大小，使会其意而作出判断；仍不能表明，就更详细地加以说明；仍不能表明，那就应当与之反复辩论。

[73] 名闻而实喻二句，用概念说明具体的事物，便是名（概念）的功用。

[74] 丽：同"俪"，既合。

[75] 名也者二句：把名积累起来成文是为了累实。累，积累。累实，意谓说明互相联系的复杂事物，从而作出正确的判断。

[76] 辞也者二句：具体事物千差万别，代表它的名也是千差万别。这二句指判断是联合概念表述一个意思。

[77] 辩说也者二句：不异实名，不使名实相乱。动静之道，指各

种事物运动变化的情况及其关系。这两句意思说：因为有名实相乱之辞发生，所以君子必须展开争论，才能阐明事物运动的规律。

[78] 期命二句：运用概念（名）进行判断、推理，就是辩说的功能目的。

[79] 心之象道：象，借为“像”，引申为随，从。象道，即从道，随道。心之象道，指思想上对道的认同。

[80] 工宰：王懋宏说：“工乃主字之讹。”

[81] 质请而喻：质，本也。请，读为情。情，实。这句意思是：根据具体事物而表达出来。

[82] 辨异句：谓辩说足以阐明是非异同，没有错误。

[83] 推类句：推理不违背正道。悖（bèi），违背，相冲突。

[84] 听则合文：文，礼法。这句意谓凡听别人辩说，必须平心静气地听，务必合于辩论的礼法。

[85] 辨则尽故：谓辨别他人辩说的是非，务须穷究他所依据的事理。尽故，穷究缘故。

[86] 奋矜：傲慢自是。

[87] 兼覆：无所不包。

[88] 伐，自夸。

[89] 白道而冥穷：白道，明白其道。冥，幽隐、匿藏；穷，当读作躬，身体，引申为自身。冥穷，即退隐其身。这两句即儒家所谓君子得道，“用之则行，舍之则藏”的意思。

[90] 颙颙卬卬五句：见《诗经·大雅·卷阿》。颙颙（róng），体貌谦恭的样子。卬卬（áng），志气高朗的样子。令望，好名声。

[91] 涉然：浅显的意思。涉然而精，与下文“俛然而类”，“差差然而齐”都是以相反成义。

[92] 俛然而类：俛（fǔ），同“俯”。俛然，平易近人的意思。类，

谓合乎条理规律。

[93] 差差然而齐：差差然，不齐的样子。齐：谓终归于齐一。

[94] 当：运用。

[95] 这句意思是：为了务必表明其思想。白，表明，说明。志义，指思想。

[96] 使：使用，驱使。指表达志义的工具。

[97] 这句意思是：文辞只要能通达地表达思想就可以了。通，沟通。舍，止。

[98] 苟之二句：不合理地故意加以曲说，便是奸言。苟，苟且，指不合正道。

[99] 极：至，主要的意思。

[100] 外是句：外是，超过这个界限，讱（rèn），难，此指故作艰难之辞。

[101] 芴然而粗：芴（hú）然，隐约的样子。粗，疏略。隐约而粗疏，正和上文“涉然而精”相反。

[102] 啧然：争吵的样子。

[103] 誻誻然而沸：誻誻（tǎ），多言的样子。沸：读如拂（fú）。违背、不顺。与上文“差差然而齐”的“齐”相反。

[104] 诱其名：玩弄名词以为诱惑。

[105] 眩其辞：玩弄词句眩人眼目。

[106] 穷藉而无极：藉，借。穷藉，用尽一切办法使用假名虚辞。极，中，本。无极，漫无中心。

[107] 知者：智者。

[108] 为鬼为蜮六句：“见《诗经·小雅·何人斯》。蜮，传说中一种害人的怪物，能于水中含沙射人在水中之影，使人致病，靦（tiǎn），意指人的面貌。视人，受人注视。视同“示”。周极，无极，没有尽期。

四句直斥所讽刺的小人，意思是：如果你是鬼蜮，那确实不可能看见你，但你披着一张人皮，已被人们注视，而且是不会有尽期的，我作这首歌子，就是为了深入批评你的反复颠倒。

思 考 题

1. 简述先秦文学理论概况。

2.《尚书·舜典》关于“诗言志”的一段文字主要阐述了哪些问题？在文学史上有何意义？

3. 孔子文学思想有哪些主要内容？其中心是什么？

4. 孔子在《论语》中提出了怎样的文学批评标准？

5. 墨子文学思想的重点是什么？他对立言、著文提出了怎样的原则和标准？

6. 孟子对古代文学批评理论的主要贡献有哪些？

7. 历来对孟子“以意逆志”说有哪些不同解释？你的看法如何？

8.庄子文学思想有哪些主要内容？它对我国古代文学创作和文学理论有何影响？

9. 解释：诗言志；乐而不淫，哀而不伤；文质彬彬；兴观群怨；三表；以意逆志；意之所随者，不可以言传也；得意忘言。

第二章 两汉文学理论

两汉时期是我国古代文学理论的演进期。两汉文学理论在先秦文论的基础上发展，很多方面是对先秦文论的总结；同时随着社会的进步和文学的发展，人们的文学观念越来越明晰，开始初步认识到文学和学术两个概念的区别，以“文章”指文学，如“刘向、王褒以文章显”(《汉书·公孙卜式倪宽传》)；而以“文学”指学术，儒学，如“夫齐鲁之间于文学，自古以来其天性也。故汉兴，然后诸儒得修其经义”(《史记·儒林列传》)。这种情况，在西汉刘歆总群书而奏之《七略》中，也得到了反映。刘歆将《诗赋略》与《六艺略》、《诸子略》等并列，实际上是第一次把文学和学术著作区别开来，从而成为我国古代文学书目的最早文献。

两汉文学理论批评集中于对《诗经》、屈赋和汉赋的研究和讨论，取得了一定的成果，但由于特定文化背景的限制，都受到儒家经学的严重扭曲，未能取得自身独立的地位，如《毛诗序》的“以经论诗”和王逸《楚辞章句序》的“依经立义”就是突出的表现。

但是，随着汉帝国在政治上的衰落，汉武帝以来推行的“罢黜百家，独尊儒术”的文化专制开始动摇，东汉之际出现了“思想解放的先驱”王充。他的《论衡》是当时思想界一部具有进步意义和战斗精神的“异书”，在文学批评方面也提出了不少新的理论。

第一节　《毛诗序》

[说明]

短暂的秦王朝被陈胜吴广首先揭竿而起的农民战争所摧毁，刘邦在楚汉相争的军事角逐中取胜，建立了中央集权制的西汉帝国。为了进一步巩固封建专制的统治，汉武帝采纳董仲舒的建议，实行“罢黜百家，独尊儒术”的政策，儒家思想开始成为法定的正统思想，由此结束了先秦以来思想学术界“百家争鸣”的活跃局面，唯独经学得到发展。《诗三百》也被尊奉为经书。一大部分学者为适应统治阶级的政治需要，围绕着对《诗三百》的理解，进一步发展了以孔子为代表的儒家论诗主张。诗学被严重地经学化、儒学化。这种情况集中地表现在《毛诗序》中。

汉代说《诗》的有很多家，比较著名的有齐、鲁、韩、毛四家。毛公所传的《诗》称为《毛诗》，每首诗的前面都有序，称为《诗序》。《诗序》又分《大序》和《小序》。《大序》位于全书之前，一般称为《诗大序》或《毛诗序》，也有称之为《关雎序》的。《小序》则分置各篇之前。

《毛诗序》的作者历来说法不一，有人说是子夏，有人说是毛苌。《后汉书·儒林传》载：“初，九江谢曼卿善《毛诗》，乃为其训，（卫）宏从曼卿受学，因作《毛诗序》。”根据这一记载，《毛诗序》可能是东汉卫宏在各家讲解《毛诗》的基础上加以概括写成的，因此它集中代表了汉儒的论诗主张，这一点应该是没有疑义的。

《毛诗序》全文的内容比较丰富，涉及诗歌的本质、诗与社会生活的关系及其表现形式、手法和历史演变等方面的问题，用传统的术语来说就是“言志”、“诗教”、“六义”，“美刺”、“正变”等，而中心的思想则是主张文学必须为统治阶级的政治服务。

关于诗歌的本质，《毛诗序》继承先秦“诗言志”的理论，进一步阐明了诗歌抒情言志的基本特征，指出：“诗者，志之所之也，在心为志，发言为诗，情动于中而形于言。”突出了“志”中“情”的因素，提出了诗歌“吟咏情性”的著名理论。但是，它又要求“发乎情，止乎礼义”，主张用封建思想、礼教来规范这种情，使之不违背统治阶级的意志和政治需要。

关于诗歌与社会生活的关系，《毛诗序》主要阐述了诗与时代政治的关系，强调了诗歌为政治教化服务的主张。《毛诗序》受到《左传》季札观乐和《札记·乐记》的启发、影响，进一步阐述了诗歌的内容、风格及其演变与政治、道德、风俗之间的密切关系，指出：“治世之音安以乐，其政和；乱世之音怨以怒，其政乖，亡国之音哀以思，其民困。”“至于王道衰，礼义废，政教失，国异政，家殊俗，而变风、变雅作矣。”《尚书》关于“诗言志”的一段文字和孔子论《诗三百》都十分强调诗歌的政治教化作用，《毛诗序》把它具体化为美刺、教化两个方面的内容，所谓“上以风化下，下以风刺上”。对人民是“教化”，对统治者是“美刺”，其根本的目的是要

“经夫妇，成孝敬、厚人伦、美教化、移风俗”，即维持和巩固封建统治的等级秩序和制度。

至于诗歌的分类和表现手法，《毛诗序》首次提出了“六义”说。所谓“六义”是指风、雅、颂、赋、比、兴。风雅颂是诗歌的体裁，赋比兴是诗的三种表现手法，即唐人孔颖达《毛诗正义》所说的“三体三用”。《毛诗序》提出“诗有六义”的说法，是根据《周礼》“六诗”的旧说而来，一字之改实际上是强调了诗歌体裁和表现手法都与要求诗歌为政治服务这一最终目的（“义”）密切相关。所以它关于“六义”的解释都是从政治出发的，例如释“风”，“风，风也，教也”；释“雅”，“雅者，正也，言王政之所由废兴也”；释“颂”，“颂者，美盛德之形容，以其成功告于神明者也”。它把作为形式的诗歌体裁生硬地和政治内容拉扯到一起了。对于诗歌表现手法的赋比兴，《毛诗序》虽然未加说明，但汉人的解释是完全效法《毛诗序》的，如郑玄注：“赋之言铺，直铺陈今之政教善恶。”“比，今之失，不敢斥言，取比类以言之；兴，见今之美，嫌于媚谀，取善事以喻劝之。”都是从有益于政治的角度立论的，与《毛诗序》“主文而谲谏”的理论是完全一致的（所谓“文”，也就是指诗歌表现的形式和手法，尤其是“比兴”的艺术手法）。

对于《毛诗序》所阐述的诗歌理论，我们要一分为二，批判继承，既要看到其中合理的因素，也要看到它的阶级和历史的局限。

[原文]

毛 诗 序

《关雎》，后妃之德也[1]，风之始[2]也，所以风[3]天下而正[4]夫妇也。故用之乡人[5]焉，用之邦国[6]焉。风，风也[7]，教也；风以动之，教以化之[8]。

诗者，志之所之[9]也。在心为志，发言为诗。情动于中而形于言[10]，言之不足[11]，故嗟叹之；嗟叹[12]之不足，故永歌[13]之；永歌之不足，不知手之舞之、足之蹈之也。

情发于声，声成文[14]谓之音。治世之音安以乐，其政和[15]；乱世之音怨以怒，其政乖[16]；亡国之音哀以思[17]，其民困[18]。故正得失[19]，动天地，感鬼神，莫近[20]于诗。先王以是经夫妇[21]，成[22]孝敬，厚人伦[23]，美教化，移风俗。

故诗有六义焉：一曰风[24]，二曰赋[25]，三曰比[26]，四曰兴[27]，五曰雅[28]，六曰颂[29]。上以风化下，下以风刺上，主文而谲谏[30]，言之者无罪，闻之者足以戒，故曰风。至于王道衰，礼义废，政教失，国异政，家殊俗[31]，而变风、变雅作矣[32]。国史[33]明乎得失之迹，伤人伦之废，哀刑政之苛，吟咏情性[34]，以风其上，达于事变而怀其旧俗者也[35]。故变风发乎情，止乎礼义[36]。发乎情，民之性也；止乎礼义，先王之泽[37]也。是以一国之事，系一人之本，谓之风[38]；言天下之事，形四方之风，谓之雅[39]，雅者，正[40]也，言王政之所由废兴也。政有小大，故有小雅焉，有大雅焉。颂者，美盛德之形容[41]，以其成功告于神明者也，是谓四始，诗之至也[42]。

然则《关雎》《麟趾》[43]之化，王者[44]之风，故系之周公[45]。南，言化自北而南[46]也。《鹊巢》《驺虞》[47]之德，诸侯之风也，先王之所以教，故系之召公[48]。《周南》《召周》[49]，正始之道，王化之基[50]。是以《关雎》乐得淑女，以配君子，忧在进贤[51]，不淫其色；哀窈窕[52]，思贤才，而无伤善[53]之心焉，是《关雎》之义也。

[注释]

[1] 《关雎》二句：后妃，王后和妃子。这两句说，《关雎》是表现周文王的后妃的美德的诗。

[2] 风之始：风，指《诗经》十五国风。始，开始。此句是说《关雎》是十五国风的第一篇。

[3] 风：读作讽，教化的意思。

[4] 正夫妇：指端正夫妇之道，儒家认为夫妇为人伦之首。

[5] 用之乡人：乡，当时一万二千五百户为一乡。乡人，指老百姓。周礼规定乡间的官吏举行宴会和其他仪式，要演奏《关雎》。

[6] 用之邦国：邦国，渚侯的领地。周礼规定，诸侯宴请群臣，也要演奏《关雎》。

[7] 风：读作讽，作动词，为讽喻的意思。

[8] 动：感动。化，感化。

[9] 志之所之：前“之”为助词，相当于“的”。后“之”为动词，向，往的意思。意思是说诗是情志倾向的表现。

[10] 情动句：中，心中。形，表现。这句说，人心有所感动，就通过语言表现出来。

[11] 言之不足：谓语言表达内心的情志意犹未足，即语言不能完全表达感情。

[12] 嗟叹：发声感叹。

[13] 永歌：长声歌唱。永，长。

[14] 文：指歌曲。

[15] 治世二句：治世，太平时代。安以乐，安详而欢乐。政和，政治和顺。

[16] 乖，乖戾，反常。指政治背离正道。

[17] 哀以思：悲哀而愁思。

[18] 困：困苦。

[19] 正得失，考正政教的成功或失误。

[20] 莫近：莫过。

[21] 以是经夫妇：以，用。是，此，指诗。经，常道，是使动用法。经夫妇，意思是使夫妇关系归于常道。

[22] 成，养成。

[23] 厚人伦：厚，淳厚，使动用法。人伦，人际关系之道。厚人伦，指使人际关系更加淳厚。

[24] 风：风，国风的风。本文的解释则是下文所说的“风化”、“讽刺”。

[25] 赋：用作动词，含有铺陈直叙之意。郑玄注《周礼·大师》，“赋之言铺，直铺陈今之政教善恶”。朱熹《诗集传》说赋是“敷陈其事而直言之也”。

[26] 比：比喻。郑玄注《周礼·大师》：“比者，比方于物。”又说：“比，见今之失不敢斥言，取比类以言之。”朱熹《诗集传》说：比是“以彼物比此物也”。

[27] 兴：起的意思，兼有发端和比喻的双重作用。郑玄注《周礼·大

师》："兴，见今之美，兼于媚谀，取善事以喻劝之。"朱熹《诗集传》说兴是"先言他物以引起所咏之辞也"。

[28] 雅：《诗经》的一类，雅有正的意思，周王朝公卿士大夫的诗歌，都归入雅诗一类。

[29] 颂：《诗经》的一类，为周王朝和鲁、宋二国在祭祀时用以赞神舞诗。"颂"的本义是形容，也就是借着舞蹈表现诗歌的情态。

[30] 主文而谲谏：用文学的形式和手段（例如风赋比兴）隐约委婉的言辞讽喻规劝而不直言其过失。

[31] 国异政二句：诸侯各国自行其政，大夫之家的风俗也各不相同。

[32] 变风变雅作矣：变，即下文"达于事变"的变，指时世由盛变衰，国家由治变乱，因而诗歌也随之变了。郑注在《诗谱序》中把风、雅中从周懿王、周夷王到陈灵公淫乱时的诗，称为变风、变雅。马瑞辰以为正变以政教得失而分，而不以时间为界。作，兴起，产生。

[33] 国史：王室的史官。《正义》引郑玄答张逸云："国史采众诗时，明其好恶，令瞽矇歌之。其无作主，皆国史主之，令可歌"。

[34] 吟咏情性二句：吟咏情性，演唱诗歌，表达感情。风（fěng讽），讽喻。上，指周天子。这两句说，国史采集众诗，令乐工配乐歌唱，以达到讽喻天子的目的。

[35] 达于事变句：了解当时的社会政治变得衰败了而更加怀念以往太平世道的风俗。

[36] 止乎礼义：指不超出礼义的规范。礼义，指为巩固封建等级制度和宗法关系而制定的礼法条规和道德标准。

[37] 泽：恩泽，实际就是封建礼教的影响。

[38] 是以三句：意思是一国之人的情感愿望，通过作者一人之口表达出来，这样的诗就是风。系，联结。一人，诗作者。本，本心。

系一人之本，指诗人之心和一国之心是相通的。

[39] 言天下之事三句：意思是诗人说的是天下的事，表现的也是天下人的情志、风俗，这样的诗就是雅。形，表现。四方，即天下。

[40] 正：本文指周天子用政治教化来匡正天下的意思。

[41] 形容：借着舞蹈表现出来的情态。

[42] 是谓二句：这就叫做“四始”，它们算是最好的诗歌了。四始，即风、小雅、大雅、颂。至，极，最。

[43] 《麟趾》：即《麟之趾》，为《诗·国风·周南》中最后一首诗，传说麟这种兽类，天性仁厚，不践踏生草，不踩死活虫。这首诗用麟趾来比喻统治阶级应具有的德行。《小序》以为“《麟之趾》，《关雎》之应也”，都体现了先王教化的精神。

[44] 王者：指周文王。

[45] 周公：姓姬，名旦，周武王之弟。周武王死后，周公辅佐成王当政，推行文王之道，是奠定周朝基业的名臣。

[46] 南：谓周文王的教化从北方达到南方，即从周的发源地岐（今陕西省）向江、汉之间的地区发展。

[47] 《鹊巢》《驺虞》：《鹊巢》，《诗·国风·召南》第一首，写诸侯的女儿出嫁之事。《驺虞》，《召南》的最后一首，写打猎的事。驺（zōu）虞，传说中一种不食生物的义兽。作者认为这两首诗互相呼应，表现了周文王施行教化的恩德。

[48] 召公：召（shào）公，周文王的庶子，名爽，受封的食邑在召（今陕西省内），故名。

[49]《周南》《召南》：十五国风的第一、二部分。

[50] 正始之道二句：《毛诗正义》的解释为：“《周南》、《召南》二十五篇之诗，皆是正其初始之大道，王业风化之基本也。”

[51] 忧在进贤：以能否进贤为忧。

[52] 哀窈窕：哀，怜爱。窈窕，善良美好的意思。《关雎》有“窈窕淑女，君子好逑”之句。

[53] 伤善：伤害善良。

第二节　司马迁的文学主张

[说明]

司马迁（约前145—前86），字子长，夏阳（今陕西韩城县）人，我国汉代杰出的史学家和文学家。司马迁生活于西汉前期，战国时代“百家争鸣”的余响犹在，他颇能博采众长，自成一家，较少受到汉代经学的束缚，因而表现出进步的思想和历史观。同时，由于他身受迫害，对现实生活的种种黑暗有清醒的认识，加深了他对封建统治制度下所产生的种种不合理现象的憎恶和批判。他把自己受迫害的愤激之情抒发而为创作，写成了《史记》这一不朽巨著，被鲁迅誉为“史家之绝唱，无韵之《离骚》”。这种人生经历和创作实践，对于司马迁的文学思想的形成具有直接的关系。

司马迁的文学主张主要见于他的《报任少卿书》和《史记》的《太史公自序》、《屈原贾生列传》等篇章之中。把他的文学主张概括起来，可以说集中表现在以下两个方面。

其一，提出了著名的“发愤著书”说。司马迁在《太史公自序》中说自己身“遭李陵之祸，幽于缧绁”，更加深了他对社会现实和历史文化的认识和反思，从自己写作《史记》

的切身体验和历史上许多重要作家的痛苦遭遇中，认识到一切伟大的著作是作家在“意有所郁结，不得通其道”的情况下，为了“抒其愤”、“遂其志”，才得以产生的。他说：“昔西伯拘羑里，演《周易》；孔子厄陈、蔡，作《春秋》；屈原放逐，著《离骚》；左丘失明，厥有《国语》；孙子膑脚，而论兵法；不韦迁蜀，世传《吕览》；韩非囚秦，《说难》、《孤愤》；《诗》三百篇，大抵贤圣发愤之所为作也”。这种“发愤著书”说在我国古代文学创作和文学理论发展史上产生了深远的影响，例如唐代韩愈的“不平则鸣”说，宋代欧阳修的诗“穷而后工”说，都与之有一脉相承的关系。这种文学理论，对于鼓舞作家写出具有深刻现实批判意义的作品，是一个强大的思想武器。

其二，给屈原及其作品以高度的评价，明确指出“屈平之作《离骚》，盖自怨生也”，对屈原作品的批判精神和它在文学史上的地位给予了充分的肯定。司马迁在《史记》中为屈原立传，热情赞美他的创作和天才，赞同刘安对屈原的高度评价：“虽与日月争光可也。”同时，对屈原楚辞的开创之功和独特价值也作了充分肯定，指出：“屈原既死之后，楚有宋玉、唐勒、景差之徒，皆好辞而以赋见称，然皆祖屈原之从容辞令，终莫敢直谏。”特别强调了屈原作品的批判精神。

可以看出，司马迁对屈原的评价，是与他“发愤著书”的文学主张完全一致的。

[原文]

史记·太史公自序（节录）

司马迁

太史公[1]曰："先人[2]有言，自周公卒五百岁而有孔子。孔子卒后至于今五百岁，有能绍明世[3]，正[4]《易传》，维《春秋》[5]，本《诗》、《书》、《礼》、《乐》之际[6]，意在斯[7]乎，意在斯乎，小子何敢让焉？[8]"

上大夫壶遂[9]曰："昔孔子何为而作《春秋》哉？"

太史公曰："余闻董生[10]曰：'周道衰废，孔子为鲁司寇[11]，诸侯害之[12]，大夫壅之[13]，孔子知言之不用，道之不行也，是非二百四十二年之中[14]，以为天下仪表[15]，贬天子，退[16]诸侯，讨大夫，以达王事[17]而已矣。'子曰：'我欲载之空言，不如见之于行事之深切著明也。'[18]夫《春秋》，上明三王[19]之道，下辩人事之纪[20]，别嫌疑，明是非，定犹豫，善善恶恶[21]，贤贤[22]贱不肖，存亡国，继绝世[23]，补敝起废，王道之大者也。《易》著天地阴阳四时五行，故长于变；《礼》经纪人伦，故长于行；《书》记先王之事，故长于政；《诗》记山川溪谷禽兽草木牝牡雌雄，故长于风；《乐》乐所以立，故长于和；《春秋》辩是非，故长于治人。是故《礼》以节人，《乐》以发和，《书》以道事，《诗》以达意，《易》以道化[24]，《春秋》以道义。拨乱世反之正[25]，莫近于[26]《春秋》。《春秋》文成数万，其指数千[27]。万物[28]之散聚皆在《春秋》。《春秋》之中，弑君三十六，亡国五十二，诸侯奔走不得保其社稷者不可胜数。察其所以，皆失其本已[29]。故《易》曰：‘失之毫厘，差以千里。’故曰：‘臣弑君，子弑父，非一旦一夕之故也。其渐[30]久矣。’故有国者不可以不知《春秋》，前有谗而弗见，后有贼而不知。为人臣者不可以不知《春秋》，守经事而不知其宜，遭变事而不知其权[31]。为人君父而不通于《春秋》之义者，必蒙[32]首恶之名；为人臣子而不通于《春秋》之义者，必陷篡弑[33]之诛，死罪之名。其实皆以为善，为之不知其义，被之空言而不敢辞[34]。夫不通礼义之旨，至于君不君，臣不臣，父不父，子不子。夫君不君则犯[35]，臣不臣则诛，父不父则无道，子不子则不孝。此四行者，天下之大过也。以天下之大过予之[36]，则受而弗敢辞。故《春秋》者，礼义之大宗[37]也。夫礼禁未然[38]之前，法施已然之后，法之所为用者易见，而礼之所为禁者难知。”

壶遂曰：“孔子之时，上无明君，下不得任用。故作《春秋》，垂空文以断礼义[39]，当一王之法[40]。今夫子[41]上遇明天子，下得守职[42]，万事既具，咸各序其宜，夫子所论，欲以何明？”[43]

太史公曰：“唯唯，否否[44]，不然。余闻之先人曰：‘伏羲[45]至纯厚，作《易》、《八卦》[46]；尧、舜之盛，《尚书》载之，礼乐作焉；汤、武之隆，诗人[47]歌之；《春秋》采善贬恶，推三代之德[48]，褒周室，非独刺讥而已也。汉兴以来，至明天子[49]获符瑞[50]，封禅[51]，改正朔[52]，易服色[53]，受命于穆清[54]。泽流罔极[55]，海外殊俗，重译款塞[56]，请来献见者[57]，不可胜道。臣下百官，力诵[58]圣德，犹不能宣尽[59]其意。且士贤能而不用，有国者[60]之耻；主上明圣而德不布闻[61]，有司[62]之过也。且余尝掌其官，废明圣盛德不载，灭功臣世家贤大夫之业不述。堕先人所言[63]，罪莫大焉。余所谓述故事[64]，整齐其世传[65]，非所谓作[66]也；而君比之于《春秋》，谬矣。”

于是论次[67]其文。七年，而太史公遭李陵之祸[68]，幽于缧绁[69]，乃喟然而叹曰：“是余之罪也夫！是余之罪也夫！身毁不用矣[70]！”退而深惟[71]曰：夫《诗》、《书》隐约者[72]，欲遂其志之思也[73]。昔西伯拘羑里，演《周易》[74]，孔子厄陈、蔡，作《春秋》[75]；屈原放逐，著《离骚》；左丘失明，厥有《国语》[76]；孙子膑脚，而论兵法[77]；不韦迁蜀，世传《吕览》[78]；韩非囚秦，《说难》、《孤愤》[79]；《诗》三百篇，大抵贤圣发愤[80]之所为作也。此[81]人皆意有所郁结，不得通其道也[82]，故述往事，思来者。于是卒述陶唐以来，至于麟止，自黄帝始[83]。

[注释]

[1] 太史公：对太史令的通称，这里是司马迁自称。

[2] 先人：司马迁称其父司马谈。

[3] 绍明世：继承开明盛世。

[4] 正：指正确解释。

[5] 继《春秋》：指继承孔子所作《春秋》的明褒贬、别善恶的传统。

[6] 本《诗》《书》句：本，推原其本，即阐述。际，所在，此指内在精神实质。这句谓阐述《诗》、《书》、《礼》、《乐》的根本精神。

[7] 斯：此，指写作《史记》。

[8] 小子句：小子。司马迁自称。让，辞让。

[9] 壶遂：汉武帝时天文学家，官詹事，上大夫是其官阶，太初元年（公元前 104 年），与司马迁共同制定新历——大初历。

[10] 董生：董仲舒（前 178—前 104），广州人，西汉经学家。著有《春秋繁露》。司马迁曾从他受学。生，先生的简称。

[11] 司寇：官名，掌刑狱纠察等事。

[12] 害之：害怕他（孔子）。

[13] 壅之：阻挡他（孔子）行政。

[14] 是非句：是非，褒贬。《春秋》记事从鲁隐公元年（前 722）起，至鲁哀公十四年（前 481）止，共 242 年。

[15] 仪表：法式。

[16] 退：贬斥。

[17] 以达王事：用以宣达王政。达，宣扬。

[18] 我欲二句：空言，抽象的议论。行事，所做的实事。这两句意思是，我想把我对于政事的评论载于抽象的议论，倒不如用记述古人所作所为的史实来表现对政治的看法，更为深切明白。著明，显著明白。

[19] 三王：三代之王，指夏禹、商汤、周文王和周武王。

[20] 纪：纲纪，原则。

[21] 善善恶恶：善善，赞美善事。恶恶，贬斥坏事。

[22] 贤贤：称赞贤德之人；贱不肖，斥责不贤之人。

[23] 存亡国二句：使灭了的诸侯国和断绝了后代的大夫之家能够延续其政治文化的统绪。

[24] 道化：阐述阴阳四时五行变化之理。道，论述；上下文并同。

[25] 反之正：使之（指乱世）恢复正常。

[26] 莫近于：莫过于。

[27] 文成数万二句：指，意指。董仲舒是研究《公羊春秋》的今

文经学家。《公羊春秋》合经传凡四万四千余字，传文解释经义，条例极繁，故云。

[28] 万物：万事。

[29] 失其本已。本，根本，指三王之道，即仁义。已，通矣。

[30] 渐：由来。

[31] 守经事二句：守，遇。经事，常事，与后文“变事”对文。宜，和下文“权”是对文。宜，指正常之道：权，指权变的方法。

[32] 蒙：蒙受，承担。

[33] 篡弑：篡国杀君。

[34] 其实三句：他的本心都以为是做善事，但由于不明白做这些事的义理，结果不免被在《春秋》中记下可耻的一笔，不能推辞。被，受。

[35] 犯：指受到臣下的冒犯。

[36] 予之：加于其身。

[37] 大宗：事物的本原。

[38] 未然：指坏事未发生，与后文“已然”相对。

[39] 垂空文句：留下文字，用礼义作为判断是非的标准。垂，留下。

[40] 当一王之法：能抵得上一代王者的礼法。

[41] 夫子：壶遂尊称司马迁。

[42] 守职：指继承太史令的官职。

[43] 欲以何明：想用来说明什么呢？

[44] 唯唯否否：应诺而又表示怀疑的语气词。

[45] 伏羲：古代传说中的部落酋长。

[46] 八卦：《易经》中的基本图形，古代儒者认为是最早的文学创作。

[47] 诗人：指《诗经》的作者。

[48] 推三代之德：赞许三代之道。推，赞许。三代，夏、商、周。德，道。

[49] 明天子：英明的君主，指汉武帝。

[50] 符瑞：祥瑞的征兆。

[51] 封禅：封，祭天。禅，祭地。古代帝王在名山上举行隆重的祀典，告成功于天地。

[52] 改正朔：指改订历法。正朔，古指一年第一天，即正月一日。古时改朝换代，往往用改正朔的方式来表示新的开始。夏以建寅月为正月，殷改为丑月，周改为子月，汉武帝重订历法，改从夏正。

[53] 易服色：易，改变。服色，古代每一王朝所定的车马祭牲的颜色，服，乘，指所乘车马。每一王朝，各用它所崇尚的正色。汉初，服色用黑，到文帝时改用黄，武帝仍用黄。

[54] 穆清：本指天地间的清和之气，这里代指天。

[55] 泽流罔极：泽，汉武帝的王泽、恩泽。罔极，无极，没有边际。

[56] 重译款塞：重译，指语言需要经过一再的翻译，才得相通。款，叩。款塞，叩请关塞的大门，指外国主动来朝表示臣服。

[57] 请来句：愿意来贡献、朝见的人。

[58] 力诵：努力颂扬。

[59] 宣尽：充分表达。

[60] 有国者：指君王。

[61] 布闻：传播开去，为世所闻。

[62] 有司：官吏。

[63] 堕先人所言：堕，堕失。先人所言，指司马迁父亲临死叮嘱他继承遗志撰写史记的话。

[64] 故事：旧事。

[65] 整齐句：整齐，整理统编。世传，指世代流传的史事。

[66] 作：创始。即《论语》孔子所谓“述而不作”之“作”。

[67] 论次：论，论述。次，编次。

[68] 二年二句：李陵败降匈奴事在天汉二年（前99），司马迁牵连受祸，至天汉三年犹在狱中，由此上溯到动手写《史记》的太初元年为七年。

[69] 幽于缧绁：幽，囚禁。缧绁（léi xiè），捆绑犯人的绳索，引申为监狱。

[70] 身毁句：身毁，指受宫刑。不用，无用。

[71] 深惟：深思。惟，思考。

[72] 诗书隐约：《诗》、《书》，泛指各种著述，包括下文提到的几种书。隐约，词意隐微，文字简约。

[73] 这句说：想抒发郁结于心中的感慨。

[74] 昔西伯二句：西伯，周文王姬昌。据《史记·周本纪》载，文王曾被殷纣王拘禁于羑（yǒu）里，此时他把《易》之八卦相重叠，变为六十四卦。

[75] 孔子二句：厄陈、蔡，指孔子周游列国时在陈、蔡等地遭到困穷。厄（è），穷困，灾难。据《史记·孔子世家》，孔子作《春秋》是在鲁哀公西狩获麟这一年，同此处所说有出入。

[76] 左丘二句，厥，才。左丘失明著书事，详不可考。

[77] 孙子二句：膑（bìn），古代一种剔去膝盖骨的肉刑。孙子，指孙膑，战国时齐人，名字都不可考。据《史记·孙膑吴起列传》，孙子、庞涓同学兵法，后来庞涓在魏掌握兵权，忌妒孙子的才能，遂施以膑刑，所以后人称他为孙膑。《汉书·艺文志》著录齐《孙子》八十九篇，此书久已失传，1972年4月，在山东临沂银雀山一座西汉前期

墓葬中，发现了《孙膑兵法》竹简。

[78] 不韦二句：吕不韦，秦始皇的丞相，后被罢免，与家属被迁于蜀，不韦服毒自杀。《吕览》，即《吕氏春秋》，实为吕不韦的门客们所撰，且成书于他迁蜀之前。

[79] 韩非二句：《说难》、《孤愤》，《韩非子》中篇名。韩非写此二文时，还未出使秦国。司马迁列举名人著书，是为了说明“发愤著书”的观点，有些不一定尽符史实。

[80] 发愤：发泄郁结于心中的愤懑。愤，郁结于心的烦闷。

[81] 此：指以上几种情况。

[82] 通其道：实现他的抱负。

[83] 卒述陶唐三句：这三句意思是，《史记》所叙述的内容，上起陶唐，下至武帝时代。陶唐，即古帝尧，初封于陶，后徙于唐，故又称陶唐氏。麟止，公元前122年，武帝至雍，猎得一头像鹿的角兽，便说是麒麟，改元元狩。相传孔子作《春秋》，因获麟而绝笔，这里借用“麟止”的典故，以表示《史记》写作之意与孔子作《春秋》相同。《史记》第一篇为《五帝本纪》，而首叙黄帝之事，故这里说“自黄帝始”，又因黄帝乃百家传说，不可靠。所以又说《史记》所述乃自陶唐以来。

[原文]

史记·屈原列传（节录）

司马迁

屈原者，名平。楚之同姓[1]也。为楚怀王左徒[2]，博闻强志[3]，明于治乱，娴于辞令。入则与王图议国事，以出号令；出则接遇宾客，应对诸侯。王甚任[4]之。上官大夫与之同列[5]，争宠，而心害[6]其能。怀王使屈原造为宪令[7]，屈平属[8]草稿未定。上官大夫见而欲夺之。屈平不与，因谗之[9]曰："王使屈平为令，众莫不知，每一令出，平伐[10]其功，曰以为'非我莫能为'也。"王怒而疏屈平。屈平疾[11]王听之不聪也，谗谄之蔽明也，邪曲之害公也，方正之不容也，故忧愁幽思而作《离骚》[12]。

《离骚》者，犹离忧也。夫天者，人之始也[13]；父母者，人之本也。人穷则反本[14]，故劳苦倦极，未尝不呼天也；疾痛惨怛[15]，未尝不呼父母也。屈平正道直行，竭忠尽智以事其君。谗人间之[16]，可谓穷矣。信[17]而见疑，忠而被谤，能无怨乎？屈平之作《离骚》，盖自怨生也。《国风》好色而不淫[18]，《小雅》怨诽而不乱[19]。若《离骚》者，可谓兼之[20]矣。上称帝喾[21]，下道齐桓[22]，中述汤武[23]，以刺世事。明道德之广崇，治乱之条贯，靡不毕见[24]。其文约，其辞微，其志洁，其行廉[25]。其称文小而其指极大，举类迩尔见义远[26]。其志洁，故其称物芳[27]。其行廉，故死而不容自疏[28]。濯淖[29]污泥之中，蝉蜕[30]于浊秽，以浮游于尘埃之外，不获世之滋垢[31]，其皭然泥而不滓者也[32]。推此志也，虽与日月争光可也[33]。

……

屈原既死之后，楚有宋玉、唐勒、景差之徒[34]，皆好辞而以赋见称[35]，然皆祖[36]屈原之从容辞令，终莫敢直谏……

[注释]

[1] 楚之同姓，楚王族本姓芈（mǐ），自楚武王熊通子瑕封于屈（楚地，相传在今湖北省秭归县东），后世子孙因以屈为姓。屈原即屈瑕的后代，是楚王族中的一支。

[2] 左徒：战国时楚国官名，职位相当于上大夫而次于令尹，参与政事。

[3] 博闻强志：学识广博，记忆力很强。闻，学识。志，记。

[4] 任：信任。

[5] 上官大夫句：上官，姓。大夫，官名。同列，同位，即官阶相同。

[6] 害：嫉妒。

[7] 造为宪令：制定国家法令。

[8] 属：编写。

[9] 谗之：诽谤他。

[10] 伐：夸耀。

[11] 疾：痛心，怨恨。

[12] 《离骚》，屈原最重要的一篇作品。班固《离骚序》解释说："离，犹遭也。骚，忧也。"有人认为"骚"即"愁"之转语，楚音呼之如"骚"。

[13] 夫天者二句：古代认为天生万物，所以说是人之始。

[14] 人穷句：穷，处境困难。反本，追念本始。这句意思是，人遇到困难的时候，便容易想到上天和父母，希望得到救助。

[15] 惨怛：惨，悲苦。怛（dá），忧伤。

[16] 谗人间之：进谗言的人挑拨离间他和楚怀王的关系。间（jiàn），离间。

[17] 信：诚信。

[18] 《国风》句：《国风》，《诗经》的十五国风。好色，指有描写爱情的诗。不淫，不过分。

[19] 《小雅》句：《小雅》，《诗经》中《雅》诗的一部分。怨诽，怨恨非议。《小雅》多讽刺政治的内容，但没有逾越君臣之分，故云。

[20] 兼之：谓兼有《国风》和《小雅》上述优点。

[21] 帝喾（kù）：传说中远古部落高辛氏之名。《离骚》中有“凤凰既受诒兮，恐高辛之我先”，故云“上称帝喾”。

[22] 齐桓：齐桓公，春秋五霸的第一个。《离骚》中有“宁戚之讴歌兮，齐桓闻以该辅”。

[23] 汤武：汤，商汤。武，周武王。《离骚》中有“汤禹严而祗敬兮，周论道而莫差”。

[24] 靡不毕见；无不全面地表达清楚。靡，无。见，同“现”。

[25] 其文约四句：约，简练。微，精深。洁，清白，高尚。廉，方正不苟。

[26] 其称文二句：称，引用，使用。小，细微。指，同“旨”。指《离骚》用比兴的手法写草木鸟兽，但含义广大。举类迩：类，事例，迩，近。这句说，举的是眼前近事，而所表达的意思却很深远。

[27] 称物芳：指《离骚》中往往用香草作比喻。

[28] 死而不容句：虽死不肯自己疏远。谓虽遭遇不幸，仍然关心国家的命运。

[29] 濯淖（zhuó nào）：即洗濯。

[30] 蝉蜕：比喻解脱。蜕（tuì），虫蛇脱下的皮壳叫做蜕。

[31] 滋垢：指污秽。

[32] 皭然句：皭（jiào）然，洁白的样子。泥，黑土。滓（zǐ），污染。这句意思是，那洁白的样子，虽在黑土之中也不受污染。

[33] 自“《国风》好色而不淫”至此句：据班固的《离骚序》、刘勰的《文心雕龙·辩骚》，大致取材于刘安的《离骚传》。

[34] 楚有句：宋玉，相传为屈原弟子，楚顷襄王时人。唐勒，与宋玉同时，曾为楚大夫。景差，楚人。

[35] 皆好辞句：好辞，爱好“楚辞”这种文学体裁。以赋见称，以所作的赋为人称赞。

[36] 祖：模仿，效法。

第三节　汉人对屈原及其作品的评论

[说明]

屈原是我国历史上第一个伟大的爱国诗人，他的作品具有深刻的思想性和很高的艺术性，其对于后世文学的影响，正如鲁迅先生所说，“乃甚或在三百篇以上”（见《汉文史纲要》）。他所创作的《楚辞》，对汉赋的形成，更有直接的关系。因此，对屈原及其作品的评价，便成了汉代文学理论批评的一个中心问题。

屈原其人其作，在汉代是有争议的，这种争议反映了汉代“独尊儒术”的文化专制对文学批评的深刻影响。

淮南王刘安是第一个为屈原作品作注的人，西汉前期，学术比较自由，人们的思想较少受到儒家经学的禁锢，文学批评较为开放。加之统治者又比较喜爱《楚辞》，所以屈原的作品在当时颇受推重。淮南王刘安受武帝之命作《离骚传》“且受诏，日食时上”。刘安的《离骚传》已佚。据班固的《离骚序》和刘勰的《文心雕龙·辩骚》说，刘安对屈原作品的思想内容作了高度的评价，肯定它义兼《国风》、《小雅》，可与日月争光。司马迁完全赞同刘安对屈原的评价，在《史记》中为之立传，大段地引述了刘安《离骚传》的原文，并在此基础上有所发展。他从屈原所处的时代，以及他身受迫害的经历，阐明了屈原作品产生的主客观原因，特别肯定了屈原作品“刺世直谏”的批判意义及其在文学史上的地位。

但是东汉的班固却不赞成刘安和司马迁对屈原其人其作的崇高评价，他从封建礼教和“明哲保身”的处世哲学出发，指责说：“今若屈原，露才扬己，竞乎危国群小之间，以离谗贼。然责数怀王，怨恶椒、兰，愁神苦思，强非其人，忿怼不容，沉江而死，亦贬絜狂狷景行之士。多称昆仑冥婚宓妃虚无之语，皆非法度之政，经义所载。谓之兼诗风雅而与日月争光，过矣。”（《离骚序》）这就把屈原的伟大人格和批判精神及其作品的思想内容、艺术特色都一笔抹杀了，反映了这个正统的封建阶级史学家和文学家思想理论的极端保守和落后。

东汉的王逸不满班固等人对屈原及其作品的指责，特作《楚辞章句》，并在其序中与之针锋相对，全面地批驳了他们的一系列谬论，进一步发扬刘安和司马迁的思想，对屈原及其作品作了很高的评价，成为汉代关于屈原争议的重要文献。王逸（生卒年不详），字叔师，南郡宜城（今湖北宜城县）人。他的《楚辞章句》是现存最早的《楚辞》注本。其《楚辞章句序》则是中国文学批评史上第一篇全面研究楚辞的专论。序文六个自然段，可以分三大部分。第一、二、三自然段，写屈原作品的产生及其流传，为第一部分。第四、五自然段论屈原忠贞高洁的“绝世之行”，驳班固“明哲保身”、“露才扬己”的谬论，为第二部分。最后一段为第三部分，阐述《离骚》在创作手法上“依经立义”的主旨，驳班固所谓屈赋“皆非法度之政（正），经义所载”的谬论，同时高度地肯定了屈原作品在文学史上的不朽价值和崇高地位。

不过王逸基本上是站在儒学经学的立场来批驳班固和肯定屈原的，反映了汉代经学对文学批评的局限和扭曲。例如论屈原作品的产生，是“独依诗人之义而作”，这比起司马迁的“盖自怨生”说，几乎是一种倒退；又如把《离骚》的浪漫主义创作方法解释为“依托五经以立义焉”，也流于牵强附会。后来刘勰在《文心雕龙·辩骚》篇里对此表示怀疑，修正了王逸的论点，认为“屈原虽取熔经义，亦自铸伟辞”，指出研究《楚辞》应该“酌奇而不失其真，玩华而不坠其实”，这样说明《楚辞》的特点，在理论上就前进了一大步。

[原文]

《楚辞章句》序

王逸

昔者孔子睿圣明哲[1]，天生不群[2]，定经术[3]，删《诗》、《书》，正《礼》、《乐》，制作《春秋》，以为后王法[4]。门人三千，罔不昭达[5]。临终之日，则大义乖而微言绝[6]。

其后周室衰微，战国并争，道德陵迟[7]，谲诈[8]萌生，于是杨、墨、邹、孟、孙、韩之徒[9]，各以所知著造传记[10]，或以述古，或以明世。而屈原履忠被谮[11]，忧悲愁思，独依诗人之义[12]而作《离骚》，上以讽谏，下以自慰。遭时暗乱，不见省纳[13]，不胜愤懑，遂复作《九歌》以下凡二十五篇。楚人高其行义[14]，玮[15]其文采，以相教传。

至于孝武帝，恢廓道训[16]，使淮南王安作《离骚经章句》[17]，则大义粲然[18]。后世雄俊，莫不瞻慕，舒肆妙虑，缵述其词[19]。逮至刘向典校经书，分为十六卷[20]。孝章即位，深弘道艺[21]，而班固、贾逵复以所见改易前疑[22]，各作《离骚经章句》，其余十五卷，阙而不说[23]，又以壮为状[24]，义多乖异，事不要括[25]。今臣复以所识所知，稽之旧章[26]，合之经传[27]，作十六卷章句[28]。虽未能究其微妙，然大指之趣[29]略可见矣。

且人臣之义，以忠正为高，以伏节[30]为贤。故有危言[31]以存国，杀身以成仁。是以伍子胥[32]不恨于浮江，比干[33]不悔于剖心。然后忠立而行成[34]，荣显而名著，若夫怀道以迷国[35]，详愚[36]而不言。颠则不能扶，危则不能安[37]，婉娩以顺上[38]，逡巡[39]以避患，虽保黄耇[40]，终寿百年，盖志士之所耻，愚夫之所贱也。

今若屈原，膺[41]忠贞之质，体[42]清洁之性，直若砥矢[43]，言苦丹青[44]，进不隐其谋，退不顾其命[45]，此诚绝世之行，俊彦[46]之英也。而班固谓之露才扬己，竞于群小之中，怨恨怀王，讥刺椒、兰，苟欲求进，强非其人，不见容纳，忿恚自沈，是亏其高明，而损其清洁者也[47]。昔伯夷、叔齐[48]让国守分，不禽周粟，遂饿而死，岂可复谓有求于世而怨望[49]哉？且诗人怨主刺上曰："呜呼小子，未知臧否。匪面命之，言提其耳[50]。"风谏之语，于斯为切。然仲尼论之，以为大雅[51]。引此比彼，屈原之词，优游婉顺[52]，宁以其君不智不故，欲提携其耳乎？而论者以为露才扬己，怨刺其上，强非其人，殆失厥中矣[53]。

夫《离骚》之文，依托五经以立义焉。“帝高阳之苗裔[54]”，则“厥初生民，时惟姜嫄”[55]也；“纫秋兰以为佩”[56]，则“将翱将翔，佩玉琼琚”[57]也；“夕揽洲之宿莽”[58]，则《易》“潜龙勿用”[59]也；“驷玉虬而乘鹥”[60]，则“时乘六龙以御天”[61]也；“就重华而陈词”[62]，则《尚书》咎繇之谋谟也[63]；登昆仑而涉流沙[64]，则《禹贡》之敷土也[65]。故智弥盛者其言博，才益多者其识远。屈原之词，诚博远矣。自终没以来，名儒博达之士，著造词赋，莫不拟则其仪表，祖式其模范[66]，取其要妙，窃其华藻[67]。所谓金相玉质[68]，百世无匹[69]，名垂罔极[70]，永不刊灭[71]者矣。

[注释]

[1] 睿圣明哲：睿（ruì），明智。圣，智慧。

[2] 不群：不同一般人。

[3] 经术：经学儒术。

[4] 法：模式。

[5] 门人二句：谓孔门三千弟子，亲承指受，都能了解孔子论述六经的微言大义。罔，无。昭达，明白通晓。

[6] 临终二句：语本刘歆《移让太常博士书》：“及夫子殁而微言绝，七十子终而大义乖。”微言，精微之言。大义，指经书要义。乖，违背。绝，断绝不传。

[7] 陵迟：衰颓。

[8] 谲诈：谲（jué），诡诈。诈，欺骗。

[9] 于是句：杨、墨，邹、孟、孙、韩。指杨朱、墨翟、邹衍，孙（荀）卿、韩非。

[10] 传记：指著作。

[11] 履忠被谮：行为忠正，却遭到谗言的诬害，履，实行。谮（zèn），诬陷，进谗言。

[12] 独依诗人之义：独自依照《诗经》作者的创作精神。意谓屈原继承了《诗经》的传统。

[13] 不见省纳：不被统治者察看和采纳。

[14] 高其行义：高，形容词作动词，表意动。行（xìng），品行，义，指气节。这句说，楚人以为屈原的品行、气节很高尚。

[15] 玮（wěi）：珍视。

[16] 恢廓道训：恢宏儒家之道的义理。恢廓，扩展。

[17] 使淮南王句：据《汉书·淮南王安传》，汉武帝使淮南王刘安作《离骚传》，“旦受诏，日食时上。”颜师古注：“传，谓解说之，若《毛诗传》。”这里所说的《离骚经章句》，即指《离骚传》，此书今已失传。

[18] 大义粲然：指符合儒家经典的义理得以大放光彩。粲然，鲜明的样子。

[19] 舒肆妙虑二句：舒，展。肆，陈列。妙虑，美妙的情思。“舒肆妙虑”，犹言抒写美妙的情怀。缵（zuān），继承。述，阐述前人陈说。缵述其词，指继承《离骚》的体制、词采。

[20] 逮至二句：逮（dài），及，到。刘向，西汉经学家，受命主持校阅群书，撰成《别录》。刘向首次把《楚辞》辑录成集，分为十六卷。典，主持。

[21] 孝章二句：东汉章帝刘恒，集合儒生在白虎观讨论儒家经义，所以说“深弘道艺”。深弘，发扬光大。道艺，指儒家经术、学术。

[22] 班固贾逵句：班固，字孟坚，东汉历史学家，文学家，著有《汉书》。有《离骚序》，反对刘安、司马迁对屈原的高度评价。王逸此序文即针对他而发。贾逵，字景伯，东汉经学家。改易前疑，指随意改动以前可怀疑的地方。

[23] 阙而不说：缺遗而不加解说。阙，通“缺”。

[24] 以壮为状：班固、贾逵注文今逸。《离骚》本文有“壮”字者如“不抚壮而弃秽兮”，“及余饰之方壮兮”。

[25] 要括：简要概括。

[26] 稽之旧章：指同旧本加以核对。稽，考核。

[27] 合之经传：把正文和章句的解释合编在一起。经，指正文。传，对正文的注释。

[28] 今见王本《楚辞》共十七卷。第十七卷的原文《九思》乃王逸所作，而注文可能是他的儿子王延寿所作。

[29] 大指之趣：主要意旨。大指，大意。趣，意旨。

[30] 伏节：坚持节操。伏，服，坚守。

[31] 危言：直言。

[32] 伍子胥：名员。吴国灭亡前曾数谏吴王夫差。吴王惑于谗言，赐伍子胥自杀死，并取其尸入鸱夷革（一种皮袋子），浮之江中。恨，悔恨。

[33] 比干：殷纣王臣。纣王无道，比干力谏，纣王怒而剖其心。

[34] 忠立而行成：忠贞得以树立，德行困之完成。

[35] 怀道以迷国：怀有救国之道而不贡献出来以致误国。

[36] 详愚：假装痴呆。详，佯。

[37] 颠则二句：国家要垮了却不能加以扶持，社会危乱却不能使它安定。语本《论语·季氏》“危而不持，颠而不扶，则将焉用彼相矣！”

[38] 婉娩以顺之：俯首帖耳地顺从君主。婉娩，柔顺的样子。

[39] 逡（qūn）巡：丧缩不前。

[40] 黄耇：高寿。耇（gǒu），老。

[41] 膺：胸怀。

[42] 体：具有。

[43] 砥矢：砥，磨刀石，比喻平正。矢，箭，比喻端直。

[44] 丹青：丹青之色不易泯灭，故用以比喻坚贞不渝。

[45] 进不二句：进，指在朝廷供职。不隐其谋，指直言敢谏。退，指放逐在外。不顾其命，指自沉汨罗。

[46] 俊彦；才智过人之士。彦，美士。

[47] 而班固九句：班固《离骚序》有云："今若屈原，露才扬己，竞乎危国群小之间，以离谗贼。然责数（shǔ）怀王、怨恶椒、兰，愁神苦思，强（qiǎng）非其人，忿怼不容，沉江而死。"椒、兰，指楚大夫子椒、司马子兰。苟，但，只。忿恚（huì），怨恨。

[48] 伯夷、叔齐：殷代孤竹君之二子。孤竹君死，遗命立叔齐，二人先后以出逃让王位。后武王灭殷，二人耻食周粟，隐于首阳山，终至饿死。

[49] 怨望：怨恨。

[50] 呜呼小子四句：见《诗·大雅·抑》。据《毛诗序》说该诗是卫武公刺周厉王之作。"小子"，指周厉王。臧，善。否，恶。这几句诗说：你这个小子啊，真不知好坏。不仅当面指教，又提着耳朵叮嘱。

[51] 仲尼二句：孔子把这首诗编入《大雅》。

[52] 优游婉顺：悠闲柔顺。

[53] 殆失厥中矣：这种说法恐怕有失中庸之道的公正吧！殆，恐怕。厥，其。

[54] 帝高阳句：高阳，传说中古代帝王颛顼的称号。苗裔，后代子孙。这句是《离骚》首句，屈原自述是高阳氏的后代。

[55] 厥初二句：见《诗·大雅·生民》。厥，其。初，始。姜嫄，高辛之妃，后稷之母。意思是周族的先祖，是姜嫄所生。

[56] 纫秋兰句：纫，连缀成串。佩，佩带在身上的装饰品。

[57] 将翱将翔二句：见《诗经·郑风·有女同车》。将，且。翱翔，鸟回旋飞翔。琼琚，佩玉名。

[58] 夕揽句：揽，采摘。宿莽，经冬不死的香草。

[59] 潜龙句：见《周易·乾》。比喻有大德的君子尚未得时，像蛰伏着的龙，不可用世。

[60] 驷玉虬句，驷，一乘，这里作动词，是“驾车”的意思。虬（qiú求），无角的龙。鹥（yī），凤凰的别名。

[61] 时乘六龙句：《周易·乾》象辞中的一句。六龙，指《周易》乾卦的六爻都是阳爻。御天，登天。

[62] 就重华句，就，趋近。重华，虞舜的名字。陈词，陈述话语。

[63] 《尚书》句：指《尚书·皋陶谟》。咎繇，即皋陶（gāo yáo），舜臣，曾常对虞舜陈述谋略。谟，谋。

[64] 登昆仑句：《离骚》中有“遭吾道夫昆仑兮”及“忽吾行此流沙兮”二句。这里概括其意，与上诸例引原文稍异。

[65] 《禹贡》句：《尚书·禹贡》有“禹敷土，随山刊木，奠高山大川”等句。敷土，分布九州之土，即规划国土。以上各句皆引《离骚》之文与《五经》相比附，说明屈原的创作继承了经书的大义和写法，以驳班固《离骚序》指责屈原作品“多称昆仑冥婚宓妃虚无之语，皆非法度之政，经义所载”的谬论。

[66] 莫不二句：拟则，效法，仪表，形式。祖式，效法，模范，模式典范。

[67] 取其二句：要（yāo）妙，美好的样子。这里指美好的意思内容。华藻，华丽的辞藻。

[68] 金相玉质：相，表面。质，内在本质。金相玉质，比喻文章的形式和内容都很完美。

[69] 百世无匹：世，代。匹，对手。

[70] 罔极：无尽。

[71] 刊灭：磨灭。

第四节　王充的文学理论

[说明]

王充（27—97？）。字仲任，会稽上虞（今浙江上虞县）人。东汉杰出的唯物主义哲学家。

王充出身“细族孤门”，自幼聪颖好学，“日讽千字”。“援笔而众奇”。青年时曾到都城洛阳上太学，拜著名学者班彪为师。“好博览而不守章句。家贫无书，常游洛阳市肆，阅所卖书，一见辄能诵忆，遂博通众流百家之言。”（《后汉书·王充传》）后回到家乡教书，做过本县本郡几任小官，官至扬州治中。晚年著书立说，写出不朽巨著《论衡》。

《论衡》共八十五篇，今存八十四篇。主要阐述了他在哲学上的进步主张，但在当时却没有引起人们的重视，差不多被埋没了近两百年，直到汉末才引起有识之士如蔡邕等人的赞赏和研究。把王充和他的《论衡》看成是“异人异书”。国学大师章太炎先生说：（王充）“作为《论衡》，趣以正虚妄。审向背，怀疑之论，分析百端，有所发擿，不避上圣，汉得一人，足以振耻。”（《检论·学变》）所以，在长期的封建社会中，《论衡》一书被不少封建卫道士指责为“非圣无法”的“异端”，实则却标志了我国古代思想领域的新起点，对冲破汉代陈腐经学和谶纬迷信的束缚具有先驱的意义。

《论衡》一书内容十分广博，其中一些篇章如《艺增》、《超奇》、《佚文》、《书解》、《对作》、《自纪》等，也表达了王充在文学方面的见解。其主要思想是针对当时虚伪浮华和因循模拟的文风，提出了“疾虚妄”、“归实诚”、“为世用”的文学主张。本书所选《超奇》篇，主要的内容则是对作家的品评，可以看成是古代文学理论批评中“作家论”的滥觞，它涉及了以下几个重要的问题。

首先，提出了如何评价作者高下的问题。王充认为这不能以读书多少为标准，而应看他是否“博用能通”，有所创建。《超奇》把一般读书人分作“儒生、通人、文人，鸿儒”四种，他指责那些读书千卷而无以致用的儒生，不过“鹦鹉能言”之类；而鸿儒则不然，他能“精思著文”，有益于“治道政务”。这种崇实尚用的观点，把文学艺术家作为“超奇之士”的主体创造性提到了最首要位置，不仅对于汉代一度出现的浮夸虚诞和因袭模拟的文风具有针砭的作用，对于后来的文学发展，无疑也有其积极的意义。

其次，强调了作家内在修养的重要性。王充认为创作的好坏，既取决于先天的才气，也取决于后天的学习；指出不能光从外在的“文”下工夫，而更需要从内在的“实”努力，所谓“诚实在胸臆，文墨著竹帛，外内表里，自相称副”。这些观点，对曹丕和刘勰的作家论显然也有直接的影响。

再次，在评价作家作品的问题上，王充反对崇古非今的倾向。两汉复古之风盛行，“世俗之性”，好褒古而毁今”（《论衡·齐世》)，文学批评也出现了贵古贱今的不良倾向，王充反对这种保守倒退的习俗，主张实事求是的批评，以“优者为高，明者为尚”，而且把后世超过前代看成理所当然，这对于后世文学理论批评和创作都具有积极的推动作用，是一种十分进步的文学思想。

[原文]

论衡·超奇

王　充

通[1]书千篇以上，万卷以下，弘畅雅闲，审定文读[2]，而以教授为人师者，通人[3]也。杼[4]其义旨，损益其文句[5]，而以上书奏记[6]，或兴论立说[7]，结连篇章[8]者，文人、鸿儒也。好学勤力，博闻强识[9]，世间多有；著书表文[10]，论说古今，万不耐一[11]，然则著书表文，博通所能用之者也。入山见木，长短无所不知；入野见草，大小无所不识。然而不能伐木以作室屋，采草以和方药者，此知草木所不能用也。夫通人览见广博，不能掇[12]以论说，此为匿书主人[13]，孔子所谓“诵《诗》三百，授之以政，不达[14]”者也，与彼草木不能伐采，一实[15]也。孔子得史记[16]以作《春秋》，及其立义创意，褒贬赏诛，不复因[17]史记者，眇[18]思自出于胸中也。凡贵通者，贵其能用之也。即徒诵读，读诗讽术[19]，虽千篇以上，鹦鹉能言之类也。衍传书[20]之意，出膏腴[21]之辞，非倜傥[22]之才，不能任也。夫通览者，世间比有[23]；著文者，历世希然。近世刘子政父子、扬子云、桓君山[25]，其犹文、武、周公并出一时也，其余直有[26]，住往而然，譬珠玉不可得多，以其珍也。

故夫能说一经者为儒生，博览古今者为通人，采掇传书以上书奏记者文人，能精思著文连结篇章者为鸿儒。故儒生过俗人，通人胜儒生，文人逾通人，鸿儒超文人。故夫鸿儒，所谓超而又超者也。以超之奇，退与儒生相料[27]，文轩[28]之比于敝车，锦绣之方于缊袍[29]也，其相过远矣。如与俗人相料，太山之巅墆，长狄之项跖[30]，不足以喻[31]。故夫丘山以土石为体，其有铜铁，山之奇也。铜铁既奇，或出金玉。然鸿儒，世之金玉也，奇而又奇矣。奇而又奇，才相超乘[32]，皆有品差[33]，儒生说名[34]于儒门，过俗人远也。或不能说一经，教诲后生。或带徒聚众，说论洞溢，称为经明[35]。或不能成牍[36]，治一说[37]。或能陈得失[38]，奏便宜[39]，言应经传，文如星月。其高第若谷子云、唐子高者[40]，说书于牍奏之上，不能连结篇章。或抽列古今[41]，纪著行事[42]，若司马子长[43]、刘子政之徒，累积篇第，文以万数，其过子云、子高远矣。然而因成纪前[44]，无胸中之造。若夫陆贾[45]，董仲舒论说世事，由意而出，不假[46]取于外，然而浅露易见，观读之者，犹曰传记。阳成子长[47]作《乐经》，扬子云作《太玄经》，造于眇思[48]，极窅冥[49]之深，非庶几之才[50]，不能成也。孔子作《春秋》，二子作两经，所谓卓尔[51]蹈孔子之迹，鸿茂参贰圣之才者也[52]。

王公子[53]问于桓君山以扬子云。君山对曰："汉兴以来，未有此人。"君山差才[54]，可谓得高下之实矣。采玉者心羡于玉，钻龟者知神于龟[55]。能差众儒之才，累其高下[56]，贤于所累。又作《新论》[57]，论世间事，辩照[58]然否，虚妄之言，伪饰之辞，莫不证定，彼子长、子云说论之徒，君山为甲[59]。自君山以来，皆为鸿眇之才，故有嘉令[60]之文。笔能著文，则心能谋论，文由胸中而出，心以文为表。观见其文，奇伟倜傥，可谓得论也。由此言之，繁文之人[61]，人之杰也。

有根株于下，有荣叶[62]于上，有实核于内，有皮壳于外。文墨辞说，士之荣叶、皮壳也。实诚在胸臆，文墨著竹帛，外内表里，自相副称[63]。意奋而笔纵，故文见而实露也。人之有文也，犹禽之有毛也。毛有五色，皆生于体。苟有文无实，是则五色之禽，毛妄生也。选士[64]以射，心平体正，执弓矢审固[65]，然后射中。论说之出，犹弓矢之发也。论之应理，犹矢之中的。夫射，以矢中效巧[66]；论，以文墨验奇。奇巧俱发于心，其实一也。

文有深指巨略[67]。君臣治术，身不得行，口不能绁[68]，表著[69]情心，以明己之必能为之也。孔子作《春秋》，以示王意[70]。然则孔子之《春秋》，素王[71]之业也；诸子之传书[72]，素相[73]之事也。观《春秋》以见王意，读诸子以睹相指。故曰：陈平割肉，丞相之端见[74]；孙叔敖决期思，令尹之兆著[75]。观读传书之文，治道政务，非徒割肉决水之占[76]也。足不强则迹不远，锋不铦[77]则割不深。连结篇章，必大才智鸿懿[78]之俊也。

或曰："著书之人，博览多闻，学问习熟，则能推类兴文[79]。文由外而兴，未必实才学文相副[80]也。且浅意于华叶之言，无根核[81]之深；不见大道体要，故立功者希。安危之际，文人不与，无能建功之验，徒能笔说之效也。"

曰：此不然。周世著书之人，皆权谋之臣；汉世直言之士，皆通览之吏[82]，岂谓文非华叶之生，根核推之也？心思为谋，集札为文，情见于辞，意验于言。商鞅相秦，致功于霸，作《耕战》[83]之书；虞卿为赵，决计定说行[84]，退作《虞氏春秋》[85]。《春秋》[86]之思，赵城中之议[87]；《耕战》之书，秦堂上之计也[88]。陆贾消吕氏之谋，与《新语》同一意[89]；桓君山易晁错之策，与《新论》共一思[90]。观谷永之陈说，唐林之直言，刘向之切议，以知[91]为本，笔墨之文，将而送之[92]，岂徒雕文饰辞，苟为华叶之言哉？精诚由中，故其文语感动人深。是故鲁连飞书，燕将自杀[93]；邹阳上疏，梁孝开牢[94]。书疏文义，夺于肝心[95]，非徒博览者所能造，习熟者所能为也。

夫鸿儒希有，而文人比然[96]，将相长吏，安可不贵[97]？岂徒用其才力，游文于牒牍哉？州郡有忧，能治章上奏，解理结烦[97]，使州郡无事。有如唐子高、谷子云之吏，出身尽思，竭笔牍之力，烦忧适[98]有不解者哉！古昔之远，四方辟匿[99]，文墨之士，难得纪录，且近自以会稽[100]言之。周长生[101]者，文士之雄也，在州为刺史，任安举奏；在郡为太守，孟观上书，事解忧除，州郡无事，二将[102]以全。长生之身不尊显，非其才知少、功力薄也，二将怀俗人之节[103]，不能贵也。使遭前世燕昭，则长生已蒙邹衍之宠矣[104]。长生死后，州郡遭忧，无举奏之吏，以故事结不解，征诣相属[105]，文轨不尊[106]，笔疏不续也。岂无忧上之吏哉？乃其中文笔不足类[107]也。

长生之才，非徒锐于牒牍也，作《洞历》十篇，上自黄帝，下至汉朝。锋芒毛发之事，莫不纪载，与太史公《表》、《纪》相似类也。上通下达，故曰《洞历》。然则长生非徒文人，所谓鸿儒者也。

前世有严夫子[108]，后有吴君商[109]，末有周长生。白雉贡于越[110]，畅草献于宛[111]，雍州[112]出玉，荆、扬[113]生金。珍物产于四远幽辽[114]之地，未可言无奇人也。孔子曰：“文王既没，文不在兹乎？”[115]文王之文在孔子，孔子之文在仲舒，仲舒既死，岂在长生之徒与？何言之卓殊、文之美丽也！唐勒、宋玉[116]，亦楚文人也，竹帛不纪者，屈原在其上也。会稽文才，岂独周长生哉！所以未论列者，长生尤逾出也。九州多山，而华、岱为岳[117]；四方多川，而江、河为渎者[118]，华、岱高而江、河大也。长生，州郡高大者也。同姓之伯贤，舍而誉他族之孟，未为得也[119]；长生说文辞之伯，文人之所共宗[120]，独纪录之，《春秋》记元于鲁之义也[121]。

俗好高古而称所闻，前人之业，菜果甘甜；后人新造，蜜酪[122]辛苦。长生家在会稽，生在今世，文章虽奇，论者犹谓稚于前人[123]。天禀元气，人受元精，岂为古今者差杀[124]哉！优者为高，明者为上。实事之人，见然否之分者，睹非，却前退轩于后；见是，推今进置于古，心明知昭，不惑于俗也。班叔皮[125]续《太史公书》百篇以上，记事详悉，义浅理备，观读之者以为甲，而太史公乙。子男孟坚[126]为尚书郎，文比叔皮，非徒五百里也，乃夫周、召、鲁、卫之谓也[127]。苟可高古，而班氏父子不足纪也。

周有郁郁之文者，在百世之末也[128]。汉在百世之后，文论辞说，安得不茂！喻大以小，推民家事，以睹王廷之义。庐宅始成，桑麻才有，居之历岁，子孙相续，桃李梅杏，菴[129]丘蔽野，根茎众多，则华叶繁茂。汉氏治定久矣，土广民众，义兴事起[130]，华叶之言，安得不繁！夫华与实俱成者也，无华生实，物希有之。山之秃也，孰其茂也？地之泻[131]也，孰其滋也？文章之人滋茂汉朝者，乃夫汉家炽盛之瑞也。天晏，列宿焕炳[132]；阴雨，日月蔽匿。方今文人并出见者，乃夫汉朝明明之验也。

高祖读陆贾之书，叹称万岁[133]；徐乐、主父偃上疏，征拜郎中[134]，方今未闻。膳无苦酸之肴，口所不甘味，手不举以啖人[135]。诏书每下，文义经传四科，诏书斐然，郁郁好文之明验也。上书不实核，著书无义指，“万岁”之声，“征拜”之恩，何从发哉？饰面者皆欲为好，而运目者希[136]；文音[137]者皆欲为悲，而惊耳者寡。陆贾之书未奏，徐乐、主父之策未闻，群诸瞽言之徒[138]，言事粗丑，文不美润，不指所谓[139]，文辞淫滑，不被涛沙之谪，幸矣[140]，焉蒙征拜为郎中之宠乎？

[注释]

[1] 通：通读。

[2] 弘畅二句：弘，大。畅，通达。闲，即娴，熟习。读（dòu 豆），句读，断句。

[3] 通人：这里专指读了许多书但不能加以发挥和运用的人。

[4] 杼（zhù）：借作抒，发挥。

[5] 损益句；指能灵活引用古书的词句。

[6] 上书奏记：指向上级官吏和皇帝写奏章。

[7] 兴论立说：指提出独到的见解和主张。

[8] 结连篇章：指写出有系统的文章，汇集成书。

[9] 识（zhì）：记住。

[10] 表文：写出文章。

[11] 万不耐一：万人之中难得一人。耐，通能。

[12] 掇（duō）：拾取，拿。

[13] 匿书主人：只收藏而不阅读的藏书家。此句“书”字前原本有“生”字，据文意删。

[14] 诵《诗》三百三句：参见《论语》注[16][17]。

[15] 一实：实质上是一回事。

[16] 史记：此处指鲁国史。

[17] 因：因袭，依照。

[18] 眇（miào）：通“妙”，精深。

[19] 讽术：讽，读。术，经、艺。

[20] 衍传书：衍，引申。传（zhuàn），解释经书的书籍。传书，这里泛指古书。

[21] 膏腴（yú）：美好。

[22] 倜傥（tì tǎng）：卓越超群。

[23] 比有：到处都有。

[24] 刘子政句：刘向，字子政，西汉著名经学家，目录学家。其子即刘歆。扬子云，扬雄，西汉末思想家、文学家。桓君山，桓谭，东汉唯物主义思想家。

[25] 直有：仅有。

[26] 料：衡量，比较。

[27] 文轩：装饰华丽的车子。

[28] 方于缦袍：方，比。缦袍，旧袍子。

[29] 太山二句：太山，泰山，古人认为是最高的山。巅（diān），山顶。垤（dié），通垤，小土堆，这里指山脚。长狄，传说中古代的少数民族，身材非常高大。项，脖子。跖，脚掌。这两句比喻差距很大。

[30] 喻：说明。

[31] 超乘：跃上战车，这里指超越，超过。

[32] 品差：等级。

[33] 说名：托名。说（shuì），通“税”，停留，寄托。

[34] 论说二句：洞，达，透彻。溢，满，指说论内容丰富。经明，通晓经书。

[35] 牍（dú）：古代书写用的木简，这里指公文。

[36] 治一说：提出一种主张。

[37] 陈得失：陈述国家政治的得失。

[38] 奏便宜：提出适当的建议。便宜，方便，适宜。

[39] 其高第句：高第，高等。谷子云，谷永，西汉人。唐子高，唐林，西汉人。

[40] 抽列古今：从书籍中抽出古今资料罗列起来。

[41] 行事：经事。

[42] 司马子长：司马迁。

[43] 因成纪前：因袭前代现成的记载。

[44] 陆贾：汉高祖刘邦的重要谋臣，著有《新语》十二篇。

[45] 假：借。

[46] 阳成子长：姓阳成（一作阳城），名衔，东汉初年人，曾补《史记》，著《乐经》。今俱已佚失。

[47] 眇思：原本作“助思”，据上文“眇思自出于胸中”改。

[48] 窅冥（yáo míng）：深远难见之貌。

[49] 庶几之才：《易·系辞下》：“颜氏之子（颜渊），其殆庶几乎？”后世因以指接近圣人的才能。

[50] 卓尔：高超的样子。

[51] 鸿茂句：鸿，宏大。茂，精美。参，同“叁”。参贰，并列为三、并列为二，相提并论的意思。这句意思说，宏大精美，具有和孔子相提并论的才能。

[52] 王公子：不详。一说“子”是衍文，“王公”指王莽。

[53] 差才：区别人才。差，区分等级。

[54] 钻龟句：钻龟者，古代用龟甲占卜吉凶的人。知（zhì智），通“智”，智慧。

[55] 累其高下二句：累，按次序排列。这两句意思是，按次序列出众儒之才的高下，而自己则高出于所列众儒之上。

[56] 《新论》：桓谭的著作。

[57] 辨照：辩明。

[58] 为甲：是第一。

[59] 嘉令：美好。

[60] 繁文之人：这里指作品丰富的人。

[61] 荣叶：花叶。

[62] 副称：符合。

[63] 选士：选拔武士。

[64] 审固：审，指准确地辨别目标。固，指牢固有力地拉弓。

[65] 效巧：验证技巧。效，验证。

[66] 深指世略：指，通“旨”，意旨。略，谋略，思想。

[67] 口不能绁：口不能言之。绁（yì），当为泄，形声相近而误。

[68] 表著：表达。

[69] 王意：做君主的道理。

[70] 素王：素，空。素王，指具备了王者之道而没有王位的人。这是儒家对孔子的美称。

[71] 传书：解释或阐说经书义理的著作。

[72] 素相：素丞相，无丞相之位而有丞相之业者，这里指经书的阐释者。

[73] 陈平二句：陈平，汉高祖刘邦的重要谋臣，吕后时任丞相。

据《史记·陈丞相世家》记载，陈平还是个老百姓时，为乡人分割祭肉很公平，受到乡中父老的称赞云："善，陈孺子之为宰。"后人因此议论说，这是他当丞相的苗头。端。苗头。

[74] 孙叔敖二句：孙叔敖，战国楚人，曾做过令尹（相当于别国的"相"）。决，疏通。期思，古河名，在今河南固始西北部。这两句说，从孙叔敖疏通期思河，楚庄王看出了他有当令尹的才能。兆，迹象。著，显著。

[75] 占：占验，预兆。

[76] 铦（xiān）：锐利。

[77] 懿（yì）：完美。

[78] 推类兴文：推类，类推，指推理。兴文，作文。

[79] 相副：相称，相符。

[80] 核：通"荄"（gāi），草根。

[81] 通览之吏：博览群书的官吏。

[82] 《耕战》：《商君书》中的一篇，今本作《农战》。耕战政策为商君变法治国的纲要。

[83] 虞卿二句：虞卿，战国时人，曾游说赵孝成王，被任为上卿。决计定说，提出计谋和主张，指虞卿替赵国出谋划策，与齐、魏联合抗秦。行，采用，实行。

[84] 《虞氏春秋》：四字原本无，据《史记·虞卿列传》增。

[85] 《春秋》：指《虞氏春秋》。

[86] 赵城中之议：赵，原本作"起"，据递修本改。这句说，《虞氏春秋》的基本思想，就是虞卿在赵国都城邯郸给赵王提建议的那些内容。

[87] 《耕战》二句：谓商鞅《农战》篇的主张，就是他与秦孝公在朝堂上晤谈中定下的基本政策。

[88] 陆贾二句：谓陆贾建议丞相陈平联合太尉周勃维护刘氏政权，消灭吕后余党吕禄等，迎立汉文帝事，与其所著《新语》一书的思想是一致的。

[89] 桓君山二句：桓谭曾上书汉光武帝刘秀言晁错事，著书言当世行事二十九篇，号曰《新论》。《新论》全书已佚，书中言“易晁错之策”，已不可考。易，改。晁错，汉景帝时御史大夫，曾建议削减封国，以巩固中央集权，后遭陷害而死。

[90] 知：见解，思想。

[91] 将而送之：谓借助文章把思想表达出来。将，助，扶。

[92] 鲁连飞书二句：鲁连，即鲁仲连，战国时齐人。据《史记·鲁仲连传》载：一次燕将某将攻下齐国聊城，聊城人以反间计谗之于燕，燕将惧诛，因保守聊城，不敢归。齐田单攻聊城岁馀不下，鲁仲连乃写信用箭射入城内，为之备陈利害。燕将读了来信，感到归燕、降齐都无出路，泣三日而自杀。

[93] 邹阳上疏二句：邹阳，西汉人。据《史记·邹阳列传》载：邹阳因事被文帝的儿子梁孝王刘武逮捕。他在狱中上书自诉冤情，因而获释，并被刘武拜为上客。

[94] 夺于肝心：迸发于内心深处。夺，用力冲开、迸发。

[95] 比然：比比皆是。

[96] 不贯：不以之（指鸿儒）为贵。

[97] 解理结烦：解决处理烦杂的事务。结烦，烦杂所结，指困难所在。

[98] 适：疑作“岂”。

[99] 辟匿：偏僻隐蔽。辟，通“僻”。

[100] 会稽：郡名，东汉前期辖区包括今江苏南部，浙江大部和福建全省，是王充的家乡。

[101] 周长生：周树，东汉初年人，著有《洞历》，今佚。

[102] 二将：即任安、孟观。

[103] 怀俗人之节二句：谓任安、孟观带有世俗的偏见，不能尊重周长生。

[104] 使遭二句：燕昭，指燕昭王。据《史记·孟子荀卿列传》载，齐人邹衍到燕国时，燕昭王为了表示对他的尊敬，亲自清扫道路来欢迎他。

[105] 征诣相属：汉王朝征召州郡官员到京师接受审查的连续不断。诣（yì），到，相属，相连。

[106] 义轨不尊，指写文章这一行不受重视。轨，道。文轨，文章之道。

[107] 不足类：谓不及周长生。类，比。

[108] 严夫子：指庄忌，称严，避汉明帝讳改：《汉书·艺文志》有庄夫子赋二十四篇。

[109] 吴君高：名平。东汉会稽人。与袁康合著《越纽录》，即今《越绝书》。

[110] 白雉句：雉（zhì志），野鸡。越，古代南方地名。

[111] 畅草句：畅草，一种珍贵的香草。宛（yú），通“郁”，指郁林郡（在今广西西部）。

[112] 雍州：古代九州之一，相当于今陕西秦岭以北、甘肃大部分和青海一部分。

[113] 荆、扬：荆州、扬州。荆州主要在今湖北、湖南、贵州北半部和四川东南部一带。扬州，在今江苏、安徽、江西、浙江、福建一带。

[114] 幽辽：偏僻而辽远。

[115] 文王二句：见《论语·子罕》。没，死。兹，此，这里指孔

丘本人。

[116] 唐勒、宋玉：见《史记·屈原列传》注[34]。

[117] 华岱句：华，华山。岱，泰山。岳，高山，古代认为华、岱、衡、恒四山最高，故称四岳。

[118] 江河句，江，长江。河，黄河。渎（dú），大水。古代认为江，河、淮、济四河最大，故称四渎。

[119] 同姓三句：古代以“伯（或孟）、仲、叔，季”的顺序来区别兄弟的排行。这三句说，自家家庭的老大很贤德，抛开他去夸别人家族的老大，这是不对的。

[120] 共宗：共同推崇。

[121] 《春秋》句：《春秋》记元于鲁，是尊鲁突出于诸侯之上，王充以为周长生是会稽人才之突出者，所以用《春秋》尊鲁之义为比。

[122] 蜜酪句：即使蜜酪也认为又辣又苦。辛，辣。

[123] 稚于前人：谓不及人。稚，幼稚。不成熟。

[124] 差杀：降低等级。

[125] 班叔皮句：班彪，字叔皮，东汉史学家。《太史公书》，即《史记》，据《后汉书·班彪传》，彪继司马迁作《史记后传》数十篇（与王充这里所说“百篇以上”有出入）。

[126] 孟坚：班固，字孟坚，在其父班彪《史记后传》的基础上写成《汉书》。

[127] 非徒四句：意思说，用国家大小来比喻班氏父子的文章，他们不仅是五百里那样的大国，而且是周、召、鲁、卫那样的大国中之大国了。如果只能以古为高，那么班氏父子的文章就不值得一提了。“高”，形容词作动词，意动用法。

[128] 周有二句：《论语·八佾》：“子曰：周监于二代。郁郁乎文哉！”郁郁，丰富，繁盛。这两句说，周氏之所以有繁荣昌盛的文化是

因为它处在百代的末尾。意谓“今胜于古”。

[129] 奄：掩，覆盖。

[130] 义兴事起：礼义盛行，事业兴旺。

[131] 泻：泻土，盐碱地。

[132] 天晏二句：晏，无云，晴朗。列宿，众星。这两句说，晴空无云，群星就会大放光芒。

[133] 高祖二句：据《史记·陆贾列传》载，汉高祖邦命陆贾作文论秦朝灭亡的原因，“每奏一篇，高祖未尝不称善，左右呼‘万岁’”，万岁，当时表示庆幸的习惯用语。

[134] 徐乐二句：徐乐、主父偃皆汉武帝时人，他们因上书论事而受到赏识，被任命为郎中。

[135] 膳无三句：膳，饭食。肴（yáo），荤菜。啖（dàn），食。这三句说，没有甘酸调味的菜肴，是不适口味的，也不会拿给别人吃。

[136] 运目者希：指值得人看一眼的很少。运目，转动眼珠。

[137] 文音：指创作乐曲。

[138] 群诸句：那些闭着眼睛说瞎话的人。

[139] 不指所谓：不知道文章所说的意义何在。

[140] 不被二句：不被充军到荒岛或沙漠上去，就算很幸运的事了。涛，波涛汹涌之地，指边远的沿海地区。沙，指荒凉的沙漠地区。谪（zhé），发配，流放。

思 考 题

1. 简述两汉文学理论批评概况。

2. 为什么说《毛诗序》是先秦文学理论的总结、发展？

3. 为什么说诗歌必须为政治服务是贯穿《毛诗序》全文的中心思想？

4. 司马迁的文学主张集中表现在哪些方面？有何进步意义？

5. 简述汉代关于屈原及其作品的争议的概况。

6. 王逸的《楚辞章句序》主要阐述了哪些问题？有何积极意义和局限性？

7. 为什么说《论衡·超奇》是我国文学理论批评中“作家论”的滥觞？

8. 王充文学思想的进步意义和战斗精神表现在哪些方面？

9. 解释：六义；比兴；主文而谲谏；发乎情，止乎礼义；发愤著书；博通能用；独依诗人之义而作《离骚》。

第三章　魏晋南北朝文学理论

魏晋南北朝时期是我国古代文学理论的自觉期。所谓“自觉”，首先表现在人们对文学的特征有了比较明确的认识，文学创作和文学理论逐渐从儒家经学中独立出来，“文学”一词的概念开始与汉代儒学、学术相区别，义同汉代所谓“文章”，而取得了接近后世所谓文学的内涵。例如晋人陈寿的《三国志·魏志·王粲传》说：“粲善文……及平原侯（曹）植皆好文学。”刘宋范晔作《后汉书》，于《儒林传》外另立《文苑传》，或称“文学”，或称“文章”，其义互用。梁人萧子显著《南齐书》明确设置《文学传》，篇中则每称“文章”。

随着东汉帝国的崩溃，儒家思想的统治地位开始动摇，经学日益衰落，人们的价值观念产生了根本性的变化。以曹操为首，反对以“德行”取士的制度，要求“唯才是举”，主张文章清峻，通脱，在很大程度上突破了儒家礼教和烦琐经学对思想文化领域的禁锢，使知识分子的思想在一定程度上得到了解放。正如鲁迅先生所说：“此种提倡影响到文坛，便产生了多量想说甚么便说甚么的文章。”“更因思想通脱之后，废除固执，遂能充分容纳异端和外来的思想，故孔教以外的思想源源引入。”（《魏晋风度及文章与药及酒之关系》）这样，一种以老庄思想为核心的玄学思潮便应运而生，给汉末业已十分贫困的理论思维注入了活跃的生机，对文学批评的发展也起到了积极的推动作用。诸如曹丕提出“文以气为主”，陆机倡言“诗缘情而绮靡”，萧纲鼓吹“文章且须放荡”，都不是头脑僵化的汉儒经生想得出来的新思想。

随着人们的思想解放，文学创作也获得了新生。作家可以通过作品个人的情态，表达自己对社会人生的认识和感受，“不必寓训勉于诗赋”（鲁迅语）。特别是汉末之际，不少作家亲身经历了政治动乱和颠沛流离之苦，受到社会现实的激发，受到乐府民歌的影响，写出了许多优秀的现实主义诗篇。尤其是“三曹七子”，形成一个“邺下文学集团”，在建安时期创造了中国文学史上的第一个五言诗的黄金时代，其优秀作品一直成为后世诗歌学习的榜样和文学研究的范本。此外如正始文学、太康文学、元嘉文学、永明文学、齐梁文学等，也都产生了不少杰出的作家作品，他们风格各异，自成一家，为文学理论和批评的发展，提供了丰富的实践依据。

文学观念的“自觉”，玄学思潮的兴起和文学创作的繁荣，它们互相影响，互相推进，共同构成了魏晋南北朝文学批评理论长足进步并取得丰硕成果的客观基础。这时，不少理论家开始自觉对诸多文学现象进行了比较广泛而深入的研究、总结，写出了不少文学批评的专著，最有代表性的如曹丕的《典论·论文》，陆机的《文赋》，刘勰的《文心雕龙》和钟嵘的《诗品》等，其理论水平都达到了前所未有的高度，是本书选文介绍的主要对象。

第一节　曹丕的《典论·论文》

[说明]

曹丕（187—226），字子桓，曹操次子。操死，嗣为太子。代汉帝即帝位，国号魏，卒谥“文”，称魏文帝。曹丕好文学，有逸才，在诗歌创作上有一定的成就，以《燕歌行》最著名，是现存最早的文人七言诗。今传赋三十余篇，诗四十余首。

《典论·论文》是曹丕在建安时期为魏太子时所撰的一部关于政治、道德、社会和文化的论集。《论文》是其中的一篇。原书已佚。本文因收入萧统的《文选》而得以保存。《典论·论文》是我国文学理论史上较早的一篇专论，对中古文学史上关于文学批评的很多问题都有所涉及。其中有些问题，虽然仅仅是略引端绪，但对后代的影响很大。归纳起来，主要有以下四个方面的内容。

一、肯定了文学的独立价值和地位，强调文章是“经国之大业，不朽之盛事。”汉代的扬雄认为辞赋是“童子雕虫篆刻”，“壮夫不为”（《法言·吾子》）；到曹丕时代，也还有“辞赋小道”的说法，自古以来只有圣人和经书的地位，文学和文学家个人的创作并未得到充分的重视。但曹丕却在《典论·论文》中第一次不分贵贱地给予个人的文章以很高的评价。一方面他本着文以致用的精神强调文章是“经国之大业，不朽之盛事”，把文学提到与事功并立的地位；一方面从人的生命价值的自我实现指出了它的不朽意义。他说，一个人的

“年寿”和“荣乐”那是有限度和定数的，“未若文章之无穷”，可以传之永久。他鼓励作家超越有限的人生，从个人的荣辱贵贱中解脱出来，“不假良史之辞，不托飞驰之势”，凭着自己的奋斗、创作，去获取生命永恒的价值。这显然是当时人性自觉和文学自觉的反映，其中所包含的主体个性意识和人文精神，对后世文学思想的影响是不应低估的。

二、论述了“文”与“气”的关系，提出了“文以气为主”的主张，这是曹丕文学理论的核心。早在先秦时代，孟子已提到“养气”与“知言”的关系，对后代文论具有启发意义。但真正把“气”引入文学理论的则是曹丕。“气”在他的《典论·论文》中主要指的是作家的个性素质、本性。曹丕认为由于作家主观的个性素质不同，便形成了各自不同的风格。这种风格是不容取代和模拟的，“虽在父兄，不能以移子弟”。作家应该“想说甚么便说甚么”（鲁迅语），各自为自己的个性和风格而创作。这种理论对汉代的模拟之风和代圣贤立言的不良现象，无疑具有批判的意义。但曹丕也不是把一切风格都等而视之，没有自己的审美倾向。他说：“气之清浊有体”。他所说的“清”是指俊爽超迈的阳刚之气，“浊”是指凝重沉郁的阴柔之气。他将一个作家的个性气质及其在作品中反映出来的风格美，分为这两大类，而他比较倾向于前者，这是很有价值的美学思想。后来刘勰《文心雕龙·体性》说“才有庸俊，气有刚柔”，沈约《宋书·谢灵运传论》称“刚柔迭用，喜愠情分”，多少是受到了曹丕的启发。唐代陈子昂提倡“汉魏风骨”而贬斥“采丽”、“颓靡”的六朝文风，便是对阳刚之美的呼唤。

三、区分了四种不同文体的特点，提出了“文本同而末异”和“诗赋欲丽”的著名论点。“本”与“末”，原是老子的一对哲学范畴，也是魏晋玄学讨论的热门课题。曹丕显然受到了当时刚刚兴起的玄学思潮的影响，他所说的“本”，大致指基本性质，规则而言，这是一切文章共同的，比如“文以气为主”，所谓“末”，是指各种不同文章的体裁。前者主要指内容而言，后者主要指形式而言。曹丕将一切文学的作品总体，分作这样相互对立而又统一的两大范畴来认识，这是文学研究的一个很大进步，具有很强的概括性和理论高度。

他认为一切文学作品的内容、特性，在其本质上是相同的，但其表现形态却多种多样。他把这些不同的表现形式分为四类八体，即“奏议”、“书论”、“铭诔”、“诗赋”，指出它们各自的表现特色是：“雅”、“理”、“实”、“丽”，实际上是看到了作品风格的形成不仅与作家个性气质相关，而且与作品体裁的审美要求也有一定的联系。这些观点，都为后来陆机《文赋》所发挥，对刘勰《文心雕龙》的文体论也有直接影响。尤其值得注意的是，曹丕将诗、赋归为一类，指出它们的特点是“欲丽”，这是对文学艺术审美要求的自觉认识。

四、提出了文学批评应有的态度。曹丕首先批评了两种错误的态度：一是“文人相轻”，“谓己为贤”，二是“贵远贱近，向声背实”。“贵远贱近”即尊古卑今，这并非作者的创见，东汉的桓谭、王充就对此已有批判。但对“文人相轻”的批判，则是作者的新论，作者对此分析比较透彻，不仅分析了这种错误态度产生的社会心理，而且在“文气”说的理论基础上指出了他的非科学性，是很有说服力的。曹丕认为，每一个作家个性才气并不相同，“巧拙有素”、“能之者偏”，在文学创作中是各有长短的，而且“文非一体，鲜能备善”，怎么能够“各以所长，相轻所短”呢？就是说“文人相轻”的态度是主观主义的，完全失去了批评的客观标准，不可能有什么正确的判断。

总之，曹丕的文学思想，特别是他的“文气”说，为文学批评和文学风格论奠定了理论基础，对促进文学创作的“百花齐放”和文学批评的正常发展，都具有积极的现实意义；同时对后世诸种“文气”理论的形成，也具有这样那样的影响。

[原文]

典论·论文

曹　丕

文人相轻，自古而然。傅毅之于班固，伯仲之间耳[1]。而固小之[2]，与弟超[3]书曰：“武仲以能属文为兰台令史，下笔不能自休。”[4]夫人善于自见，而文非一体，鲜能备善[5]，是以各以所长，相轻所短。里语[6]曰：“家有敝帚，享之千金。”[7]斯不自见之患也。

今之文人，鲁国孔融文举，广陵陈琳孔璋，山阳王粲仲宣，北海徐干伟长，陈留阮瑀元瑜，汝南应玚德琏，东平刘桢公干，斯七子者[8]，于学无所遗，于辞无所假[9]，咸以自骋骥騄[10]于千里，仰齐足而并驰[11]，以此相服[12]，亦良难矣。盖君子[13]审己以度人，故能免于斯累[14]而作论文。

王粲长于辞赋，徐干时有齐气[15]，然粲之匹[16]也。如粲之《初征》、《登楼》、《槐赋》、《征思》，干之《玄猿》、《漏卮》、《圆扇》、《桔赋》，虽张、蔡[17]不过也。然于他文[18]，未能称是。琳、瑀之章表书记[19]，今之隽[20]也。应玚和而不壮，刘桢壮而不密。孔融体气[21]高妙，有过人者，然不能持论[22]，理不胜辞[23]，以至乎杂以嘲戏[24]。及其所善，扬、班俦也[25]。

常人贵远贱近，向声背实[26]，又患闇于自见，谓己为贤，夫文，本同而末异[27]。盖奏、议宜雅[28]，书、论宜理[29]，铭、诔尚实[30]，诗、赋欲丽[31]。此四科不同，故能之者偏[32]也；唯通才能备其体。

文以气[33]为主。气之清浊[34]有体，不可力强而致。譬诸音乐，曲度虽均，节奏同检[35]，至于引气不齐，巧拙有素[36]，虽在父兄，不能以移[37]子弟。

盖文章，经国[38]之大业，不朽之盛事[39]。年寿有时而尽，荣乐止乎其身，二者必至之常期，未若文章之无穷[40]。是以古之作者，寄身于翰墨，见意于篇籍，不假良史之辞，不托飞驰之势[41]，而声名自传于后。故西伯幽而演《易》[42]，周旦显而制《礼》[43]，不以隐约[44]而弗务，不以康乐而加思[45]。夫然则古人贱尺璧[46]而重寸阴，惧乎时之过已。而人多不强力[47]，贫贱则慑于饥寒，富贵则流于逸乐，遂营目前之务而遗千载之功。日月逝于上，体貌衰于下，忽然与万物迁化[48]，斯志士之大痛也。

融等已逝，唯干著论[49]，成一家言。

[注释]

[1] 傅毅二句：这句说傅毅和班固二人在文才上相差无几。傅毅，

字仲武，茂陵人，汉章帝时为兰台令史，拜郎中，与班固等共同典校书籍。伯仲，兄弟的次序，长为伯，次为仲。

[2] 小之：看不起他。

[3] 超：指班超，字令升，班彪少子，班固之弟。

[4] 自休：指下笔就没完没了，不能控制自己的文思。休，止。

[5] 鲜能备善：鲜（xiǎn），少。备善，指兼有各种文体之长。

[6] 里语：里巷俗语，俗话。

[7] 家有二句：弊帚，破扫把。享，当，语出《东观汉记》。

[8] 斯七子者：上举七人，后世称为建安七子或邺下七子。七子之称，始见于此。除孔融反对曹操，后来因此被杀，其余六人都为曹氏效力，形成曹魏邺下文学集团。

[9] 于学二句：谓无所不学，写文章则不假借他人之作。遗，余留。

[10] 骥騄：千里良马。

[11] 这句说七子像良马一样在文坛昂首而驰，并驾齐驱，不相上下。

[12] 相服：互相佩服。

[13] 君子：泛指有修养的人。审，审察。度，衡量。

[14] 斯累：指文人相轻而短于自见的毛病。

[15] 齐气：《文选》李善注此句云："言齐俗文体舒缓，而徐干亦有斯累。"徐干，籍贯北海，在今山东寿光县东南，古属齐地。

[16] 匹：匹敌，对手。

[17] 张蔡：指张衡、蔡邕。张衡，东汉著名文学家、科学家，有《西京赋》、《东京赋》、《述志赋》、《思玄赋》。蔡邕，东汉著名学者、文学家，有《述行赋》。

[18] 他文：指赋以外的其他文体。

[19] 章表书记：章、表，文体名，是臣下向皇帝的奏书。书记，

文体名，指一般公文和应用文。

[20] 隽：同俊，才华出众。

[21] 体气，指文章的风格气质。

[22] 持论，议论或提出主张。

[23] 理不胜辞：说理不能胜过文辞。

[24] 杂以嘲戏：如孔融《与曹公书》言“武王伐纣，以妲己赐周”之类。

[25] 扬、班俦也：扬，扬雄。班，班固。俦（chóu），类。谓可与扬雄、班固并列比美。

[26] 向声背实：趋向虚名而背弃实质。

[27] 本同而末异：本，根本，此指文学的本质或根本原则。末，指枝叶，用以比喻不同文体。

[28] 奏议宜雅：奏、议，臣子向皇帝陈述意见的疏奏。宜，应该。雅，典正。

[29] 书论宜理：书，论，文书和一般论文。宜理，应该富于理论性。

[30] 铭诔尚实：铭，刻于金、石等器物上的铭文。诔（lěi），哀悼死者的文体。尚实，崇尚真实。

[31] 欲丽：要求辞藻华丽。

[32] 偏：指偏重（即擅长）于某一种文体。

[33] 气：气质，指作家个人所具有的素质，才性。

[34] 清浊：清，俊爽超迈的阳刚之气，浊，凝重沉郁的阴柔之气。

[35] 曲度二句：指音乐的演奏曲谱相同，节奏一样。曲度，曲谱。均，同。同检，同一法度。

[36] 引气二句：指吹奏时用气（如管乐）不一样，艺术表现的本性有巧有拙。

[37] 移：影响，传授。

[38] 经国：治国。

[39] 不朽之盛事：《左传》，“太上有立德，其次有立功，其次有立言，虽久不废，此之谓不朽。”文章属于“立言”范围，所以说是“不朽之盛事。”

[40] 二者句：这句说年寿和荣乐必然达到一定的期限。常期，常定的期限。

[41] 飞驰之势：飞驰，比喻政治上飞黄腾达的人。势，势力。

[42] 故西伯句：幽，幽禁，囚拘。《史记·太史公自序》，“昔西伯拘羑里，演《周易》。”

[43] 周旦句：周公旦辅佐成王制定了周朝的礼制。显，显达。

[44] 隐约：穷困。

[45] 加思：改变著述立言的念头。加，移。

[46] 尺璧：一尺长的美玉。《淮南子·原道》：“圣人不贵尺之璧，而重寸之阴，时难得而易失也。”阴，光阴。

[47] 强力：努力。

[48] 迁化：变化，此指死亡。

[49] 论：指徐干的《中论》二十余篇。

第二节　陆机的《文赋》

[说明]

陆机（261—303），字士衡，吴郡吴县（今上海市松江）人。西晋著名文学家。三国时吴丞相陆逊之孙。陆机二十岁时，吴亡，因而闭门读书，十年不仕。太康时，与弟陆云至洛阳，名动一时。后入仕途，官至平原内史，世称“陆平原”。成都王司马颖以机为司马参军，为人所谗，死于狱中，年仅四十二岁。

陆机是一个多产作家，有丰富的创作经验，他生活的历史时期，出现了所谓“太康群英”的一大批作家，文学创作十分活跃，陆机在此基础上，进行理论研究，用赋的形式写成了我国文学理论史上第一篇关于创作的专论——《文赋》。《文赋》涉及的问题很多，需要着重理解的有以下几个方面。

首先，陆机提出作文之由一是有感于物，一是有赖于学。《文赋》一开头就说：“伫中区以玄览，颐情志于典坟”，指出文学创作必须深刻地观察万物，有感于心，同时通过古代文化典籍的学习提高艺术修养，培养高尚的情操，只有这样，才能使自己具备创作的雄厚基础和起码条件。这种理论实质上是对先秦《乐记》的“物感”说和诗论“言志”说的继承和发展。

其次，对艺术想象在创作活动中的关键作用及其特征做了形象化的描述。陆机认为文学创作的最大困难，就在于主观意识不能正确地反映客观事物，而语言又不能准确地表达主观的意识。陆机在这里实际上提出了文学创作过程中以艺术思维为中心的物、意、文（言）的关系问题，具有很高的理论价值。其中最精华的部分是他用生动形象的语言描述了艺术想象的活动，阐明了它超越时空，自由驰骋的形象特征和功能，所谓“精骛八极，心游万仞”，“观古今于须臾，抚四海于一瞬”。同时还第一次论述了创作思维中的灵感问题：“天机骏利”，都具有首创的意义，对刘勰的“神思”理论有直接的影响。

再次，提出了“诗缘情而绮廊”的新潮理论。从汉代以来，正统的理论是“诗言志”，而“志”被解释为一种符合封建礼教规范的“德性”，诗的抒情功能实际上被取消了。但是建安以来抒情的五言诗发达兴盛了，于是陆机《文赋》第一次铸成了“诗缘情而绮靡”这个新语（朱自清《诗言志辨》）。这既是对先秦“言志”说的继承和发展，也是对汉儒“言志”说的纠偏和挑战。不过值得注意的是，“绮靡”不能解作颓靡、浮丽，不能因此说陆机在主观上鼓吹了六朝形式主义的文风。“绮靡”，如李善所注，是指“精妙之言”。但是，绮靡或者精妙毕竟只是一种阴柔之美，这就限制了诗歌情感内容和语言风格的多样化，也有消极意义。

《文赋》涉及的内容相当丰富，比如作品内容和形式的关系，反对模拟，主张独创；语言声韵美的追求，修辞的技巧，结构的方法等问题都有所触及。只是未必都一一展开作了论述，这里就不赘述了。

[原文]

文　赋

陆　机

余每观才士之所作，窃有以得其用心[1]。夫放言遣辞，良多变矣。妍蚩好恶，可得而言。每自属文[2]，尤见其情。恒患意不称物，文不逮意[3]。盖非知之难，能之难也。故作

《文赋》，以述先人之盛藻[4]。因论作文之利害所由。他日殆可谓[5]曲尽其妙，至于操斧伐柯[6]，虽取则不远，若夫随手之变，良难以辞逮。盖所能言者，具于此云尔[7]。

伫中区以玄览，颐情志于《典》《坟》[8]。遵四时以叹逝，瞻万物思纷[9]。悲落叶于劲秋，喜柔条于芳春[10]。心懔懔以怀霜，志眇眇而临云[11]。咏世德之骏烈，颂先人之清芬[12]。游文章之林府，嘉丽藻之彬彬[13]。慨投篇而援笔，聊宣之乎斯文[14]。

其始也，皆收视反听[15]，耽思[16]傍讯，精骛八极，心游万仞[17]。其致也，情曈昽而弥鲜，物昭晰而互进[18]。倾群言之沥液，漱六艺之芳润[19]。浮天渊以安流，濯下泉而潜浸[20]。于是沈辞怫悦，若游鱼衔钩而出重渊之深[21]，浮藻联翩，若翰鸟缨缴，而坠曾云之峻[22]。收百世之阙文，采千载之遗韵[23]，谢朝华于已披，启夕秀于未振[24]；观古今于须臾，抚四海于一瞬[25]。

然后选义按部，考辞就班[26]。抱景者咸叩，怀响者毕弹[27]。或因枝以振叶，或沿波而讨源[28]。或本隐以之显，或求易而得难[29]。或虎变而兽扰，或龙见而鸟澜[30]。或妥贴而易施，或岨峿而不安[31]。罄澄心以凝思，眇众虑而为言[32]。笼天地于形内，挫万物于笔端[33]。始踯躅于燥吻，终流离于濡翰[34]。理扶质以立干，文垂条而结繁[35]。信情貌之不差，故每变而在颜[36]。思涉乐其必笑，方言哀而已叹[37]。或操觚以率尔，或含毫而邈然[38]。

伊兹事之可乐，固圣贤之所钦[39]。课虚无以责有，叩寂寞而求音[40]。函绵邈于尺素，吐滂沛乎寸心[41]。言恢之而弥广。思按之而愈深[42]。播芳蕤之馥馥，发青条之森森[43]。粲风飞而飙竖，郁云起乎翰林[44]。

体有万殊，物无一量[45]。纷纭挥霍，形难为状[46]。辞辞程才以效伎，意司契而为匠[47]。在有无而僶俛，当浅深而不让[48]。虽离方而遁员，期穷形而尽相[49]。故夫夸目者尚奢，惬心者贵当[50]。言穷者无隘，论达者唯旷[51]。诗缘情而绮靡，赋体物而浏亮[52]。碑披文以相质，诔缠绵而凄怆[53]。铭博约而温润，箴顿挫而清壮[54]。颂优游以彬蔚，论精微而朗畅[55]。奏平彻以闲雅，说炜晔而谲诳[56]。虽区分之在兹，亦禁邪而制放[57]。要辞达而理举，故无取乎冗长[58]。

其为物也多姿，其为体也屡迁[59]。其会意也尚巧，其遣言也贵妍[60]。暨音声之迭代，若五色之相宣[61]。虽逝止之无常，固崎锜而难便[62]。苟达变而识次，犹开流以纳泉[63]。如失机而后会，恒操末以续颠[64]。谬玄黄之秩序，故淟涊而不鲜[65]。

或仰偪于先条，或俯侵于后章[66]。或辞害而理比，或言顺而义妨[67]。离之则双美，合之则两伤[68]。考殿最于锱铢，定去留于毫芒[69]。苟铨衡之所裁，固应绳其必当[70]。

或文繁理富，而意不指适[71]。极无两致，尽不可易[72]。立片言而居要，乃一篇之警策[73]。虽从辞之有条，必待兹而效绩[74]。亮功多而累寡，故取足而不易[75]。

或藻思绮合，清丽芊眠[76]。炳若缛绣，凄若繁弦[77]。必所拟之不殊，乃暗合于曩篇[78]。虽杼轴于予怀，怵他人之我先[79]。苟伤廉而愆义，亦虽爱而必捐[80]。

或苕发颖竖，离众绝致[81]。形不可逐，响难为系[82]。块孤立而特峙，非常音之所纬[83]。心牢落而无偶，意徘徊而不能揥[84]，石韫玉而山辉，水怀珠而川媚[85]。彼榛楛之勿翦，亦蒙荣于集翠[86]。缀《下里》于《白雪》，吾亦济乎所伟[87]。

或托言于短韵，对穷迹而孤兴[88]。俯寂寞而无友，仰寥廓而莫承[89]。譬偏弦之独张，含清唱而靡应[90]。

或寄辞于瘁音，言徒靡而弗华[91]。混妍蚩而成体，累良质而为瑕[92]。象下管之偏疾，故虽应而不和[93]。或遗理以存异，徒寻虚而逐微[94]。言寡情而鲜爱，辞浮漂而不归[95]。犹弦幺而徽急，故虽和而不悲[96]。

或奔放以谐合，务嘈嘈而妖冶[97]。徒悦目而偶俗，故声高而曲下[98]。寤《防露》与《桑间》，又虽悲而不雅[99]。

或清虚以婉约，每除烦而去滥[100]，阙大羹之遗味，同朱弦之清泛[101]。虽一唱而三叹，固既雅而不艳。

若夫丰约之裁，俯仰之形[102]，因宜适变，曲有微情。或言拙而喻巧，或理朴而辞轻。或袭故而弥新，或沿浊而更清。或览之而必察，或研之而后精。譬犹舞者赴节以投袂[103]，歌者应弦而遣声。是盖轮扁所不得言，故亦非华说之所能精[104]。

普辞条与文律，良余膺之所服[105]。练世情之常尤，识前修之所淑[106]。虽浚发于巧心，或受欰于拙目[107]。彼琼敷与玉藻，若中原之有菽[108]。同橐籥之罔穷，与天地乎并育[109]。虽纷蔼于此世，嗟不盈于予掬[110]。患挈瓶之屡空，病昌言之难属。[111]故踸踔于短垣，放庸音以足曲[112]。恒遗恨以终篇，岂怀盈而自足？惧蒙尘于叩缶，顾取笑乎鸣玉[113]。

若夫应感之会，通塞之纪，来不可遏，去不可止。藏若影灭，行犹响起[114]。方天机之骏利，夫何纷而不理？[115]思风发于胸臆，言泉流于唇齿[116]。纷葳蕤以馺遝，唯毫素之所拟[117]。文徽徽以溢目，音泠泠以盈耳[118]。及其六情底滞，志往神留，兀若枯木，豁若涸流[119]。揽营魂以探赜，顿精爽以自求[120]。理翳翳而愈伏，思轧轧其若抽[121]。是故或竭情而多悔，或率意而寡尤[122]。虽兹物之在我，非余力之所戮[123]。故时抚空怀而自惋，吾未识夫开塞之所由[124]。

伊兹文之为用，固众理之所因[125]。恢万里而无阂，通亿载而为津[126]。俯贻则于来叶，仰观象乎古人[127]。济文武于将坠，宣风声于不泯[128]。途无远而不弥，理无微而弗纶[129]。配沾润于云雨，象变化乎鬼神[130]。被金石而德广，流管弦而日新[131]。

[注释]

[1] 得其用心：指窥见作品用心之所在，与心之如何用。此即艺术构思问题，是全文讨论的主旨。

[2] 属文：指写作文章。

[3] 意不称物二句：称，相符，此指反映。逮，及，此指表达，表现。这两句说，常担心思想不能很好地反映事物，语言不能很好地表达思想。

[4] 先人盛藻：指先辈作者的成功之作。

[5] 可谓：可以。

[6] 操斧伐柯：《诗经·豳风·伐柯》："伐柯伐柯，其则不远。"大意说，拿着斧子去砍伐木材做斧柄，手上的斧柄就是标准，取法不必舍近求远。《文赋》引此谓取鉴前人，研究写作规律。

[7] 具于此云：都写在这里了。此，指《文赋》正文。以上《文赋》序。

[8] 伫中区二句：伫(zhù)，长时间站立，中区，即区中，指宇宙中。玄览，深刻地观察。颐，犹言陶冶或受熏陶。典坟，《五典》、《三坟》，

此泛指古代文化典籍。这两句说，长时间立身于宇宙之中，深刻地感受和观察自然万物的变化，同时在古籍中陶冶性情志趣，有感于物有本于学，为写作做好充分的准备。

[9] 遵四时二句：遵，循，顺着。思纷，思绪纷纭。这两句说，顺着四季的推移，感叹岁月的流逝；观察万物的变化，引起纷繁的思绪。

[10] 悲落叶二句：劲秋，风力强劲的秋天。这两句本上文生发，说明文以情生，情因物感的道理。

[11] 懔懔：同凛凛，严肃、危惧的样子。眇眇：高远的样子。怀霜、临云：皆喻心志高洁。

[12] 咏世德二句：世德，世代累积的业绩。骏烈，盛大的功业。清芬，指美好的名声。陆机祖、父均为吴国名臣，所以作者常咏颂先代的功业。如《祖德赋》、《述先赋》等是。

[13] 游文章二句：林府，谓文章多如林木，富比府库。彬彬：文质相半。《论语·雍也》："文质彬彬。"

[14] 慨投篇二句：投篇，指放下书本。宣，抒发，阐述。这两句说，满怀激情地放下书本取笔写作，姑且把自己的感慨抒写在这文章之中。

[15] 收视反听：不视不听，指专注于内心构思。

[16] 耽思：深思。傍讯：广泛地探求。

[17] 精骛二句，精骛(wù)，精神驰骋，著作文时想象丰富。八极，八方极远之处。仞，古七尺为一仞；万仞，言极高处。以上四句说开始构思时的情况。

[18] 情曈昽二句：曈昽(tóng lóng)，日初升微明的样子。昭晰，清楚，明显。这两句说，文思到来之时，情思由朦胧而逐渐鲜明，物象以清晰的形态纷至沓来。

[19] 倾群言二句：沥液，涓滴，比喻精华。群言，除经史外，包

括诸子百家。漱，含。六艺，指《六经》，即《诗》、《书》、《礼》、《乐》、《易》、《春秋》。这两句说，吸收群书的精华，并于创作中倾泻出来。

[20] 浮天渊二句：濯(zhuó)，洗。这两句说文思可以驾着想象的翅膀上到天河，下到地泉而自由驰骋。

[21]于是二句：这两句形容吐词艰难的样子。怫悦，同怫郁，本为忧愁之意，引申为不痛快。

[22]浮藻三句：这三句形容文思泉涌、表达顺利而快捷。翰鸟，高飞的鸟。缨，同婴，缠绕。缴(zhuó)，箭上的纶绳。缨缴，指中箭。曾云，即层云，指高处。

[23] 收百世二句：阙文，《论语·卫灵公》："吾犹及史之阙文也。"包咸注："古之良史于书字有疑则阙之以待知者。"遗韵，遗文。这两句说，创作时，文辞贵在创新，不应抄袭前人陈言。

[24] 谢朝花二句：谢，辞谢，抛开。朝花，早晨开的花。已披，已经开过了。启，开。夕秀，晚上开的花。未振，未开。这两句以花为喻，要求创作不要重复前人，而要力求创新。

[25] 观古今二句：抚，轻轻按着，引申为采摘。这两句说，创作时通过艺术的想象可以顷刻之间博采古今，包罗万象。

[26] 然后二句：选义，选择所要表达的内容。按部、就班，指按先后层次加以布局。

[27] 抱景二句：景，指形色。叩、弹，敲击，此处有考求的意思。这两句说，物之有声有形者，必求穷形尽相，以发文意。

[28] 或因之二句：枝、叶，比喻文章主次本末。这两句说，或由本及末，先树要领；或顺流讨源，由末及本。

[29] 或本隐二句：隐与难近，显与易近。或从晦到明，逐步阐说；或求易得难，层层深入。

[30] 或虎变二句：变，发怒。扰，驯服。见，同现。澜，涣散。

这两句以龙和虎喻文的根本，兽和鸟喻文的枝叶。

[31] 或妥帖二句：岨峿(jǔyǔ)，互相抵触。这两句说，遣词造句，有时一下子便妥当，有时又难找恰当的字句而使上下文互相抵触。

[32] 罄澄心二句：罄(qìng)，尽。眇，通妙。这两句说尽量把心境澄定下来而专心思考，以便精微巧妙地把众多思绪组织成文。

[33] 笼天地二句：笼，笼罩。形，指形象。挫，挫折，引申为驱使、改造。这两句说，天地虽大，可以概括在文学作品的形象之中；万物虽多，可以驱使于作者笔下。

[34] 始踯躅二句，踯躅(zhízhú)，徘徊不前。燥吻，焦燥的嘴唇，指语言表达艰难。流离，流利。濡(rú)，浸湿。翰，笔。濡翰，饱蘸墨汁的笔。这两句说，开始时话在嘴里难以表达，最终却能用笔流利地倾泻出来。

[35] 理扶质二句：理、质，喻文章的思想内容；干，树干，喻文章的根本。文，文采、文辞。条，枝条。繁，指树上的花和果。这两句说，文章有了思想内容就如树干那样立起了，而文辞就会像那枝条和花果一样附在树干之上。

[36] 信情貌二句：信，真正，确实。这两句说真正做到感情和外貌表里如一，感情的变化就必然在容貌上表现出来。比喻文章内容和形式的相互结合统一。

[37] 思涉乐二句，方，正当。这两句说，思想感情一涉及快乐的事，写作时一定会发出笑声，当他叙到悲哀的事情，又会禁不住发出哀叹之声。

[38] 或操觚二句：觚(gū)，古代写字用的木板。操觚，写文章。率尔，轻率，不假思索。毫，笔。邈然，杳远的样子。这两句说，有时下笔成文，毫不费力；有时文思迟钝，嘴里咬着笔杆，一个字也写不出来。

[39] 伊兹事二句，伊，发语词。兹事，指创作。这两句说，创作这件事的确使人高兴快乐，本来是圣贤都十分佩服的。

[40] 课虚无二句：课，试。虚无，抽象的。责，求。有，具体的。叩，敲。寂寞，指虚静无声。这两句说，作文时要从抽象中求得具体的形象，即通过虚构和想象塑造生动可感的艺术形象。

[41] 函绵邈二句：函，同含，包有。尺素，指文章的篇幅。滂沛，形容浩大而繁盛。这两句说，创作可以把深远的包含在很短的篇幅之中，把浩大繁复的东西从心中吐出。

[42] 言恢之二句：恢，扩大。按，考查。这两句说，思路通畅时，会越写越开阔，越想越深刻。

[43] 播芳蕤二句；播，发。芳蕤(ruì)，芬芳的花草。馥馥，香气。森森，茂盛的样子。这两句形容文辞之美如芳草茂盛，香气远播。

[44] 粲风飞二句：光明华美。飙(biāo)，同飚，疾风。竖，立。郁，浓郁。翰林，指文学领域，即文坛。这两句说，行文畅达时，不但文辞华美，而且文思迅疾如风起云涌。

[45] 体有二句：体，文体。文体多样，故云万殊。物，物象。量，统一衡量的标准。

[46] 纷纭二句：挥霍，疾，言变化之快。这两句说，事物繁多杂乱又变化迅速，要描述其形象也是很困难的。

[47] 辞程才二句：程，显示，呈现。效，发挥。伎，技艺。司契，掌握要领。这两句说，文辞要尽其才而发挥作用，文意要掌握要领组织内容。

[48] 在有无二句：在，察。僶俛(mǐnmiǎn)，勉力。当，得当，正确。不让，大胆而言，毫不谦让。这两句说，无论是具体的还是抽象的，察看准了之后，都应当勉力求得正确的表达，或深或浅都不犹豫。

[49] 虽离方二句：期，期望，务必。方、员(即圆)，规矩。这两句

说，即使脱离一定的创作格式，也务必把所要表现的事物描述得穷形尽相。

[50] 夫夸目二句：夸目者，好眩耀辞藻的人。惬(qiè)心者，注重内容满足心意的人。这两句说，炫耀辞藻的人，崇尚文词的奢华；重视内容的人，看重思想感情的表达是否精当。

[51] 言穷者二句：穷，指穷形尽相。这两句说，描述上穷形尽相的人不受形式的阻隘，论说追求通达的人，要求内容放旷而不拘束。

[52] 诗缘情二句：缘，因。绮(qǐ)靡，精美细致。李善注："绮靡，精妙之言。"体，体现，表现。浏亮，清晰明确。这两句，诗因情而生，要求文词美丽；赋铺写物象，所以要清楚明确。

[53] 碑披文二句：披，披露，发表。相质，与质相称。这两句说，碑是记功的文体，要求文与质相符；诔是悼念死者的文体，要求写得感情深厚，文词悲切。

[54] 铭博约二句：箴(zhēn)，文体的一种，用以讥刺得失。这两句说，铭文记述功德，要求内容丰满、言词简约；箴文讥刺得失，要求抑扬顿挫，清新有力。

[55] 颂优游二句：颂，文体的一种，用于歌功颂德。优游，从容宽裕，引申为丰赡。彬蔚，文采华茂。论，文体的一种，用于评论是非。这两句说，颂文应当内容丰富，格调从容，论文应当精深入微，通达明畅。

[56] 奏平彻二句：奏，文体的一种，向君主陈情述事的奏章。说，文体的一种，属辩论的文体。炜晔(wěiyè)，光明，此处有使人感悟的意思。谲(jué)狂，欺诈骗人，此指变化多端，有说服力。这两句说，奏章要平正透彻，娴雅从容，辩说则应当清楚明了，变化多端。

[57] 虽区分二句：禁邪，禁止邪恶的内容。制放，控制而使不放纵。这两句说，虽然对各种文体有这样那样的区分，但它们有一个共

同的要求，就是意要正而辞要雅。

[58] 要辞达二句：辞达，文词能完美表达内容。理举，指理论站得住脚。举，立。这两句说，所有的文体都要求词能达意，立论有理，不能采取冗长的词句来达到目的。

[59] 其为物二句：李善注："万物万形，故曰多姿。文非一则，故曰屡迁。"

[60] 其会意二句，会意，指构思、立意。这两句说，写文章立意要巧妙，造语要华美。

[61] 暨音声二句：暨(jì)，及。迭代，互相更迭替代。五色，青、黄、赤、白、黑。宣，明。这两句说，至于语言的音律相互配合得和谐，像五颜六色的互相映衬，更加鲜明。

[62] 虽逝止二句：逝止，犹言去留，取舍。崎锜(qīqí)，不平。便，稳。这两句说，声音的取舍更迭是变化无常的，固然不易配搭得平稳妥帖。

[63] 苟达变二句：识次，认识其变化的次序关系。这两句说，如果能够通晓"逝止无常"的变化规律，那写作就像开渠引泉那样容易了。

[64] 如失机二句：失机，犹言失次。颠，本。这两句说，如果不照规律办事而企图勉强凑合那就等于本末倒置。

[65] 谬玄黄二句：玄，黑色，淟涊(tiǎn niǎn)，秽浊。这两句用绘画涂色为喻，意为如果弄乱了玄黄的作色秩序，必然弄得污浊混乱而不鲜艳。

[66] 或仰偪二句：条，科条。先条，指前段文辞。偪，同逼。仰偪谓有时后段的文辞与前段相矛盾。侵，犯，俯侵，指前文的章句妨碍了后文的意思。这两句说，作文时出现文意前后抵触的现象。

[67] 或辞害二句：比，合。这两句说，有时文章词语粗劣而内容

尚可，有时文词通顺而内容又不妥当。

[68] 离之二句：两个“之”字，都是指“词害”和“义妨”。

[69] 考殿最二句：殿，最，古代考核政绩或军功，上等的称最，下等的称殿。锱铢(zīzhū)，古代重量单位，比喻细小。这两句说，写文章要善于在很细微的地方考核高低，决定取舍。

[70] 苟铨衡二句：铨衡，衡量。绳，准绳。这两句说，如果要衡量文章裁剪是否合理，就应当以是否精当为其准绳。

[71] 或文繁二句：适(dí)，当。指适，顺当。这两句说，有的文章文词繁多，内容也很丰富，可是文意并不切合所要表达的事物。

[72] 极无二句：意思说，文章内容再丰富不可能有两个主题，通理说清了就不应节外生枝，画蛇添足。

[73] 立片言二句：警策，使马惊动的鞭策，比喻足以使人惊动警醒的句子。这两句说，要用一句或几句简要的话放在文章最显要的位置，使之成为一篇之中的警句。

[74] 虽众辞二句：众辞，指警策之外的文句。兹，指警策之句。这两句说，虽然文章中许多词句都有条理，但一定要有了警策之句才能收到好的效果。

[75] 亮功多二句：亮，同谅，确实。累，缺点。这两句说，因有警策而效绩，所以文章就会优点多和毛病少，这样文章也就完善而不必再改动了。

[76] 或藻思二句：藻思，辞藻和文思。绮合，像丝织品那样组合，比喻内容形式完美结合。芊(qiān)眠，草木茂盛的样子，此用以形容文思清丽。

[77] 炳若二句：炳，光明显著。这两句说，有的文章色彩富丽像锦绣那样绚烂夺目，又像无数弦乐奏出的曲调那样凄切动人。

[78] 必所拟二句：拟，考虑，指立意。不殊，没有不同。曩(nǎng)，

从前。曩篇，前人的作品。这两句说，一定是有时立意相同，所以暗合前人的作品。

[79] 虽杼轴二句：杼轴(zhùzhóu)，旧时织布机上管经线和纬线的两个部件。杼管纬，轴管经。这里用以比喻组织构思。怵(chù)，恐怕。这两句说，构思时，虽出于自己的内心而非抄袭模拟，也恐怕他人在我之先已说过同样的话。

[80] 苟伤廉二句：衍(qiān)，违背。捐，抛弃。这两句说，如果词意与他人雷同，那就近于剽窃，有伤廉耻，有违道义，虽然自己很喜爱，也必须弃而不用。

[81] 或苕发二句：苕(tiáo)，一种草。颖，禾穗的尖端。离众，与众不同。绝致，绝妙的极境。这两句说，有时文章有极好的佳句，如"苕发颖竖"那样显露出来，与众不同。

[82] 形不二句：谓佳句多得如形影不可追逐，音响难以系留。

[83] 块孤立二句：块，孤独的样子。特峙(zhì)，卓然而立。纬，交织。这两句说，那样孤单独立地峙立的文句，非一般词语所能与之相配。

[84] 心牢落二句：牢落，孤寂。揥(dì)，摘取。这两句说，内心觉得孤寂而无与之配合的词句，犹豫着不能把它抛弃。

[85] 石韫玉二句：韫(yùn)，蕴藏，包含。这两句说，石藏玉能使山岳增辉，水怀珠能使江河秀丽。比喻文章佳句虽然不多，却能使文章生色。

[86] 彼榛楛二句：榛(zhēn)，落叶乔木。楛(hù)，类似荆一类的植物。这两句说，那种如榛楛一样的庸音还是不要去掉吧，留着它也可招致翠鸟群集，使文章生色。

[87] 缀《下里》二句：缀(zhuì)，接连，组合。《下里》，较低级的音乐，《白雪》，较高级的音乐。详见宋玉《对楚王问》。济，有益。这

两句说，使普通的曲调掺杂在高雅的音乐之中也有利于衬托奇伟的佳句。

[88] 或托言二句：穷迹，指贫乏的素材。孤兴，简单的感想。

[89] 俯寂寞二句：无友、莫承，指上下文没有与之相配和衔接的佳句。

[90] 譬偏弦二句：靡(mǐ)，无。这两句说，譬如单弦独奏，即使含有清脆悦耳的声音，也因没有其他琴弦的应合而不能构成曲调。

[91] 或寄辞二句：瘁(cuì)音，憔悴之音，比喻病句恶词。靡，美好。这两句说，寄佳句于恶词之中，文句虽美而缺乏光华。

[92] 混妍蚩二句：成体，组成文章。累，连累，此是有害文意。这两句说，使美丑相混而为文，结果有害文意，反而把好的内容也连累成了瑕疵。

[93] 象下管二句：下管，歌时在堂下伴奏的管乐。这两句说，就像堂下伴奏的管乐那样，因为偏快，与堂上的歌舞相应却不和谐。

[94] 或遗理二句：遗理，不顾内容。这两句说，有的文章不顾文意专求新奇，只白白搜寻虚浮辞藻和追求细枝末节。

[95] 言寡情二句：不归，不归于实。这两句说，文章缺少真实的感情，词句又虚浮不实。

[96] 犹弦幺二句：幺(yāo)，细小。徽，琴上的标志，用作调弦。这两句说，如果文章“遗理”、“寡情”，犹如弦幺徽急之音，即使和谐也不感人。

[97] 或奔放二句：嘈囋，同嘈杂。这两句说，有的文章如奔放的乐曲，只追求嘈杂浮艳的声响效果和淫荡之美。

[98] 徒悦目二句：偶俗，迎合世俗。曲下，曲调低下。

[99] 寤《防露》二句：寤，同悟，认识。《防露》、《桑间》，古曲名，多被正统封建文人视作淫靡亡国之音。

[100] 或清虚下句：清虚，指文章朴素清淡。婉约，婉转含蓄，此指质朴。除烦，去掉嘈杂偶俗的。去滥，去掉淫滥妖冶的。

[101] 阙大羹二句：阙，同缺。大羹，不加五味的肉汁。遗味，余味。汜，散，古乐质朴，清散而不繁密。此二句用《札记·乐记》之意，其云："清庙之瑟，朱弦而疏越，一唱而三叹，有遗音者矣，大飨之礼，尚玄酒而俎腥鱼，大羹不和，有遗味者矣。"

[102] 若夫二句：丰约，繁简。俯仰之形，指文章前后文的关系、结构。

[103] 赴节以投袂：指按照节拍扬袖起舞。

[104] 是盖二句：轮扁事，见本书《庄子·天道》。华说，华丽的语言。

[105] 普辞条二句：普，所有。膺，胸，指心中。服膺，即牢记心中经常体会之意。

[106] 练世情二句：练，谙练，熟悉。尤，过失。前修，前代有德行的人。淑，善，美。

[107] 虽浚发二句：浚(jùn)，深。欰，同蚩、嗤，讥笑。拙目，眼力平庸的人。

[108] 彼琼敷二句：琼，美玉，敷，花朵，皆指瑰丽的文章，与"玉藻"同义。《诗经·小雅·小宛》："中原有菽，庶民采之。"中原，原野之中。菽，豆类总称。这两句说，美好的作品，好像原野中的豆菽一样，只有勤学苦练者才易得到。

[109] 同橐籥二句：橐籥 (tuó yuè)，指古代冶炼所用的鼓风工具，《老子》："天地之间，其犹橐籥乎？"故此处以之指天地。

[110] 虽纷蔼二句：纷蔼(ǎi)，繁多。掬(jú)，一满把。这两句说，虽然世间好文章很多，可惜我自己获取的还不满一捧。

[111] 患挈瓶二句：挈(qiè)，提。挈瓶，汲水。比喻才少，文思枯

竭。昌言，当言，即适当的文词。

[112] 故踸踔(chěn chuō)，一足行走之状，喻写作吃力。这两句说，由于才智小，犹如一只脚行走，连矮墙也难以翻越，只好拉长平庸之音来凑足为一支曲子。

[113] 惧蒙尘二句：蒙尘，喻有所蔽。缶，瓦器，秦人常叩缶以自娱。这两句说，怕久不击缶会使之积满尘土，击起来又怕取笑于玉磬的雅奏。比喻怕写不好的矛盾心情。

[114] 若夫六句：应感，感应。会、纪，均指际会、时机。通塞，指文思通畅和阻塞。遏(è)，阻挡。景，同影。这六句说，至于感应的机缘和文思通塞的时机，其来无法拒绝，其去也无法留住，隐藏时如影子灭迹，运行时像声音响起。

[115] 方天机二句：天机，本神秘的天意，此指灵感。骏利，迅速通畅。这两句说，正当灵感来到之际，有什么纷乱理不清呢？

[116] 思风二句："思"、"言"二字均略作停顿，谓思如风发，言如泉流。或"思风"、"言泉"结合成词，谓如风之思，如泉之言，亦通。

[117] 纷葳蕤二句：纷，众多。葳蕤(wēi ruí)，繁盛的样子。馺遝(sà tà)，盛多的样子。毫素，笔纸。拟，撰写。

[118] 徽徽：华美的样子。泠泠(líng)：形容音韵清脆。

[119] 及其四句：六情，喜、怒、哀、乐、好、恶。底滞，停滞。志往，心志已往。神留，神志滞留。兀(wù)，呆然不动。豁(huō)，空空洞洞。这四句写文思枯竭，灵感消失的情形。

[120] 揽营魂二句：营魂，魂魄，精神。赜(zé)，深奥道理。精爽，人的神智，即心神。

[121] 理翳翳二句：翳翳(yì)，阴暗不明。轧轧(zhà)，难于表达出来。抽，抽丝。

[122] 是故二句：竭情，耗尽才情。率意，任意。这两句说，有时用尽心思，写出来反而有许多遗憾；有时信笔写来却反而毛病很少。

[123] 虽兹物二句：兹物，指所写的文章。戮(lù)，尽力。这两句说，文章虽我所写，但灵感却不是自己所能控制。

[124] 故时二句：抚空，指面对自己空虚的情怀。自惋，自惜。开塞之所由，指文思通畅和阻塞的原因。

[125] 伊兹文二句：意谓文章的功用，在于万物之理由此而得到表达。

[126] 恢万里二句：阂(hè)，界限。(文章的功用)可以扩大到万里远而不受阻碍，也可以作为沟通亿万之年的桥梁。

[127] 俯贻则二句：贻，同遗，留给。来叶，后世。象，模范。这两句说，住下可以将法则留给后世，向上可以取法于古人。

[128] 济文武二句：文武，指周文王周武王的道统。《论语·子张》："子贡曰：文武之道，未坠于地。"风声，风教。这两句说，上可以挽救快要坠落的文武之道，下可以传播风气教化使之不致泯灭。

[129] 途无远二句：途，路途。弥、纶，包容。

[130] 配沾润二句：意谓文章的作用如云雨润泽万物，其变化不测就同鬼神一样。

[131] 被金石二句：被，同披，此有刻写之意。这两句说，文章刻在钟鼎和石碣上，可以把功德传播很广，配上音乐，可以与日长新。

第三节　刘勰的《文心雕龙》

[说明]

刘勰（约465前后—520前后），字彦和，东莞莒（今山东莒县）人，世居京口（今江苏镇江），早岁父死，因家贫不能婚娶；依著名佛教徒僧佑居定林寺，长达十年之久，因而有机会博览佛经和历代文学作品，为创作《文心雕龙》奠定了基础。天监（梁武帝年号，公元502—519年）初，出仕奉朝请，兼临川王萧宏记室，后出任太史令，“政有清绩”，又改任南康王萧绩记室，兼东宫通事舍人，深受昭明太子萧统的赏识和厚爱。晚年撰经定林寺，恳求出家，改名慧地。

《文心雕龙》一书一般认为撰成于齐末，与产生于梁代的钟嵘《诗品》，是魏晋南北朝时期文学批评的最伟大成果，也是我国古代文学理论成熟的标志。这两部巨著规模宏大而又自成体系，清人章学诚曾把它们相提并论，视为双璧。他在《文史通义·诗话篇》中说：“《诗品》之于论诗，视《文心雕龙》之于论文，皆专门名家，勒为成书之初祖也。《文心》体大而虑周，《诗品》思深而意远……自非学富才远，为之不易。”

《文心雕龙》全书50篇，大致可分为四个部分：总论（5篇），文体论（20篇），创作论（24篇）、自序（1篇）。全书的重点和精华是创作论，其中《神思》、《情采》、《时序》是本节需要着重学习和领会的篇目。

《神思》列为创作论之首，可以看成是创作论的总纲，涉及文学创作各个方面的问题，而核心是艺术想象。刘勰明确提出了“神思”的概念，并论述了神思的特征、功能及形成条件，其理论基本上是对陆机关于艺术想象论的进一步发挥。

刘勰认为“神思”即艺术想象的特征有三：第一，形象性，即不离具体感性物象，所谓“神与物游”。第二，情感性，即伴随着强烈的情感活动，所谓“登山则情满于山，观海则意溢于海”。这两点是神思作为形象思维区别于抽象思维的显著特征。第三，神思也不排斥抽象思维的参与，所以需要“积学以储宝，酌理以富才”。

神思的功能亦有三：第一，它能使作家摆脱身观局限，让思维自由驰骋，才情充分发挥：“故寂然凝虑，思接千载；悄焉动容，视通万里”，“我才之多少，将与风云而并驱矣！”第二，它是整个创作活动的中心和关键：“窥意象而运斤，此盖驭文之首术，谋篇之大端”。第三，神思与语言的表达密切相关：“辞令管其枢机。”

至于神思形成的条件，刘勰认为首先“陶钧文思，贵在虚静”，其次与先天因素（“秉才”）和后天学习（“博练”）有关，呈现不同个性特征（“迟速异分”），其萌发则有某种偶然性、神秘性。

《情采》篇着重论述了文学作品内容与形式的关系，主要内容有：第一，明确提出了文质并重的主张。“情”即“质”、“采”即“文”，分指内容和形式而言。刘勰认为两者是相互统一的，“文附于质”，“质待于文”。即是说优美的文辞，必须表现正确的思想感情，而正确的思想感情，又有赖于优美的文辞来表现，相互依存，有机统一。第二，指出了“情采”两者之间的主次关系，内容是起决定作用的因素。刘勰把内容和形式，比作经与纬或容貌与铅黛的关系，认为前者是起决定作用的主要方面，从而生动地说明了“文采饰言”的功能。如果主次颠倒，专从辞采形式上下工夫，那就失掉“立文之本源”了。第三，主张“为情而造文”，反对当时“为文而造情”的形式主义之风。刘勰不满当时“体情之制日疏，逐文之篇日盛”的不良倾向，提出这种理论，有破有立，很有现实意义。

《时序》篇阐述了刘勰的基本文史观，即文学随社会生活的发展而发展。其主要内容有：第一，指出了社会现实的影响，决定了文学的发展。他说：“时运交移，质文代变”、“歌谣文理，与世推移”，认为文学的内容和形式及其风格的演变，都与社会发展和历史变迁密切相关，具有某种同步关系。第二，具体分析了各种社会因素，诸如政治、哲学、时俗对文学发展兴衰演变的影响。政治方面，特别是统治者提倡与否，对文学的兴衰至关重要。如东汉光武帝，因“深怀图谶，颇略文华”，造成了文学的萎缩；而建安文学因曹氏父子的提倡，所以空前兴盛。哲学方面，如玄言诗对文学的影响，西晋以来“因谈余气，流成文体”，“诗必柱下之旨归，赋乃漆园之义疏”，文学都成了解释老庄的工具和注脚。时俗方面，如楚辞的“暐晔之奇意，出乎纵横之诡俗”；建安文学的“雅好慷慨，良由世积乱离，风衰俗怨，并志深而笔长，故梗概而多气也”，等等。所以刘勰认为“文变染乎世情，兴废系乎时序”，这是文学发展的一个普遍的历史规律。第三，同时也指出了文学本身内在发展的规律，即历史继承关系。

例如论楚辞前与《诗经》、后与汉赋的承传关系就是最突出的例子。他论楚辞说“观其艳说，则笼罩雅、颂”；论汉赋说“大抵所归，祖术楚辞，灵均馀影，于是乎在”。

[原文]

文心雕龙·神思

刘　勰

古人云：“形在江海之上，心存魏阙之下。”[1]神思之谓也。文之思也，其神远矣！[2]故寂然凝虑，思接千载；悄然动容，视通万里；吟咏之间，吐纳珠玉之声：眉睫之前，卷舒风云之色；其思理之致乎！[3]故思理为妙，神与物游[4]。神居胸臆，而志气统其关键[5]；物沿耳目，而辞令管其枢机[6]。枢机方通，则物无隐貌；关键[7]将塞，则神有遁心。是以陶钧文思，贵在虚静，疏瀹五藏，澡雪精神[8]，积学以储宝，酌理以富才[9]，研阅以穷照，驯致以怿辞[10]；然后使玄解之宰，寻声律而定墨[11]；独照之匠，窥意象而运斤[12]；此盖驭文之首述，谋篇之大端[13]。

夫神思方运，万涂竞萌，规矩虚位，刻镂无形[14]。登山则情满于山，观海则意溢于海，我才之多少，将与风云而并驱矣。方其搦翰，气倍辞前；暨乎篇成，半折心始[15]。何则？意翻空而易奇，言征实而难巧也[16]。是以意授于思，言授于意[17]。密则无际，疏则千里。或理在方寸而求之域表，或义在咫尺而思隔山河[18]。是以秉心养术，无务苦虑；含章司契，不必劳情也[19]。

人之禀才，迟速异分；文之制体，大小殊功。相如含笔而腐毫，扬雄辍翰而惊梦[20]，桓谭疾感于苦思，王充气竭于沉虑[21]，张衡研《京》以十年，左思练《都》以一纪[22]。虽有巨文，亦思之缓也；淮南崇朝而赋《骚》，枚皋应诏而成赋[23]，子建授牍如口诵，仲宣举笔似宿构[24]，阮瑀据鞍而制书，祢衡当食而草奏[25]，虽有短篇，亦思之速也。若夫骏发之士[26]，心总要术，敏在虑前，应机立断；覃思之人[27]，情饶岐路，鉴在疑后，研虑方定。机敏故造次[28]而成功，虑疑故愈久而致绩。难易虽殊，并资博练[29]。若学浅而空迟，才疏而徒速，以斯成器[30]，未之前闻。是以临篇缀虑，必有二患：理郁者苦贫，辞溺者伤乱[31]。然则博见为馈贫之粮，贯一为拯乱之药[32]，博而能一，亦有助乎心力矣。

若情数诡杂，体变迁贸[33]，拙辞或孕于巧义，庸事或萌于新意，视布于麻，虽云未贵，杼轴献功，焕然乃珍[34]。至于思表纤旨，文外曲致，言所不追，笔固知止[35]，至精而后阐其妙，至变而后通其数[36]，伊挚不能言鼎，轮扁不能语斤，其微矣乎！[37]

赞曰：[38]神用象通，情变所孕[39]。物以貌求，心以理应。刻镂声律，萌芽比兴。结虑[40]司契，垂帷制胜[41]。

[注释]

[1] 形在二句：魏阙(què)，古代帝王的宫门，用以代指朝廷，引文见《庄子·让王》，原意指身在乡野而心怀爵禄。此处指神思不受时间和空间的局限。

[2] 文之思二句：谓为文运思，驰骋想象，可无往而不达。

[3] 故寂然九句：疑虑，专注地思考。致，情状。这几句说，作家沉思遐想之际，可以联想到千年之久；思考得神往时，可以观察到万里之遥。他在吟哦造语的时候，嘴里流淌着珠玉般的声音，眼前舒卷着风云变幻的景色。这就是艺术构思的情状。

[4] 故思理二句：谓神思的妙用，就是思维不离物象，精神与外物一起活动。

[5] 神居二句：神，即神思。志气，情志气质，义近思想感情。这两句说，作者的想象受思想感情支配。

[6] 物沿二句：枢机，关键。这两句说，通过耳目感官获得物象进行形象思维，须以言词为媒介。

[7] 关键：此指志气。

[8] 是以四句：陶钧，制作陶器所用的转轮，此指酝酿构思。虚静，指心神安静专一，没有杂念。瀹(yuè)，疏通。五藏，同五脏，指心、肝、脾、肺、肾五种器官。澡雪，洗涤。这四句说，构思时要身心净化，没有杂念。

[9] 积学二句：宝，指知识。酌，酌取。

[10] 研阅二句：照，明白。驯致，渐近，逐渐。怿，通绎，抽丝。怿辞，运用文辞。这两句说，经过研究观察去求得事理的透彻明白，由此逐步引出文辞。

[11] 然后二句：玄解，指理解深奥的道理。宰，主宰，此指作者之心。定墨，即写作。

[12] 独照二句：独厢，有独到见解。意象，构思中的形象、境象。意象的概念为刘勰在文论中首次提出。斤，斧子。这两句说有独创的作家凭着自己的想象来写作。

[13] 此盖二句：驭文，驾驭写作。首术，首要的方法、技术。大端，重要方面。

[14] 规矩二句：虚位，指虚而不实之物，意同下句无形。这两句说，给未定形的意象以一定的方圆规矩，对还没有成形的意象加以精雕细刻。

[15] 方其四句：搦（nuò），拿。翰，笔。这两句说，当其拿笔写作时，想象比文辞丰富，到了文章完成时却往往不能表达开始的想法。

[16] 意翻空二句：翻空，在空中飞翔。指想象不受限制。征实，求实。

[17] 是以二句：谓意象来自文思，语言服从意象。

[18] 或理在二句：方寸，指内心。域表，疆界之外，指很远处。咫（zhǐ）尺，喻距离很近。

[19] 是以四句：秉，掌握。术，写作方法。章，文采。契，约卷，引申为规则、要领。

[20] 相如二句：相传二人文思不敏捷，所谓“迟”。腐毫，笔毛腐烂了。辍翰惊梦，事见桓谭《新论・祛蔽篇》。该书引用扬雄的话，说他作赋后，因困倦小卧，梦见五脏在地，用手收而纳之，梦醒后伤元气，病了一年。

[21] 恒谭二句：桓谭《新论・祛蔽篇》说自己少时学习扬雄写赋，因苦思太甚至发病。《后汉书・王充传》谓充作《论衡》85 篇，用尽心力。

[22] 张衡二句：《后汉书・张衡传》言张衡作《二京赋》，“精思傅会，十年乃成。”《文选・三都赋》李善注引藏荣绪《晋书》说左思《三都赋》曾构思十年。一纪，十二年。

[23] 淮南二句：淮南，淮南王刘安。崇朝，终朝，一个早上。《骚》，指《离骚传》。《汉书・淮南王传》：“（帝）使为《离骚传》，旦受诏，日食时上。”《汉书・枚皋传》：“上有所感，则使（皋）赋之。为文疾，受诏则成，故所赋者多。”

[24] 子建二句：子建，曹植。牍，古代写字用的木片。仲宣，王粲。宿构，头一天已构思好。

[25] 阮瑀二句：据案，伏在马鞍上。制书，写文章。当食，当场在宴席上。草奏，写出奏章。

[26] 骏发之士：指上文刘安、枚皋、曹植、王粲、阮瑀、祢衡等人。骏发，指文思敏捷。

[27] 覃思之人：指司马相如、扬雄、桓谭、王充、张衡、左思等人。覃（tán）思，深思。

[28] 造次：匆促。

[29] 并资博练：资，依靠。博练，知识广博，技巧熟练。

[30] 以斯成器：以斯，以此，凭借这个；成器，成功，指写出好文章。

[31] 理郁二句：谓思理郁塞者苦于贫乏，文辞过滥者失于杂乱。溺，沉湎无节制。

[32] 然则二句，馈，救。贯一，连贯到底，全文只有一个中心。拯，救。

[33] 若情数二句：情数，情理。体，文体。迁，变迁。贸，变易。

[34] 视布四句：意谓以布与麻相比较，质量虽然无大的差距，但经过加工用麻织成的布就变成光彩的珍品了。

[35] 至于四句：表，外。纤，细。这四句说，至于思虑以外的细微意旨，文辞之外的曲折情趣，那是语言无法表达的。应当懂得把笔带住。

[36] 数：规律。

[37] 伊挚三句：伊挚，即伊尹，商汤王的臣子，曾用鼎中之味，变化精微，难于口辩来比喻治国平天下的精微道理难于言传。轮扁，见本书《庄子·天道》节录。微，微妙。这三句用伊挚、轮扁的典故

说明文章的妙处，也是难以说清的。

[38] 赞：古代的一种文体，亦作谮。《文心雕龙》于每篇之末用“赞”这一形式总结全篇。

[39] 神用二句：意谓构思凭借形象展开，为情感的变化所孕育。

[40] 结虑：与“凝虑”同意。

[41] 垂帷制胜：意谓巧妙地运用神思使创作成功。如将帅运筹帷幄就能克敌制胜。

[原文]

文心雕龙·情采

刘　勰

圣贤书辞，总称“文章”[1]，非采而何？夫水性虚而沦漪[2]结，木体实而花萼振[3]：文附质也。虎豹无文，则鞟同犬羊[4]；犀兕有皮，而色资丹漆[5]：质待文也。若乃综述性灵，敷写器象[6]，镂心鸟迹之中，织辞鱼网之上[7]，其为彪炳，缛采名矣[8]。故立文之道，其理有三：一曰形文，五色是也；二曰声文，五音是也，三曰情文，五性[9]是也。五色杂而成黼黻[10]，五音比而成《韶》、《夏》[11]，五情发而为辞章，神理之数[12]也。《孝经》[13]垂典，丧言不文；故知君子常言未尝质也[14]。老子疾伪，故称“美言不信”[15]，而五千[16]精妙，则非弃美矣。庄周云：“辩雕万物。”[17]谓藻饰也。
韩非云：“艳乎辩说。”[18]谓绮丽也。绮丽以艳说，藻饰以辩雕，文辞之变，于斯极矣。研味《李》[19]《老》、则知文质[20]

附乎性情；详览《庄》、《韩》，则见华实[21]过乎淫侈。若择源于泾渭[22]之流，按辔于邪正之路，亦可以驭文采矣。夫铅黛所以饰容，而盼倩生于淑姿[23]；文采所以饰言，而辩丽本于情性。故情者，文之经，辞者，理之纬[24]。经正而后纬成，理定而后辞畅，此立文之本源也。

昔诗人什篇，为情而造文；辞人赋颂，为文而造情[25]。何以明其然？盖风雅之兴，志思蓄愤，而吟咏情性，以讽其上，此为情而造文也；诸子之徒，心非郁陶[26]，苟驰夸饰，鬻声钓世[27]，此为文而造情也。故为情者要约而写真，为文者淫丽而烦滥[28]。而后之作者，采滥忽真，远弃风雅，近师辞赋；故体情之制日疏，逐文之篇愈盛[29]。故有志深轩冕，而泛咏皋壤；心缠几务，而虚述人外[30]。真宰弗存，翩其反矣[31]。夫桃李不言而成蹊，有实存也；男子树兰而不芳，无其情也[32]。夫以草木之微，依情待实；况乎文章，述志为本，言与志反，文岂足征？[33]

是以联辞结采，将欲明经[34]；采滥辞诡，则心理愈翳。固知翠纶桂饵，反所以失鱼[35]。“言隐荣华”[36]，殆谓此也。是以衣锦褧衣[37]，恶文太章；贲象穷白，贵乎反本[38]。夫能设模以位理，拟地以置心，心定而后结音，理正而后摛藻[39]；使文不灭质，博不溺心；正采耀乎朱蓝，间色屏于红紫：乃可谓雕琢其章，彬彬君子矣[40]。

赞曰：言以文远[41]，诚哉斯验。心术既形，英华乃赡[42]。吴锦好渝，舜英徒艳[43]。繁采寡情，味[44]之必厌。

[注释]

[1] 文章：青与赤谓之文，赤与白谓文章。文章，意指文采。

[2] 沦漪(yī)，波纹。

[3] 振：开放，发。

[4] 虎豹二句：文，花纹。鞟(kuò)，同鞹，去了毛的兽皮。

[5] 犀兕二句：犀(xī)，雄犀牛。兕(sì)，雌犀牛。这两句说，犀牛皮制成的兵甲，须涂上丹漆才有色彩之美。

[6] 综述二句：上句谓抒情，下句谓状物。

[7] 镂心二句：鸟迹，指文字。鱼网，指纸。《后汉书·宦者蔡伦传》说蔡伦用破布和鱼网造纸。这两句说，精心雕刻文字，认真组织文章。

[8] 其为二句：彪炳，光彩焕发。缛采，丰富的文采。名，同明，鲜明。

[9] 五性：喜、怒、哀、乐、惧。

[10] 黼黻(fǔ fú)：古代礼服上绣的花纹。

[11] 《韶》《夏》：《韶》，舜乐。《夏》，禹乐。

[12] 神理：神妙的道理，即自然之道。数，规律。

[13] 《孝经》：儒家经典之一。《孝经·亲丧》："子曰：孝子之丧亲也……言不文。"文，文饰。

[14] 这句说，君子平时说话却并不是质朴无文的。

[15] 老子二句：《老子》："信言不美，美言不信。"

[16] 五千：指《老子》，因其书共五千多字。

[17] 辩雕万物：见《庄子·天道》。辩，巧言。雕，雕饰。

[18] 艳乎辩说：《韩非子·外储说上》："夫不谋治强之功，而艳乎辩说文丽之声。"

[19] 《李》：当作《孝》。指《孝经》。

[20] 文质：文采和质朴。

[21] 华实：偏义复词，单指华丽言辞。

[22] 泾渭：泾水清，渭水浊。与后句邪、正意近。

[23] 夫铅黛二句：铅，铅粉，敷脸用。黛，画眉用的青黑色颜料。盼倩，眼波流转，微笑动人。《诗经·卫风·硕人》："巧笑倩兮。美目盼兮。"淑姿，美好的姿态容貌。

[24] 故情者四句：情、理均指作品内容。文、辞均指作品形式。经、纬，纺织时所用的直线为经，横线为纬。

[25] 昔诗人四句：诗人，指《诗经》作者。什篇，也称篇什。辞人，指汉代辞赋家。

[26] 郁陶（yù yáo）：忧闷。

[27] 鬻声钓世：沽名钓誉。鬻（yù），卖。

[28] 故为情者二句：要约，简约，精练。写真，描写真实。烦滥，烦杂浮泛。

[29] 故体情二句：谓以表现情感为目的的作品越来越少，追求文采的作品越来越多。

[30] 故有四句：谓一心想着高官厚禄的人，表面上却成天吟咏山水，内心牵挂着政治的人，却虚假地描述世外桃源。轩冕（miǎn），古代官员乘坐的高车叫轩，戴的礼帽叫冕。皋壤，指山野隐居的地方。

[31] 真宰二句，谓真实的感情已不复存在，所想与所写就恰恰相反了。真宰，真心。翩，同偏。

[32] 夫桃李四句：《史记·李将军列传》："桃李不言，下自成蹊。"蹊（xī），小路。《淮南子·缪称训》，"男子树兰，美而不芳。"树，种植。

[33] 征：征验，凭证。

[34] 明经：即明理，阐明道理。

[35] 固知二句：翠纶，用翡翠羽毛装饰的钓鱼线。桂饵（ěr），用珍贵的肉桂做成的钓饵。失鱼，指钓不了鱼。

[36] 言隐荣华：《庄子·齐物论》："言隐于荣华。"隐，埋没，掩盖。荣华，繁盛的文采。

[37] 衣锦褧衣：语见《诗经·卫风·硕人》。褧（jiǒng），麻布。衣锦褧衣，是说在锦衣外面加褧。孔颖达《正义》："锦衣所以加褧者，为其文之太著也。"太著，即太彰，太明显。

[38] 贲象二句：贲（bì），《易经》卦名。象，卦象。穷白，终于白，即返本的意思。这两句说，"贲"卦是素白色，说明了万物贵乎返本的道理。

[39] 夫能四句：设，设立。谟，同模，规范。位，作动词，安置。理，指作品的内容。拟地，拟定地位。心，作者的思想感情。摛(chī)铺陈。摛藻，指使用文辞。

[40] 使文六句：博，指辞藻繁盛。溺（nì），淹没。正采，正色。间色（jiàn），杂色。古人以红（粉红）、紫色为杂色。屏，摒弃。彬彬，文质配合恰当的样子，参见本书《论语》（节选）注[14]。

[41] 言以文远：《左传》襄公二十五年："言之无文，行之不远。"

[42] 心术二句：心术，指内在思想感情活动及其方式。赡(shàn)，丰富。这两句说，内在构思形成，作品的文辞才可能丰富起来。

[43] 吴锦二句：渝，变。舜英，木槿花。朝开暮落，有花无实。这两句说吴地的锦绣容易变色，木槿花空有美艳的花朵。

[44] 味：玩味。

[原文]

文心雕龙·时序

刘　勰

时运交移，质文代变。古今情理，如可言乎！昔在陶唐，德盛化钧，野老吐“何力”之谈，郊童含“不识”之歌[1]。有虞继作，政阜民暇，“薰风”咏于元后，“烂云”歌于列臣[2]。尽其美者何？乃心乐而声泰也。至大禹敷土，九序咏功，成汤圣敬，“猗欤”作颂[3]。逮姬文之德盛，《周南》勤而不怨[4]；太王之化淳，《邠风》乐而不淫。幽、厉昏而《板》、《荡》怒，平王微而《黍离》哀[5]。故知歌谣文理，与世推移；风动于上，而波震于下者也。

春秋以后，角战英雄，六经泥蟠[6]，百家飙骇[7]。方是时也，韩、魏力政，燕、赵任权，五蠹六虱[8]，严于秦令，唯齐楚两国，颇有文学。齐开庄衢之第，楚广兰台之宫[9]。孟轲宾馆，荀卿宰邑[10]；故稷下扇其清风，兰陵郁其茂俗。邹子以谈天飞誉，驺奭以雕龙驰响[11]；屈平联藻于日月，宋玉交彩于风云。观其艳说，则笼罩《雅》、《颂》，故知炜烨之奇意，出乎纵横之诡俗也。

爰至有汉，运接燔书[12]，高祖尚武，戏儒简学[13]。虽礼律草创，《诗》，《书》未遑；然《大风》、《鸿鹄》[14]之歌，亦天纵之英作也。施及孝惠[15]，迄于文、景[16]，经术颇兴，而辞人勿用；贾谊抑而邹、枚[17]沈，亦可知已。逮孝武[18]崇儒，润色鸿业；礼乐争辉，辞藻竞骛。柏梁[19]展朝宴之诗，金堤[20]制恤民之咏，征枚乘以蒲轮，申主父以鼎食[21]；擢公孙之对策，叹倪宽之拟奏[22]；买臣负薪而衣锦，相如涤器而被绣[23]。于是史迁、寿王之徒，严、终、枚皋之属，应对固无方，篇章亦不匮[24]；遗风余采，莫与此盛。越昭及宣[25]，实继武绩；驰骋石渠[26]，暇豫文会，集雕篆之轶材，发绮縠之高喻[27]；于是王褒之伦，底禄待诏[28]。自元暨成，降意图籍；美玉屑之谈，清金马之路，子云锐思于千首，子政雠校于六艺，亦已美矣[29]。爰自汉室，迄至成、哀，虽世渐百龄，辞人九变，而大抵所归，祖述《楚辞》，灵均余影，于是乎在[30]。

自哀、平陵替，光武中兴，深怀图谶，颇略文华。然杜笃献诔以免刑，班彪参奏以补令[31]。虽非旁求，亦不遐弃。及明、章叠耀，崇爱儒术，肄礼璧堂，讲文虎观，孟坚珥笔于国史，贾逵给札于瑞颂，东平擅其懿文，沛王振其《通论》，帝则藩仪，辉光相照矣[32]。自和、安已下，迄至顺、桓，则有班、傅、三崔、王、马、张、蔡[33]；磊落鸿儒，才不时乏，而文章之选，存而不论。然中兴之后，群才稍改前辙。华实所附，斟酌经辞，盖历政讲聚，故渐靡儒风者也。降及灵帝，时好辞制，造《皇羲》之书，开鸿都之赋。而乐松之徒，招集浅陋，故杨赐号为驩兜，蔡邕比之俳优，其余风遗文，盖蔑如也[34]。

自献帝播迁，文学蓬转；建安之末，区宇方辑[35]。魏武[36]以相王之尊，雅爱诗章；文帝以副君之重[37]，妙善辞赋；陈思[38]以公子之豪，下笔琳琅；并体貌英逸，故俊才云蒸。仲宣委质于汉南，孔璋归命于河北，伟长从宦于青土，公干徇质于海隅，德琏综其斐然之思，元瑜展其翩翩之乐，文蔚、休伯之俦，于叔、德祖之侣[39]，傲雅觞豆[40]之前，雍容衽席之上，洒笔以成酣歌，和墨以藉谈笑。观其时文，雅好慷慨，良由世积乱离，风衰俗怨，并志深而笔长，故梗概而多气也[41]。至明帝纂戎，制诗度曲，征篇章之士，置崇文之观[42]，何、刘[43]群才，迭相照耀。少主相仍，唯高贵英雅；顾盼含章，动言成论[44]。于时正始[45]余风，篇体轻淡，而嵇、阮、应、缪[46]，并驰文路矣。

逮晋宣始基，景、文克构，并迹沈儒雅，而务深方术[47]。至武帝惟新，承平受命，而胶序篇章，弗简皇虑[48]。降及怀、愍，缀旒而已[49]。然晋虽不文，人才实盛：茂先摇笔而散珠，太冲动墨而横锦，岳、湛曜“联璧”之华，机、云标“二俊”之采，应、傅、三张之徒，孙、挚、成公之属[50]，并结藻清英，流韵绮靡。前史以为运涉季世[51]，人未尽才，诚哉斯谈，可为叹息！

元皇中兴[52]，披文建学。刘、刁礼吏而宠荣，景纯文敏而优擢[53]。逮明帝[54]秉哲，雅好文会，升储御极，孳孳讲艺，练情于诰策，振采于辞赋；庾以笔才逾亲，温以文思益厚[55]；揄扬风流，亦彼时之汉武也[56]。及成、康促龄，穆、哀短祚；简文勃兴，渊乎清峻。微言精理，函满玄席；淡思浓采，时洒文囿。至孝武不嗣，安、恭已矣[57]。其文史则有袁、殷之曹，孙、干之辈，虽才或浅深，珪璋足用[58]。自中朝贵玄，江左称盛，因谈余气，流成文体[59]。是以世极迍邅，而辞意夷泰，诗必柱下之旨归，赋乃漆园之义疏[60]。故知文变染乎世情，兴废系乎时序。原始以要终，虽百世可知也。

自宋武爱文，文帝彬雅，秉文之德；孝武多才，英采云构[61]；自明帝以下，文理替矣[62]。尔其缙绅之林，霞蔚而飙起：王、袁联宗以龙章，颜、谢重叶以凤采；何、范、张、沈之徒，亦不可胜也[63]。盖闻之于世，故略举大较。

暨皇齐驭宝，运集休明。太祖以圣武膺箓，世祖以睿文纂业，文帝以贰离含章，中宗以上哲兴运，并文明自天，缉遐景祚[64]。今圣历方兴，文思光被；海岳降神，才英秀发。驭飞龙于天衢，驾骐骥于万里。经典礼章，跨周轹汉；唐虞之文，其鼎盛乎！鸿风懿采，短笔敢陈？飏言赞时，请寄明哲。

赞曰：蔚映十代，辞采九变[65]。枢中所动，环流无倦。质文沿时，崇替在选。终古虽远，旷焉如面。

[注释]

[1] 野老二句，陶唐，尧号陶唐氏。钧，均。"何力"之谈，指《击壮歌》："吾日出而作，日入而息，凿井而饮，耕田而食，帝力于我何有哉！"不识"之歌，指《康衢谣》："立我烝（众）民，莫匪（非）尔极（犹自然）。不识不知，顺帝（天）之则。"

[2] 薰风二句：相传舜作《南风歌》，词有"南风之薰兮"，故云薰风。元后，天子，此指舜。烂云，指《卿云歌》，中有"卿云烂兮"，传为舜时作品。

[3] 至大禹四句：敷土，见《楚辞章句序》注[65]。九序，指水、火、金、木、土、谷、政德、利用、厚生。成，商汤谥号。圣敬，圣明恭敬。"猗欤"，《诗・商颂・那》："猗欤那欤"猗，叹词。那，音挪，多。

[4] 逮姬文二句：姬文，周文王姬昌。太王，古公亶父。《周南》，《邠（亦作豳）风》二句，《左传・季札观乐》："使工为之歌周南、召南。曰：'美哉！始基之矣，犹未也。然勤而不怨矣'……为之歌豳。

曰：'美哉！荡乎！乐而不淫，其周公之东乎！"'

[5] 幽厉二句：幽，周幽王。厉，周厉王。《板》、《荡》，《诗经·大雅》篇名，均为刺厉王诗。《黍离》，《诗经·王风》篇名，《毛序》谓是周室衰微之作。

[6] 泥蟠：埋没。

[7] 飙骇：风起云涌的意思。

[8] 五蠹六虱：《韩非子》以学者、言古者、带剑者、近御者及工商之民为邦之五蠹。《商君书》以礼乐、《诗》《书》、修善、孝悌，诚信、贞廉，仁义，非兵、羞战为六虱。

[9] 齐开二句：庄衢，四通八达的大路。第，馆，与兰台宫，皆用作接待文学学士。

[10] 孟轲二句：齐宣王曾以孟子为贵宾，让他住在自己的别墅离宫；楚国的春申君曾以荀子为兰陵令。

[11] 故稷下四句：稷下，战国时齐国临淄的城门，是当时学士聚集讲学的地方。茂俗，美俗。邹子，邹衍，有谈论天事之书。驺奭，修邹衍之文，饰若雕镂龙文，故齐人称他们说"谈天衍，雕龙奭。"

[12] 燔书：指秦始皇焚书。

[13] 戏儒简学：《史记·郦食其传》："骑士曰，沛公不好儒冠，诸客冠儒来者，沛公则解其冠，溲溺其中。"简，慢忽。

[14] 《大风》《鸿鹄》：皆汉高祖刘邦所作歌诗。

[15] 孝惠：汉惠帝刘盈。

[16] 文景：汉文帝刘恒，汉景帝刘启。

[17] 邹枚：邹阳、枚乘，西汉文学家，都不得志于当世。

[18] 孝武：汉武帝刘彻。

[19] 柏梁：汉武帝建柏梁台，曾与群臣在此联句作诗。

[20] 金堤：指黄河大堤，以"金"状其坚。汉武帝曾临黄河决口

处瓠子堤视察筑堤工程，作《瓠子歌》。

[21] 征枚乘二句：蒲轮，为减轻颠簸而裹以蒲草的车轮。汉武帝曾以安车蒲轮聘请年迈的枚乘。主父，主父偃，武帝时曾一年连升四级，曾说："丈夫生不五鼎食，死五鼎烹耳！"五鼎，富贵人家吃饭时用五个鼎盛菜。

[22] 擢公孙二句：擢，提拔。汉武帝征贤良文学对策，擢取公孙弘为第一。倪宽，迁尉张汤僚属，替张汤所拟奏章深为武帝赏识。

[23] 买臣二句：朱买臣靠卖柴为生，武帝让他作会稽太守，得衣锦还乡。司马相如曾与卓文君在临邛开酒店，亲自洗酒器，后来武帝用他做中郎将，出使西南，蜀人以为荣。

[24] 于是四句：司马迁善著作，吾丘寿王、严安、终军擅长对策，枚皋长于作赋。方，一定规格。匮，缺乏。

[25] 昭：汉昭帝刘弗陵，武帝之子。宣：汉宣帝刘询，武帝曾孙。

[26] 石渠：石渠阁，汉朝藏书处。汉宣帝曾召集群儒在石渠阁上讨论经学。

[27] 集雕篆二句：雕篆，指创作辞赋。轶材，有非凡之材的人。绮縠(hú)，汉宣帝曾说："辞赋大者与古诗同义，小者辩丽可喜。辟（譬）如女工有绮縠……贤于倡优博奕远矣。"高喻，指宣帝这个比喻。

[28] 于是二句：王褒，西汉文学家。底禄，致禄，得到俸禄，做官。待诏，等候皇帝诏书，授受任命。

[29] 自元暨成七句：元，汉元帝刘奭，宣帝之子。成，汉成帝刘骜，元帝之子。降意，关心。玉屑，把玉碾成末子，喻美好的谈吐。金马，汉官署，旁有铜马，称金马门，被汉朝征召来的人，在金马门待诏。子云，扬雄的字。他曾说："能读千赋，则善为之矣。"（见桓谭《新论·道赋》。）子政，刘向的字。雠校，校证各种书籍的版本。

[30] 爰自八句：哀，汉哀帝刘欣，元帝之孙。渐，进。百龄，自

汉武帝建元元年（前 140 年）至哀帝建平元年（前 6 年）已 135 年，这里举其成数。九变，多种变化。灵均，屈原的字。

[31] 自哀平六句：平，汉平帝刘衎，哀帝弟。陵替，没落。光武，东汉开国君主光武帝刘秀。图谶（chèn），一种预言天意的图箓、文字。杜笃，东汉初年文学家，于狱中所作《吴汉诔》受到光武帝称赞，得以赐帛免刑。班彪，东汉初历史学家和文学家，曾起草奏文劝河西窦融归顺光武，受到光武赞赏，派他做徐县县令。

[32] 及明章十句：明，东汉明帝刘庄，光武帝之子。章，东汉章帝刘炟，明帝之子。肄，习。璧，辟雍，古代大学。堂，明堂，宣明政教之所。虎观，白虎观，章帝曾在这里召集群臣讲论经义。孟坚，班固的字。珥（ěr）笔，古代史官把笔插在耳边帽上。贾逵，东汉经学家、文学家，曾作《神雀颂》。东平，东平宪王刘苍曾作《光武受命中兴颂》。沛王，沛献王刘辅，曾作《五经论》，时称《沛王通论》。帝则藩仪，指天子的榜样和藩王的表率。

[33] 和自安四句：和，东汉和帝刘肇，帝章之子。安，东汉安帝刘祜，清河孝王刘庆之子，章帝之孙。顺，东汉顺帝刘保，安帝之子。桓，东汉桓帝刘志，章帝曾孙。班、傅，三崔、王、马、张、蔡，指班固、傅毅、崔骃、崔瑗、崔实、王逸及其子王延寿、马融，张衡，蔡邕，都是东汉著名文学家。

[34] 降及灵帝十句：灵帝，汉灵帝刘宏，章帝玄孙，曾造字书《皇羲篇》五十章，设置鸿都门以聚集文人学士。乐松，侍中祭酒，在鸿都门负责招引之事。杨赐，灵帝时司空。驩兜（huān dū），尧时凶人，为舜所放逐。俳（pái）优，弄臣。蔑（miè）如，浅薄不足称。

[35] 自献帝四句：献帝，东汉末代皇帝刘协，灵帝之子。播，迁。建安，献帝年号。区宇，宇内，国内，指北方。辑，合，安定。

[36] 魏武：曹操，由汉丞相晋爵魏王，曹丕称帝，尊谥武帝。

[37] 文帝句：曹丕，操次子，为魏太子，后代汉称帝，谥文帝。副君，太子。

[38] 陈思：曹植，曹操第三子，曹丕弟，封陈王，卒谥思。

[39] 仲宣八句：王粲，字仲宣，曾避难荆州，后归曹操。陈琳，字孔璋，他本在河北袁绍手下，曹操灭袁绍，他归向曹操。徐乾，字伟长，曾在青州做官。刘桢，字公干。徇质，犹言委质，指托身。拘质于海隅，谓从海边（东平）跑来投奔曹操。应玚，字德琏。斐然，很有文采的样子。阮瑀，字元瑜，曹丕《与吴质书》："元瑜书记翩翩，致足乐也。"文蔚，路粹字。休伯，繁钦字。于叔，邯郸淳字。德祖，杨修字，皆当时著名文士。

[40] 傲雅觞豆；傲，啸傲。雅，风雅。觞，酒杯。豆，盛菜器。

[41] 并志深二句：志深，情志深远。笔长，辞气充沛。梗概，与慷慨声同而义通。

[42] 明帝纂戎四句：魏明帝曹睿（ruì），曹丕子。纂戎，指继承光大祖和父的事业。《三国志·魏志·明帝纪》："（青龙）四年……置崇文观，征善属文者以充之。"

[43] 何刘：何晏，刘劭。

[44] 少主四句：明帝后有齐王曹芳、高贵乡公曹髦、陈留王曹奂，都是少主。相仍，相继。合章，应作"含章"，谓含有文采。

[45] 正始：魏齐王曹芳年号。当时文坛受何晏的影响。

[46] 嵇、阮、应、缪：嵇康、阮籍、应璩、缪袭，他们诗风与何晏不同，但与之并驾齐驱。

[47] 逮晋宣四句：晋宣，晋宣帝司马懿。景，晋景帝司马师。文，晋文帝司马昭。克构，谓子能继承父业。三人帝号皆死后追加。方术，指权术、阴谋。

[48] 到武帝四句：惟新，指武帝司马炎代魏称帝建立西晋新王朝。

胶序，学校。弗简皇虑，谓没有引起做皇帝的（指司马炎）思考。简，通。

[49] 降及二句：怀，晋怀帝司马炽，武帝之子。愍，晋愍帝司马邺，武帝孙。缀旒（liú），缀结在旗上的飘带。

[50] 茂先六句：茂先，张华字。太冲，左思字。岳湛，潘岳、夏侯湛，二人友善，俱富文才，京都人称为连璧。机、云，陆机、陆云兄弟，张华称之为“二俊”。应、傅、三张，应贞，字吉甫；傅玄，字体奕；张载，字孟阳；张协，字景阳；张亢，字季阳。孙、挚、成公，孙楚，字子荆。挚虞，字仲恰；成公绥，字子安。

[51] 季世：末世。

[52] 元皇：东晋元帝司马睿。中兴：衰而复兴。

[53] 刘刁二句：刘隗、刁协。礼吏，精通礼法的官员。景纯，郭璞字，以《南郊赋》为帝所赏识，擢为著作佐郎。

[54] 明帝：东晋明帝司马绍，元帝长子。

[55] 庾以二句：庾，庾亮，字元规。温，温峤，字太真。

[56] 及成康四句：东晋成帝司马衍、康帝司马岳，穆帝司马聃，哀帝司马丕皆以短寿在位不久。祚，位。简文，简文帝司马昱（yù），元帝子，普玄言清谈。

[57] 至孝武二句：孝武，孝武帝司马曜，简文帝子。不嗣，孝武帝时，东晋政权就落到了刘裕手里。安，安帝司马德宗，白痴。恭，恭帝司马德文。两人都是孝武帝子，都为刘裕所立，又都为刘裕所杀。

[58] 其文史四句：袁，袁宏，字彦伯，东晋文学家兼历史学家。殷仲文，东晋文学家。孙、干，孙盛，字安国，干宝，字令升，俱为历史学家，善写散文。珪璋，贵重的玉器，比喻人才。

[59] 自中朝四句：中朝，指西晋。玄，当时的玄学清淡。提倡《老子》、《庄子》、《易经》，称为三玄。江左，江东，指东晋。文体，指玄

言诗文。

[60] 是以四句：迍邅（zhūn zhān），艰难。夷泰：平和。柱下，指老子，他曾为周柱下吏。漆园，指庄子，他曾做过漆园吏。义疏，讲解的文字、注释。

[61] 自宋武五句：宋武，南朝宋武帝刘裕。文帝，宋文帝刘义隆，武帝子。孝武，宋孝武帝刘骏，文帝子。云构，云集，形容众多。

[62] 自明帝二句：明帝，宋明帝刘彧（yù），文帝子。替，废。

[63] 王袁四句：王、袁，王诞、袁淑两家同一宗族中颇多文学之士。颜、谢，颜延之、谢灵运两族几代都出有文学才能的人。联宗、重叶，指同宗和几代。龙章、风采，比喻文采。何、范、张、沈，何承天、范晔、张邹、沈约。不可胜，不可胜举。

[64] 太祖六句：太祖，齐高帝萧道成。高祖，齐武帝萧颐（zé），高帝子，文帝。文惠太子萧长懋（mào），武帝子。贰离，次于日月的意思，为太子的代称。高宗，齐明帝萧鸾。缉遐，续远。景祚，光大帝业。

[65] 蔚映八句：十代，唐、虞、夏、商、周、汉、魏、晋、宋、齐。枢中，中心关键。崇替，兴废。选，选择，提倡。旷，明。

第四节　钟嵘的《诗品序》

[说明]

钟嵘（约480—552），字仲伟，颍川长社（今河南长葛西）人。南朝梁代著名文学批评家。先后任衡阳王及晋安王记室，世称“钟记室”。有《诗评》（一名《诗品》）三卷，是汉魏以来有关五言诗的理论总结，也是我国古代诗歌评论的专著。据《梁书·钟嵘传》载，《诗品》成书于沈约卒后，晚于《文心雕龙》出现。

魏晋南北朝是我国五言诗兴盛的时代，在这一基础上产生的钟嵘《诗品》，其直接动机是为了反对齐梁时诗歌创作的“庸音杂体”和纠正当时诗歌批评标准的混乱局面。全书专论五言诗，对自汉魏以来122位（包括无名氏《古诗》）诗人及其作品进行比较、批评，品第他们的优劣、高下。分为上、中、下三品，构成三卷。其序言则为全书总论与精华所在，主要内容有破有立。

立的方面：首先明确地提出了诗歌创作动机的激发，有赖于客观事物的感召。《诗品序》认为，人的思想感情在外界环境的影响下，有所变化，需要抒发出来，便产生了诗歌。他说：“气之动物，物之感人，故摇荡性情，形诸舞咏。”基于对诗歌产生的这种认识，他肯定诗歌的本质是“吟咏情性”。这种观点，远承《乐记》的“物感”说和《毛诗序》的“言志”说，近与陆机的“缘情”说和刘勰的“应物斯感”说是基本一致的。但是陆机和刘勰对于“物”与“情”的认识显得比较狭隘，往往局限于自然界和四时变化之间，而对于社会生活的感召缺乏足够的重视。钟嵘则明确地指出了创作动机的激发，不仅有赖于自然现象的“摇荡”，更有赖于社会现象的感召。所以作者继“四候之感诸诗者”之后，又以更多的笔墨简述了社会生活的“凡斯种种”对诗人心灵的感荡，其中特别突出了“群”与“怨”的作用。所以钟嵘所说的“物之感人”已大大地拓展了诗歌的题材领域，比陆机和刘勰的理论更富于现实生活的浓郁气息。这与他提倡建安文学反对形式主义是密切相关的。

其次，《诗品序》在诗歌创作上提出了著名的“滋味”说。“滋味”说的基本精神是主张诗歌创作要运用比兴的手法，塑造生动感人的艺术形象，抒写作者的真情实意。“情”是“滋味”的核心的审美内涵。他说：“五言居文词之要，是众作之有滋味者也……岂不以指事造形，穷情写物，最为详切者耶！”只是这种“情”常常不是直接的抒发，而是借助“比兴”的手法来寄托，读者只有通过对形象的感受和体验，才能使“味之者无极，闻之者动心”，产生强烈而持久的艺术感染力。

破的方面：首先，反对声病，主张自然和谐的音律。钟嵘时代，正当沈约等人提倡声律之说，“永明体”诗风盛行之际。针对王元长、沈约、谢朓等人对声律的鼓吹，钟嵘表示了不同的看法，他说，过去像曹植、刘桢这样的“文章之圣”，或谢灵运这样的“体贰之才”，他们“不闻宫商之辨，四声之论”，却仍然写出了音韵和美的好诗。因此，他主张“但令清浊流通，口吻调利，斯为足矣”。认为过分强调声律，会使“文多拘忌”，妨碍思想感情的表达。

其次，反对做诗用典。钟嵘认为“吟咏情性”是诗歌的本质特征，所以他在纵横考查了五言诗发展历史和创作现状时，就十分推崇那些产生于“直寻”的抒情佳作，在反对说理的同时，也反对在诗中用典。他说“观古今胜语，多非补假，皆由直寻”，批评“大明、泰始中，文章殆同书钞”，讽刺他们是“虽谢天才，且表学问”，“拘挛补衲，蠹文已甚”！

无论是反对声病还是反对用典，都是基于主张诗歌的自然真美。极力用典和追求声律，是形式主义的两个主要特征，钟嵘认为：前者使创作的“自然英旨，罕值其人”；后者使作品“文多拘忌，伤其真美”，都会妨碍诗歌抒写作者真情实意的主要功能，而把创作引向矫揉造作，虚饰浮丽的歧路。

[原文]

诗　品　序

钟　嵘

气之动物，物之感人，故摇荡性情，形诸舞咏[1]。照烛三才，辉丽万有[2]，灵祇待之以致飨，幽微藉之以昭告[3]。动天地，感鬼神，莫近于诗。

昔《南风》之词，《卿云》之颂，厥义敻矣[4]。夏歌[5]曰“郁陶乎予心”，楚谣[6]曰：“名余曰正则”，虽诗体未全，然是五言之滥觞[7]也。逮汉李陵，始著五言之目矣[8]。古诗眇邈，人世难详[9]，推其文体，固是炎汉之制，非衰周之倡也[10]。自王、扬、枚、马之徒，辞赋竞爽，而吟咏靡闻[11]。从李都尉迄班婕妤，将百年间，有妇人焉，一人而已[12]。诗人之风，顿已缺丧。东京二百载中，唯有班固《咏史》，质木无文[13]。降及建安，曹公父子，笃好斯文：平原兄弟，郁为文栋；刘桢、王粲，为其羽翼。次有攀龙托凤，自致于属车者，盖将百计[14]。彬彬之盛，大备于时矣。尔后陵迟衰微，迄于有晋。太康中，三张、二陆、两潘、一左，勃尔复兴，踵武前王，风流未沬，亦文章之中兴也[15]。永嘉时，贵黄老，稍尚虚谈，于时篇什，理过其辞，淡乎寡味[16]。爰及江表，微波尚传，孙绰、许询、桓、庾诸公诗，皆平典似《道德论》，建安风力尽矣[17]。先是郭景纯用俊上之才，变创其体，刘越石仗清刚之气，赞成厥美。然彼众我寡，未能动俗[18]。逮义熙中，谢益寿斐然继作[19]。元嘉中，有谢灵运，才高词盛，富艳难踪，固已含跨刘、郭，凌轹潘、左[20]。故知陈思为建安之杰，公干、仲宣为辅；陆机为太康之英，安仁、景阳为辅；谢客为元嘉之雄，颜延年为辅；斯皆五言之冠冕，文词之命世也[21]。

夫四言文约意广，取效风骚，便可多得。每苦文繁而意少，故世罕习焉。五言居文词之要，是众作之有滋味者也。故云会于流俗[22]。岂不以指事造形[23]，穷情写物，最为详切者耶？故诗有三义焉：一曰兴，二曰比，三曰赋。文已尽而意有余，兴也；因物喻志，比也；直书其事，寓言写物，赋也。宏斯三义，酌而用之，干之以风力，润之以丹彩[24]，使味之者无极，闻之者动心，是诗之至也。若专用比兴，患在意深，意深则词踬[25]；若但用赋体，患在意浮，意浮则文散，嬉成流移[26]，文芜止泊[27]，有芜漫之累矣。

若乃春风春鸟，秋月秋蝉，夏云暑雨，冬月祁寒[28]，斯四候之感诸诗者也。嘉会寄诗以亲，离群托诗以怨。至于楚臣去境，汉妾辞宫[29]，或骨横朔野，魂逐飞蓬；或负戈外戍，杀气雄边。塞客衣单，霜闺泪尽；或士有解佩出朝，一去忘反。女有扬蛾入宠，再盼倾国[30]。凡斯种种，感荡心灵，非陈诗何以展其义？非长歌何以骋其情？故曰："诗可以群，可以怨。"[31]使穷贱易安，幽居靡闷，莫尚于诗矣。故词人作者，罔不爱好。今之士俗，斯风炽矣。才能胜衣，甫就小学，必甘心而驰骛焉[32]。于是庸音杂体[33]，人各为容。至使膏腴子弟，耻文不逮，终朝点缀，分夜呻吟。独观谓为警策[34]，众睹终沦平钝。次有轻薄之徒，笑曹、刘[35]为古拙，谓鲍照羲皇上人，谢朓今古独步[36]。而师鲍照，终不及“日中市朝满”[37]，学谢朓，劣得“黄鸟度青枝[38]”。徒自弃于高明，无涉于文流矣。

观王公缙绅[39]之士，每博论之余，何尝不以诗为口实[40]，随其嗜欲，商榷不同，淄、渑[41]并泛，朱紫[42]相夺，喧议竞起，准的[43]无依。近彭城刘士章[44]，俊赏之士[45]，疾其淆乱，欲为当世诗品，口陈标榜，其文未遂，感而作焉。昔九品论人，《七略》裁士[46]，校以宾实，诚多未值[47]。至若诗之为技，较尔可知，以类推之，殆均博弈[48]。方今皇帝资生知之上才，体沉郁之幽思，文丽日月，赏究天人。昔在贵游，已为称首[49]；况八纮既奄，冈靡云蒸，抱玉者联肩，握珠者踵武[50]，固以瞰汉魏而不顾，吞晋宋于胸中。谅非农歌辕议，敢致流别[51]。嵘之今录，庶周旋于闾里，均之于谈笑耳。

一品之中，略以世代为先后，不以优劣为诠次[52]；又其人既往，其文克定，今所寓言，不录存者。夫属词比事，乃为通谈[53]，若乃经国文符，应资博古，撰德驳奏，宜穷往烈[54]。至乎吟咏情性，亦何贵于用事[55]？“思君如流水”，既是即目[56]；“高台多悲风”，亦惟所见[57]；“清晨登陇首”，羌无故实[58]；“明月照积雪”，讵出经、史[59]？观古今胜语，多非补假[60]，皆由直寻[61]。颜延、谢庄，尤为繁密，于时化之[62]。故大明，泰始中，文章殆同书钞[63]；近任昉、王元长等，辞不贵奇，竞须新事，尔来作者，浸以成俗[64]。遂乃句无虚语，语无虚字，拘挛补纳，蠹文已甚[65]。但自然英旨，罕值其人[66]，词既失高，则宜加事义，虽谢天才，且表学问，亦一理乎[67]！

陆机《文赋》，通而无贬；李充[68]《翰林》，疏而不切；王微[69]《鸿宝》，密而无裁；颜延论文[70]，精而难晓；挚虞《文志》[71]，详而博瞻，颇曰知言。观斯数家，皆就淡文体，而不显优劣。至于谢客集诗[72]，逢诗辄取；张隲《文士》[73]，逢文即书。诸英志录，并义在文，曾无品第。嵘今所录，止乎五言。虽然，网罗今古，词文殆集，轻欲辨彰清浊，掎摭利病，凡百二十人[74]。预此宗流[75]者，便称才子。至斯三品升降，差非定制；方申变裁，请寄知者尔[76]。

昔曹、刘殆文章之圣，陆、谢为体贰[77]之才，锐精研思，千百年中，而不闻宫商之辨[78]，四声[79]之论。或谓前达[80]偶然不见，岂其然乎？尝试言之：古曰诗颂，皆被之金竹[81]，故非调五音[82]无以谐会。若“置酒高堂上”[83]，“明月照高楼”[84]，为韵之首。故三祖[85]之词，文或不工，而韵入歌唱，此重音韵之义也，与世之言宫商异矣，今既不被管弦，亦何取于声律耶？齐有王元长者，尝谓余云：“宫商与二仪俱生，自古词人不知之，惟颜宪子[86]乃云律吕音调，而其实大谬；唯见范晔、谢庄颇识之耳[87]，尝欲进《知音论》，未就。”王元长创其首，谢朓、沈约扬其波[88]，三贤或贵公子孙，幼有文辩。于是士流景慕，务为精密，襞积[89]细微，专相陵架[90]，故使文多拘忌，伤其真美。余谓文制，本须讽读，不可蹇碍，但令清浊通流，口吻调利，斯为足矣[91]。至平上去入，则余病未能；蜂腰鹤膝[92]，闾里[93]已具。

陈思“赠弟”[95]，仲宣《七哀》[96]，公干“思友”[97]，阮籍《咏怀》[98]，子卿“双凫”[99]，叔夜“双鸾”[100]，茂先“寒夕”[101]，平叔“衣单”[102]，安仁“倦暑”[103]，景阳“苦雨”[104]，灵运《邺中》[105]，士衡《拟古》[106]，越石“感乱”[107]，景纯“咏仙”[108]，王微“风月”[109]，谢客“山泉”[110]，叔源“离宴”[111]，鲍照“戍边”[112]，太冲《咏史》[113]，颜延“入洛”[114]，陶公《咏贫》之制[115]，惠连《捣衣》之作[116]，斯皆五言之警策者也。所以谓篇章之珠泽[117]，文采之邓林[118]。

[注释]

[1] 气之动物四句：气，气候。形，表现。这四句讲诗歌产生的原因。

[2] 照烛二句：三才，天、地、人。万有，万物。

[3] 灵祇二句：灵，天神。祇（qí），地神。飨，祭祀。幽微，幽深微妙的道理。昭告，表明。

[4] 甘南风三句：《南风》、《卿云》见《文心雕龙・时序》注[2]。厥，其。敻（xiòng）。深远。

[5] 夏歌：指伪《古文尚书・五子之歌》。

[6] 楚谣：指屈原《离骚》。

[7] 滥觞：发源，起源。

[8] 逮汉二句：《文选》载李陵作《与苏武诗》三首。或疑系后人伪作，著，立。目，指体裁项目。

[9] 古诗二句，古诗，钟嵘所见的五言古诗，如《古诗十九首》等。人世，指古诗作者及其写作年代。

[10] 推其三句：炎汉，指汉朝，据说汉以火德兴，故称。衰周，周末，指战国。

[11] 自王三句：王、扬、枚、马，王褒、扬雄、枚乘、司马相如，皆西汉著名辞赋家。爽，高迈。吟咏，指诗歌。靡闻，未听说过。

[12] 从李都尉四句：李陵，汉武帝时为骑都尉。班婕妤，西汉女

作家，名不详，武帝时选入宫，为婕妤（汉女官名），有《怨歌行》传世。这四句说，西汉百年间，除了个女诗人班婕妤，就只有一个李陵而已。

[13] 东京三句：东京，指后汉。《咏史》，早期文人五言诗之一，内容议论缇萦救父的故事。质木无文，枯燥无文采。

[14] 降及十句：建安，汉献帝年号。文学史上用“建安”一词，多指汉末魏初。曹公父子，曹操及其子曹丕、曹植等。平原兄弟，指曹植及其兄曹丕。曹植在建安十六年曾被封为平原侯。郁，盛。文栋，文坛骨干。龙、凤，指曹氏父子。属车，侍从之车，代指部属。这十句说，建安时期以曹氏父子为首的诗人大约近百人之多。

[15] 尔后八句：陵迟，陵夷，衰落。有晋，指西晋。太康，晋武帝年号。三张，张载与其弟张协、张亢。二陆，陆机、陆云兄弟。两潘，潘岳与其侄潘尼。一左，左思。勃尔，勃然，踵武前王，踵，追；武，足迹，指继建安之盛。沫，已，尽。中兴，由衰落而重新兴盛。

[16] 永嘉时六句；永嘉，晋怀帝年号。黄、老，黄帝和老子，二人为道家之祖，用以代称道家。虚谈，玄理清谈。味，指感情、“滋味”。

[17] 爰及六句：爰（yuán），于是。江表，长江之外，此指东晋，因东晋建都建康（今南京市）。孙绰、许询、桓（温）、庾（亮），皆当时玄言诗的代表作家。平典，平淡而多典故。《道德论》，阐述道家思想的论文，三国魏何晏、夏侯玄、阮籍都写过此论，今已不存。建安风力，指建安诗歌情感充沛，风格健朗的特色，近于后世所谓“建安风骨”。

[18] 先是六句：郭景纯，名璞，以《游仙诗》14首为其代表，大抵借游仙咏怀，表现了对现实的不满，比玄言诗高出一筹。变创其体，指改变玄言诗，另创一体。刘越石，名琨，其作品骨力清刚。厥美，指郭璞的“创变其体”。动俗，影响当时风气。

[19] 逮义熙中二句：义熙，东晋安帝年号。谢益寿，名混，字叔源，小字益寿，他开始写山水诗。斐然，有文采的样子。

[20] 元嘉中六句：元嘉，南朝宋元帝年号。谢灵运，南朝宋著名诗人，小名客儿，故又称谢客。他扭转玄言诗风，开创山水诗派。含跨，包含、超过。凌轹，压倒。

[21] 故知八句：陈思，曹植封陈王，卒谥思。公斡，刘桢字。仲宣，王粲字。安仁，潘岳字。景阳，张协字。颜延年，颜延之字延年。冠冕，古代帝王、官员戴的帽子，喻超过他人的首要人物。命世，名高一世。

[22] 故云句：云，语助词。会，合。会于流俗，适合于世人的口味。

[23] 指事造形：表现事物，摹拟形状。

[24] 丹采：即辞藻。

[25] 踬（zhì）：阻碍，此指文词不顺畅。

[26] 嬉成流移：轻浮油滑之意。嬉（xī），轻浮。

[27] 止泊：归宿。泊（bó），停止。

[28] 祁寒：大寒。

[29] 至于二句：楚臣去境，指屈原被逐事。汉妾辞宫，指昭君出塞事。

[30] 女有二句：蛾，指蛾眉。人宠，得到皇帝的恩宠。《汉书·外戚传》："孝武李夫人，本以倡进。初夫人兄延年……侍上，起舞歌曰：'北方有佳人，绝世而独立。一顾倾人城，再顾倾人国。宁不知倾城与倾国，佳人难再得。'"

[31] 《诗》可以群二句：见《论语》注[25][27]。

[32] 才能三句：胜衣，承受得住衣服的重量，指儿童稍长。甫，始。小学，古人七八岁入小学。驰骛（wù），奔走，此指为写诗而努力。

[33] 庸音杂体：庸音，平庸的诗歌。杂体，杂乱的作品。

[34] 警策：语见陆机《文赋》，此指优秀作品。

[35] 曹刘：曹植、刘桢。

[36] 谓鲍照二句：鲍照，南朝宋著名诗人，字明远。羲皇，传说中的古帝王。谢朓，南朝齐著名诗人，字玄晖，“永明体”代表作家之一。这两句把鲍照和谢朓并举，谓时人推崇二人为至高无上。

[37] 日中市朝满：见鲍照诗《代结客少年场行》。

[38] 黄鸟度青枝：见南朝齐虞炎诗《玉阶怨》。

[39] 缙绅；做官的人，也写作“搢绅”。

[40] 口实：原指口中之物，此指谈话资料。

[41] 淄渑（zī shéng）：水名，都在山东。二水异味，合则难辨。

[42] 朱紫：见《论语》注[33]。

[43] 准的：标准。

[44] 刘士章：名绘，南朝齐彭城（今江苏徐州）人。钟嵘《诗品》列之于下品。

[45] 俊赏之士：很有鉴赏能力的人。

[46] 昔九品二句：九品论人，《汉书·古今人表》分九章。汉刘向总群书而奏《七略》，分七类评论作家。

[47] 校以二句：宾实，名实。未值，不恰当，指品评与实际不符。

[48] 至若四句：较尔，明显的样子。博，古代一种棋戏。弈，围棋。

[49] 方今六句：皇帝，指梁武帝萧衍。资，禀赋。生知，生而知之。体，具有。幽思，幽深的文思。赏究天人，赏析作品，能够穷究天人之理。贵游，齐时，竟陵王萧子良开西邸，招文学，萧衍与沈约、谢朓、王融、萧琛，范云、任昉、陆倕等游，号称“竟陵八友”，萧衍名列八友之首。

[50] 况八纮四句：八纮（hóng），八方，比喻天下。奄，包有，此指萧衍统治了天下。风靡云蒸，形容人才济济。抱玉者、握珠者，喻有才学的人。联肩、踵武，言来者众多不绝。

[51] 谅非二句：农歌，农人之歌。辕议，赶车人的议论。敢致流别，敢于从流源、派别上加以评论。

[52] 诠次：诠，解释。诠次，按照次序解释。

[53] 属词比事：指作文用典。通谈，经常所谈。

[54] 若乃四句：谓有关国家大事的文书，应当借古事去写作；叙述德行和驳义奏疏等文章，也应该尽量称引古人的功烈。资，用。撰，写作。驳、奏，都是臣属上给皇帝的奏疏。烈，功业。

[55] 用事：用典故。

[56] 思君如流水二句：见徐干《室思》。即目，眼前所见。

[57] 高台多悲风：曹植《杂诗》句。

[58] 清晨登陇首二句：引诗据《北堂书钞》卷 157 引为张华诗。羌，发语词。故实，典故。

[59] 明月照积雪二句：见谢灵运《岁暮》。讵（jù），难道，岂。

[60] 补假：指拼凑借用前人的语句或典故。

[61] 直寻：直接描写感受。

[62] 颜延三句：颜延即颜延之。谢庄，与颜延之同时的作家。繁密，指颜谢形式主义弊病。化，犹随。

[63] 故大明二句：大明，宋孝武帝年号。泰始，宋明帝年号。书钞，辞章典故的辑录。

[64] 近任昉五句：任昉，梁代文学家。王元长，即王融。新事，指新奇的典故。尔来，近来。浸，渐。

[65] 遂乃四句：虚语、虚字，指不用典故的词语。拘挛，拘束。补衲，补缀拼合。蠹文，对文学创作的毒害。

[66] 自然英旨二句：谓诗歌写得自然精美的十分少见。值，遇见。

[67] 词既失高五句：意思说，文词既不高明，那就不得不添加典故义理来凑数，这样做虽然谈不上天才，却可以表现一点学问，这也算用典的一个理由吧！事，典故。义，义理。谢，辞去。

[68] 李充：字弘度。东晋文论家，著有《翰林论》三卷，已佚。

[69] 王微：字景玄。南朝宋文学家，著有《鸿宝》十卷，已佚。

[70] 颜延论文：颜延之《家诰》中有论文的话。

[71] 《文志》：指挚虞的《文章志》，已佚。

[72] 谢客集诗：谢灵运有《诗集》五十卷，《诗集钞》十卷，《诗英》九卷，皆佚。

[73] 《文士》：指《文士传》五十卷，张隲撰，已佚。

[74] 轻欲三句：轻欲，自谦语，犹言妄欲。辨彰，辨明。掎摭（jǐ zhí），指摘。百二十人，上品11人，中品39人，下品72人，共122人，这里举成效而言。

[75] 预此宗流：列入《诗品》所论各诗歌品类中的人。

[76] 至斯四句：意谓这里三品高下的划分，大抵不是定论，将来要重新品价，那就有待于懂诗的人了。

[77] 体贰：谓陆机、谢灵运接近曹植、刘桢。

[78] 宫商之辨：此“宫商”是四声的代用语。

[79] 四声：即平上去入，是沈约所讲声律论的主要内容之一。

[80] 前达：前辈先达之士。

[81] 金竹：乐器，泛指音乐。

[82] 五音：宫、商、角、徵、羽。

[83] 置酒高堂上：阮瑀《杂诗》句。

[84] 明月照高楼：曹植《七哀诗》句。

[85] 三祖：指魏武帝曹操，太祖；文帝曹丕，高祖；明帝曹叡，

烈祖。

[86] 二仪：即两仪，指天、地。

[87] 颜宪子：即颜延之，宪子是其谥号。

[88] 唯见句：指范晔、谢庄能认识音律的问题。《宋书·范晔传》载晔在狱中《与诸甥侄书》云："性识宫商，识清浊，斯自然也……年少中，谢庄最有其分。"

[89] 王文长二句：说王融等提倡四声八病。《南史·陆厥传》："永明（南齐武帝萧赜年号）末，盛为文章，吴兴沈约、陈郡谢朓、琅琊王融，以气类相投，汝南周颙，善识声韵，为文皆用宫商，以平、上、去、人为四声，且以之制韵……世呼为'永明体'。"沈约，字体文，是"永明体"的领袖。

[90] 襞积：衣服上的褶子，此借喻诗歌声律过于繁琐。

[91] 陵架：超越而上。

[92] 余谓六句：为钟嵘的主张，只要声律自然谐调，不必拘于四声八病。蹇（jiǎn）碍，不顺口。

[93] 蜂腰鹤膝：沈约等所指出的八病之两种。

[94] 闾里：里巷，此指民间歌谣。

[95] 陈思赠弟：指曹植《赠白马王彪》诗。

[96] 仲宣七哀：王粲有《七哀诗》。

[97] 公干思友，指刘桢《蹭徐干诗》。

[98] 阮籍咏怀：阮籍有《咏怀》八十二首。

[99] 子卿双凫：苏武，字子卿，其《别李陵诗》中有"双凫具北飞，一凫独南翔。"实系后人伪托。

[100] 叔夜双鸾：嵇康，字叔夜，其《赠秀才人军》中有"双鸾若景曜"句。

[101] 茂先寒夕：张华，字茂先，其《杂诗》有"繁霜降当夕"。

[102] 平叔衣单：何晏，字平叔，《衣单》诗已佚。

[103] 安仁倦暑：潘岳，字安仁，有《在县作》二首，中有“隆暑方赫曦”、“时暑忽隆炽”等句。《悼亡诗》有“溽暑随节阑”句。

[104] 景阳苦雨：张协有《杂诗》十首，中有“飞雨洒朝兰”、“密雨散如丝”等句。

[105] 灵运邺中：谢灵运有《拟魏太子邺中诗》八首。

[106] 士衡拟古：陆机有《拟古诗》十二首。

[107] 越石感乱：刘琨有《扶风歌》、《重赠卢谌》等诗，皆“感乱”之作。

[108] 景纯咏仙：郭璞有《游仙诗》十四首。

[109] 王微风月：王微字景玄，其《风月》诗已佚。

[110] 谢客山泉：谢灵运以写山水擅长。

[111] 叔源离宴：谢混有《送二王在领军府集诗》，末二句云：“乐酒辍今辰，离端起来日。”

[112] 鲍照戍边：鲍照有《代出自蓟北门行》，是咏戍边之作。

[113] 太冲咏史：左思有《咏史诗》八首。

[114] 颜延入洛：颜延之有《北使洛》诗。

[115] 陶公咏贫之制：陶渊明有《咏贫士诗》七首。

[116] 惠连掛衣之作：谢惠连有《掛衣诗》。

[117] 珠泽：古代传说中出珍珠的沼泽。

[118] 邓林：《山海经·海外北经》，“夸父与日逐走，入日……弃其杖，化为邓林。”此借邓林比喻文采荟萃之地。

思 考 题

1. 简述魏晋南北朝文学理论批评概况。

2. 曹丕的《典论·论文》提出了哪些重要的问题？其理论的核心是什么？

3. 为什么说《典论·论文》是我国古代文学理论批评进入自觉期的一个重要标志？

4. 陆机的《文赋》是一篇什么专论？主要阐述了哪些有价值的问题？

5. 谈谈你对陆机“诗缘情而绮靡”这一说法的理解。

6. 刘勰认为“神思”的特征、功能及其形成的条件有哪些？

7.《文心雕龙·情采》着重论述的是什么问题？主要内容如何？

8. 简述刘勰文学观的主要内容。

9.《诗品序》全文有哪些方面的主要内容？

10. 为什么说“吟咏情性”是钟嵘诗论的核心？

11. 解释：文以气为主；文本同而末异；意不称物，文不逮意；其会意也尚巧，其遣言也贵妍；精骛八极，心游万仞；神思；神与物游；窥意象而运斤；神用象通，情变所孕；为情而造文；繁采寡情，味之必厌；文变染乎世情，兴废系乎时序；质文沿时，崇替在选；滋味说；理过其辞，淡乎寡味。

第四章　隋唐五代文学理论

隋唐五代时期为我国古代文学理论的发展期。

隋代立国很短，文学理论无多少建树，五代时短且乱，文学理论也无更多成就，因此，这里主要是讲唐代的文学理论。

唐代文学理论是建立在唐代经济繁荣和文学繁荣的基础之上的，其理论和创作实践的关系特别密切。唐代文学理论表现为诗论和文论共同发展，推动了理论本身的长足进步。唐代文学理论还表现为重“道”主“用”的儒家文论传统和侧重文学艺术性的佛道文论传统两方面的对立互补。

初唐文学理论，以首倡复古革新的陈子昂为代表。当时的文坛齐梁遗风盛行，华而不实的形式主义产生了许多应制之作。这时，六朝的骈赋，演变为唐代的律赋，甚至成为科举考试的专用试帖，完全丧失了文学的生命力。继六朝余习，初唐的骈文写作也极盛行，这种文体，追求对偶、声律、典故，辞藻等形式技巧，华而不实。此时也是近体诗，特别是七律、七绝的成熟期。这些诗大多形式华艳，内容空虚，没有什么艺术价值。在这种情况下，陈子昂提出的以复古求革新的诗歌理论，成为唐代文学理论根本改变的开端，也为唐代文学的发展扫清了道路。

中唐时期，随着文学上反对齐梁遗风的斗争逐渐成为过去，文学理论面临的一个重要问题是怎样批判地继承前人的文学遗产，杜甫适应了这一历史要求，提出应该正确评价和学习前人的经验（包括六朝文学的经验）。中唐以白居易为代表的新乐府运动及理论主张，把儒家文论的美刺原则发挥到了一个新的高度。他突破儒家诗教“温柔敦厚”，“怨而不怒”的老套，要求积极干预生活，直切批评现实。中唐以韩愈为代表的古文运动的理论和实践，也有力地推动了文学理论的发展。古文改革运动以“文以明道”为旗号，有力地打击了唐律赋和唐骈文华而不实的文风，强调文学要发挥“辅时及物”及重视“生民之意”的作用。

司空图是晚唐文学理论的巨星。他总结唐代诗歌创作的丰富经验，继承皎然对诗歌艺术性的研究，深入探讨了艺术创作中主观的情与客观的景的关系，以及形象和境界的关系。他探讨了艺术的风格、艺术的韵味、艺术的意象等。这种从形象、意象或意境立论，显然相比从情志、声言立论，是更进一步触及到文学艺术的基本特点的。

第一节　陈子昂的诗论主张

[说明]

陈子昂（661—702年），字伯玉，梓州射洪（今四川射洪县）人。陈子昂是唐初著名的文学家和文学理论批评家，是唐代诗歌革新运动的自觉的倡导者。他的诗论主要集中表述在《与东方左史虬修竹篇序》中，他的这篇序言也就成了陈子昂诗歌理论的一个纲领。

陈子昂在序言中首先旗帜鲜明地肯定了风雅，汉魏诗歌的现实主义传统，并明确要求诗歌应该恢复这个进步传统。在我国文学史上，两晋南北朝一部分文学作品，具有内容空虚、脱离现实的不良倾向，直到初唐，整个文坛仍流行六朝余习。这显然是违背《诗》三百篇和汉乐府的传统精神，离开了从建安到正始汉魏诸家的艺术追求的。陈子昂力戒这种不良风气，把它提高到“文章道弊”的高度来认识，认为这是对优秀文学传统的窒息，即：“风雅不作”。

“风雅”，本指《诗经》的《风》诗和《雅》诗，这里代指中国古代的优秀的现实主义传统。“风雅不作”，就是真正切近社会生活现实的优秀的诗歌创作不能产生，不能兴旺。陈子昂忧虑的正是这一点。他为此“常恐”，以致于心中“耿耿”不安。他希望复兴“风雅”的现实主义文学传统，使唐代的诗歌有益于改革政治，有益于社会人生。

为此，陈子昂还提出了复兴“风雅”现实主义文学传统的具体途径：这就是以建安文学为旗帜，创作出“骨气端翔，言情顿挫，光英朗练，有金石声”的诗歌。建安文学是“慷慨悲歌”的文学，它内容充实，贴近社会生活，是我国古代继《诗经》之后的又一现实主义文学的光辉旗帜。建安文学确实有刘勰所提到的那些特征：“结言端直”、“意气俊爽”，“骨劲气猛”、“文明以健”(《文心雕龙·风骨》)。陈子昂在《与东方左史虬修竹篇序》中所说的“骨气端翔”之类，显然是承接刘勰对建安文学的看法。陈子昂称赞东方虬的诗篇，其用意是称赞“慷慨悲歌”贴近生活的建安文学，希望用这种传统去革新唐代的诗歌。这样，“可使建安作者相视而笑”，唐代诗歌复兴也是指日可待的。

其次，陈子昂具体分析了晋宋以来诗歌创作的弊端所在，这就是其中缺乏关键的“兴寄”和“风骨”，所谓“彩丽竞繁，兴寄都绝”，就是说，六朝诗歌只重形式上的“彩丽竞繁”，而内容上则形成“兴寄都绝”的局面。

所谓“兴寄”，来源于《诗经》的比兴。根据郑玄《周礼注》的解释：“比，见今之失，不敢斥言，取比类以言之；兴，见今之美，嫌于媚谀，取善事以喻劝之。”可见，“兴寄”是对“比兴”的进一步发展，强调其情志寄托一面，其目的是强调诗歌应该具有讽刺的深刻内容，对社会民生积极地发表自己的意见，从而更好地发挥其干预生活的社会功能。

所谓“风骨”，则是偏重于对诗歌艺术形式的要求。“风骨”作为一个文学理论的概念，最早是刘勰提出来的。他在《文心雕龙》一书中专题论述了这个问题，说：“怊怅述情，必始乎风；沉吟铺辞，莫先于骨。”黄侃《文心雕龙札记》解释道：“风即文意，骨即文辞。”因此，“风骨”一词就是指一种文学作品的风格，这种风格明朗刚健，充满艺术感染力量，也就是刘勰所说的“风骨之力”、“风清骨峻”。陈子昂认为汉魏之际的文学就具有这种特征，所以他直接提出了“汉魏风骨”的文学风格。他所说的“汉魏”显然是指建安文学（也包括正始文学）。建安清峻刚劲的文学风格不传，导致六朝“逶迤颓靡”的泛滥。陈子昂尖锐、明确地指出了两种文学风格的根本对立，认为背离“汉魏风骨”的齐梁“彩丽竞繁”是没有真正的艺术力量的。

[原文]

与东方左史虬修竹篇序

陈子昂

东方公[1]足下：文章道弊五百年矣[2]。汉魏风骨[3]，晋宋莫传[4]，然而文献有可征者[5]。仆尝暇时观齐梁间诗，[6]彩丽竞繁，而兴寄都绝[7]，每以永叹。思古人常恐逶迤颓靡，风雅不作，以耿耿也[8]。一昨于解三处见明公《咏孤桐篇》[9]，骨气端翔[10]，音情顿挫[11]，光英朗练[12]，有金石声，遂用洗心饰视，发挥幽郁[13]。不图正始之音，复睹于兹[14]，可使建安[15]作者相视而笑。解君云："张茂先[16]、何敬祖[17]，东方生[18]与其比肩。"仆亦以为知言也[19]。故感叹雅制，作《修竹诗》一篇，当有知音以传示之。

[注释]

[1] 东方公：即东方虬，《全盛诗小传》："东方虬，武则天时为左史。"按：《全唐诗》收其《昭君怨》三首、《春雪》一首。

[2] 文章道弊句：道，指文章固有规律。弊，被蒙蔽。五百年，从汉魏正始到陈子昂写此序时约五百年。

[3] 风骨：《文心雕龙·风骨》："怡怅述情，必始乎风；沉吟铺辞，莫先于骨"。这里所说的"汉魏风骨"，即钟嵘《诗品序》所说的"建安风力"。

[4] 晋宋：指汉魏正始之后的两晋和南朝的宋。

[5] 征：证明、证验。

[6] 仆尝暇时句：仆，指陈子昂自己。齐梁，指南北朝时南朝的宋以后的齐梁时期。

[7] 兴寄：指文章有深刻的现实内容，即“托物喻志”。

[8] 思古人三句：风雅，本指《诗经》的《风》诗和《雅》诗，这里代指《诗经》的现实主义传统。耿耿，心事重重貌。三句意思说，思念古人，因而想到当今之文风，恐怕衰落颓废下去，从此不见风雅之好传统，心有不安。

[9] 一昨于解三处句：明公，指东方虬。《咏孤桐篇》，今已佚。

[10] 骨气端翔：端，指骨骼坚实；翔，指气势飞动。

[11] 音情顿挫：诗的音节抑扬顿挫，感情波澜起伏。

[12] 光英朗练：作品的光彩，明朗皎洁。

[13] 幽郁：深积的忧愤。

[14] 不图正始两句：图，料想。正始，魏齐王曹芳年号。作为文学史上的所谓正始时代，是泛指魏王朝后期的文学。代表作家有阮籍、嵇康。这里所说的“正始之音”，指的就是这些作家的作品，其关注现实的精神，和建安作者是一致的。睹，看见。

[15] 建安：东汉献帝刘协年号。作为文学史上的所谓建安时代，是泛指汉魏之交的文学。代表作家有三曹父子等。

[16] 张茂生：即张华，晋初著名诗人，有集十卷。

[17] 何敬祖：即何劭，晋初人，有集二卷。

[18] 东方生：即东方虬。

[19] 仆亦以为句：仆，即陈子昂，自谦辞。知言，知音之意，与最后一句中的“知音”是同一意义。

第二节　杜甫的《戏为六绝句》

[说明]

杜甫（712—770），字子美，祖籍襄阳，生于巩县（今属河南）。他是唐代的伟大诗人，也是见识卓越的理论批评家。虽然他没有写过文学理论的专著，但其诗集中论及文学艺术的长歌短章或片言散句却很多，内容之丰富，见解之深刻，在当时是独树一帜的，对后世诗歌创作产生了很大的影响，使他成为上集初唐盛唐之大成，下开中唐晚唐之先河的关键人物。其诗学理论被后人尊为“千古操觚之准绳也”（史炳《杜诗琐证》）。其中最著名的《戏为六绝句》，义精体新，“开论诗绝句之端，亦后世诗话所宗”（郭绍虞语）。

《戏为六绝句》作于唐肃宗上元二年（761 年）。这六首七言绝句，针对当时“好古者遗近，务华者去实”，以及割断历史，笼统否定六朝至初唐的诗歌创作的错误倾向，高度概括地阐明了自己对待六朝作家和古今之争等问题的主张和态度。

随着六朝灭亡，“采丽竞繁”的浮靡之风并没有因之告退。当时许多有识之士曾对此展开过猛烈的抨击，特别是陈子昂更是抨击颓风，力倡诗歌革新的旗手。但是，随着时间的推移，这种批判逐渐暴露出对六朝、初唐作家不作具体分析、笼统排斥的倾向，即一种健康的主流倾向，掩盖着另一种不健康的倾向，即使在创作上对六朝文学颇多学习和继承的李白，也在文学理论上应同当时全面否定的错误倾向，说出了“自从建安来，绮丽不足珍”（《古风其一》）这样的话来。显然，这种割断历史的态度，成了唐代文学发展的严重障碍。杜甫清醒地看到这一点，他力排众议写作了著名的《戏为六绝句》。

这六首绝句作为组诗，有其内在的结构层次和统一性，大致可以分作前三首和后三首来分别理解。前三首通过对具体作家的评论提出问题，要求评论家评价作家作品时，应该有全面和历史的观点。后三首则承接前三首，正面揭示了论诗宗旨，旗帜鲜明地提出文学发展中后代文学与前代文学的继承革新的关系。

第一首正确评价了南朝梁代诗人庾信，批评了当时一些人笼统否定齐梁诗歌创作的错误倾向。庾信其人，早年在梁为官，曾是作骈文的名家，写“宫体”的能手；后来出使西魏，被扣留下来，因思恋故国，文风大变。但唐代的评论家们只看到他前期的文学创作，把他与宫体诗的代表人物徐陵等而视之，称之为谣靡轻薄的“徐庾体”。杜甫则既看到庾信前期作品的艳冶，更重视他后期诗赋的凌云老健。就是对庾信前期的创作，杜甫也注意把其中的淫放之体与清丽之词加以区别，从中披沙拣金。他在《春日忆李白》中就说“清新庾开府”。事实上，庾信文章之所以能够“老更成”，是和他早年骈体文写作分不开的，他的《哀江南赋并序》，不仅有故国之思的深刻内容，也有骈文赋体的精美形式。然而一些随声附和的“今人”盲目地指责庾信流传下来的作品，就实在是太浅薄和不够谦虚了。面对这些不知前贤自有品格的“今人”，哪里还谈得上后生可畏呢？

第二首正确评价了初唐文坛著名的“四杰”，批评了当时一些人割断历史，简单否定初唐文学创作的错误倾向。初唐四杰即初唐的王勃、杨炯、卢照邻和骆宾王。他们当时的文学创作还没有完全摆脱六朝藻绘余习，后来有许多人就嘲笑四人是轻佻浮薄的。如《玉泉子》所说：“时人之议，杨（炯）好用古人姓名，谓之点鬼簿，骆（宾王）好用数对，谓之算博士。”（见《九家集注杜诗》赵次公引）即其一例。杜甫认为，这种议论是浅薄的人云亦云，是不懂得任何时代的，文学都是“当时”的历史条件和现实状况的产物，这在后人看来也许有局限，可是在“当时”却正是其价值之所在。事实上，初唐四杰的诗文虽然未能完全摆脱六朝余习，但其中已显示出当时时代的新声，并引导了唐代文风的新变。那些只知道不断嘲笑和攻击四杰的人们，他们的哂笑及他们本身都将被历史的潮流所淹没，而源远流长的文学江河却依然滚滚向前，谁也挡它不住！

第三首从奇丽俊美的风格辞采角度继续称赞初唐四杰，而批评那些讥笑四杰的后生尔曹。杜甫认为，四杰的文学创作的确不如汉魏文学那样具有《风》、《骚》的优秀传统，但是，纵使这样，四杰在诗文艺术美上的贡献也是不能抹杀的。四杰驾驭优美奇丽的文辞，就像驾驭着毛色鲜亮的骏马纵横于原野与都市，这些都是讥笑者望尘莫及的。这首诗由于读的不同，也可以作这样的解释：即纵使四杰的文体不如汉魏文学那样风骨健然，但他们却具有《风》诗和《离骚》的温柔和亮丽。四杰驾驭文辞的技巧和能力，是后生“尔曹”们望尘莫及的。

在前面三首中，杜甫以六朝初唐具体作家为例，历史地、发展地分析了这些作家的贡献和地位。在后三首中，杜甫则承接前诗提出文学发展中后代文学应对前代文学采取继承和革新的态度，尽可能吸收历代文学的优秀的精华，只有在“转益多师”中才可能达到新高峰。

第四首是对前面三首的总结。杜甫认为，中唐的文坛总体上说其表现出的艺术才力还没能超过庾信及初唐四杰数公。这些艺术才力就是前面三首中提到的“凌云健笔”、“纵横”之意，以及四杰驾驭“龙文虎脊”、“历块过都”的艺术天赋。而现今的文坛上还没有出现像他们“数公”那样出类拔萃的人物。或许有一些像“翡翠兰苕”般优美娟媚的作品，但终还未出现“鲸鱼碧海”那样雄伟宏阔的作品。而后者却是庾信和初唐四杰诸公庶几近之的。从这里我们可以看出，杜甫肯定庾信和初唐四杰，并不是对他们“淫靡轻薄”的那一面也全部肯定，而是肯定他们“雄健凌云”、“壮阔雄伟”和“纵横驰骋”的那一面。

第五首则从理论上阐述了文学发展中应如何对待“古今之争”问题。我们知道，唐代的文学革新是以复古的方式为自己开辟道路的，经过陈子昂的倡导，到李白已大体完成。但是，这种以复古的面目革新，会留下一些重要的理论混乱的后遗症，比如，究竟是古人胜于今人还是今人胜于古人，对历代的文学究竟应当“贵远贱近”还是应当“贵近贱远”。杜甫认为，在文学的继承发展中，关键并不是“古人”或“今人”的问题，也不是“远”或“近”的问题，而是精华与糟粕的问题。由此，杜甫明确提出，应该既爱古人也不菲薄今人，只要是“清词丽句”的文学精华都要学习和继承。他自己就是学习相追随屈原和宋玉的文学创作，对六朝齐梁文风也采取取其精华，弃其糟粕的态度，他认为，只要取舍得当，远追风骚和近邻六朝是不矛盾的。

第六首则是对前面五首的总述。杜甫在这里着重指出，当代的文学不及古代的“前贤”的文学，其原因就在于当代的作家们把大部分精力都花在因袭前人争论谁先谁后的问题上。真正有意义的是，鉴别和裁判前代的文学遗产中的精华与糟粕，即去伪存真；真正有意义的是，凡是优秀的作家都是自己的老师，但又没有一个是固定的老师，这样方可在继承中革新，在学习中超越。马茂元先生对这句诗的解释是：“无所不师而无定师……无所不师，故能兼取所长；无定师，则不囿于一家之言，一偏之见，虽然继承传统或借鉴别人，但并不妨碍自己的创造。”杜甫本人之所以能够成为中国的一代诗圣，就是因为他能“上薄风、骚，下该沈、庾之流丽，尽得古今之体势，而兼人人之所独专矣。”（元稹《唐故工部员外郎杜君墓系铭序》）

[原文]

戏为六绝句

杜　甫

庾信文章老更成，凌云健笔意纵横[1]。今人嗤点流传赋，不觉前贤畏后生[2]。

王杨卢骆当时体，轻薄为文哂未休[3]。尔曹身与名俱灭，不废江河万古流[4]。

纵使卢王操翰墨，劣于汉魏近风骚[5]。龙文虎脊皆君驭，历块过都见尔曹[6]。

才力应难跨数公[7]，凡今谁是出群雄，或看翡翠兰苕上，未掣鲸鱼碧海中[8]。

不薄今人爱古人，清词丽句必为邻[9]。窃攀屈宋宜方驾，恐与齐梁作后尘”。

未及前贤更勿疑，递相祖述复先谁[11]。别裁伪体亲风雅，转益多师是汝师[12]。

[注释]

[1] 庾信文章二句：庾信（513—581），字子山。在梁时，即与宫体诗人徐陵齐名。后出使西魏，仕于北朝。成，指功夫的成熟，即下句所说的健笔凌云，意境纵横开阔。杜诗：“清新庾开府。”（《春风忆李白》），又云：“庾信生平最萧瑟，暮年诗赋动江关。”（《咏怀古迹》五首之一）指出庾信后期诗风的转变，不仅以清新见长，这些都可与此相印证。

[2] 今人嗤点二句：今人，指与杜甫同时代的人。嗤，讥笑。点，评说。赋，古代的一种文学体裁，这里指首句所说的“文章”，是兼诗和赋而言的。因限于诗句的字数和声调，偏举以见义。前贤，指前代杰出作家。后生，指后代的作家。这两句是说：“后人取其流传之赋嗤笑而指点之，岂知前贤自有品格，未见其当畏后生也。”（仇兆鳌《杜诗详注》）

[3] 王杨卢骆二句：王、杨、卢、骆，指初唐四杰王勃、杨炯、卢照邻、骆宾王。王勃（649—676），字子安，绛州龙门（今山西河津县）人，在少年时就有文才，后渡海溺死。杨炯（650—？），陕西华阴人。卢照邻（635—689），字升之，号幽忧子，幽州范阳（今河北涿县）人。

骆宾王（640—684），婺州义乌（今浙江义乌）人。当时体，初唐时的文体，泛指当时的文学，主要指骈文和赋，也兼指诗歌。四杰的诗文仍未完全摆脱六朝藻绘余习。轻薄为文，写诗为文不阔大厚重。哂（shěn），微笑，这里指嘲笑。这两句的意思是说，初唐四杰的文学创作一直被人们嘲笑为是轻薄而无价值的。

[4] 尔曹二句：尔曹，你们这些人。上句批判了嘲笑四杰的人，下句肯定了四杰的文学成就。史炳解此诗云："言四子文体，自是当时风尚，乃嗤其轻薄者至今未休，曾不知尔曹身名俱灭，而四子之文不废，如江河万古常流。"（《杜诗琐证》）

[5] 纵使二句：卢王，即上一首所说的四杰。限于字数，举卢以概骆，举王以概杨。汉魏，泛指汉魏之交的文学。风骚，风，指《诗经》中的《风》诗；骚，指屈原的《离骚》。

[6] 龙文虎脊二句：龙文虎脊，指毛色斑驳的骏马，用以比喻奇丽的辞采。君，这里指四杰。历块过都，块，指田野；都，指都市；纵横于田野和都市，指长距离的奔驰。见尔曹，意谓相形之下，就能见出高低。上句说四杰能够遣瑰玮的文辞，下句说他们经得起时间的考验。"此诗本承上一章言，时人之讥哂四子者，每谓其轻薄为文，正以其劣于汉魏之近风骚耳。四子之劣于汉魏之近风骚……当时文体如是，固非四子之病也。龙文虎脊，自有其不废江河者在，固非身与名俱灭之尔曹所能望尘莫及矣。"（郭绍虞《杜甫戏为六绝句集解》）

[7] 数公，指前面三首说的庾信和四杰等人。

[8] 或看二句：翡翠兰苕，形容辞采的鲜妍。语本郭璞《游仙诗》："翡翠戏兰苕，容色更相鲜。"掣（chè），拽拉。鲸鱼碧海，指雄健的笔力，壮美的风格。其大意为，当时虽有一些好的文学作品，但多是翡翠兰苕、才力不免薄弱，还没有出现具有雄伟壮丽、碧海掣鲸风格的伟大作家。

[9] 不薄二句：今人，指齐梁及初唐作家。古人，指先秦作家及汉魏作家。清词丽句，指优秀的文学传统。邻，与下一首“亲风雅”的“亲”义近。其大意是说，自己论诗并无古今的成见，只要是优秀的文学遗产，都有所取。

[10] 窃攀屈宋二句：窃，表敬意的谦词。窃攀，谓努力高攀。屈，指屈原。宋，指宋玉。宜方驾，宜，适合、相称；方，正当；其意为并驾齐驱。齐梁，指齐梁藻饰之颓风。这两句是阐明“清词丽句必为邻”之义，是说清词丽句．必须上攀屈、宋，与之并驾齐驱，否则仅仅追求于辞藻形式之美，就不免落入齐梁的后尘。

[11] 未及前贤二句：前贤，泛指前代有成就的作家。递相祖述，意谓人云亦云、陈陈相因。复先谁，哪些作家要古老一些，纠缠于谁在谁先前。这两句的意思是说，当时的作家不及前代有成就的作家这是肯定无疑的，但是，这是由于当代作家们都纠缠于前代作家谁要古老一些（然后才学习他们）。这两句指出问题结症之所在，下两句指出学习文学遗产的正确途径。

[12] 别裁伪体二句：别，鉴别。裁，裁去。伪体，指没有生命力的作品。风雅，风，《诗经》的《风诗》，雅，《诗经》的《雅诗》；这里泛指优秀的文学遗产。意为去粗取精，去伪存真。汝，你。意为无所不师而无定师。

第三节　白居易的《与元九书》

[说明]

白居易（772—846），字乐天，原籍太原，祖上迁居下邽

（今陕西渭南县）。白居易出生于河南新郑县。元九，即元稹（779—831年），字微之，河南河内（今河南洛阳）人，排行第九，故称“元九”。他们两人均为中唐新乐府运动的代表人物，“新乐府”一词，出自白居易，指的是因事立题，干预时序的新题乐府，其中也包括虽用旧题而写时事的乐府诗和一般古体所写的讽喻诗。《与元九书》是白居易诗论的纲领，也是新乐府运动的理论纲领。

新乐府运动是唐代社会现实的产物。安史之乱过后，唐朝由盛而衰，社会矛盾尖锐，这就客观上要求文学面对现实，面对社会弊病，结果就产生了以白居易为代表的新乐府运动，把进行已久的唐代诗歌革新运动推向高潮。初唐人写乐府诗，多数袭用乐府旧题，但也有少数另立新题。这类新题乐府，至杜甫而大有发展，其他还有元结、刘湾和顾况、戎昱、戴叔伦等人也都有新题乐府之作。

《与元九书》是白居易于元和十年（815年）12月，在江州（今江西九江市）写给元稹的一封信，这时元稹在通州（今四川达县）任职。信中讨论了诗歌的理论问题，主要有以下三个方面的内容。

首先，白居易提倡诗歌应该和当前的政治斗争联系，积极干预生活。白居易论诗的出发点同传统儒家以三百篇当谏书一样，也是强调以诗为政治斗争服务。他的《与元九书》在这方面简直就是《诗大序》的翻版，就是强调诗是治理国家的重要手段，诗要直接反映政治时事。这就是“文章为时而著，诗歌为事而作”。这两句话可以说是新乐府运动的一面鲜明的旗帜。两句并为一句，就是：文学应该为政治时事服务。他在信中总结了《诗经》以来诗歌创作发展的历史，从正反两方面对此作了具体的分析，他认为《诗经》的传统，“六义”的本质，各代文学的优劣得失，都无不说明了这个道理。他把乐府诗当成“补察时政”的手段，同时也要求乐府诗为民请命，仗义执言，从而无所畏惧地积极批判现实，后者则是富有人民性和进步性的，而前者则导致他对整个古代文学史的偏颇认识和评价。比如对六朝文学的全盘否定，对唐代文学的认识不足，甚至对李白、杜甫这样伟大杰出的作家都一笔横扫。

其次，他强调继承“风”、“雅”反映现实的优良传统，批判了唯美主义和形式主义的不良倾向。白居易认为“风”、“雅”的传统就是美刺的传统，他还把美刺和讽喻、比兴都看成一个紧密联系的问题来提倡，这样，比兴就从作为艺术的一种表现手法，演化为对于文学思想内容的要求。《诗经》反映现实的传统就成为“六义”的传统，或者说，《诗经》的本质就是“六义”。但是，自从“周衰秦兴”，“六义”就越来越弱，特别是六朝文学就完全是“六义”不兴，只有一些“嘲风雪、弄花草”的玩意儿，这些诗“丽则丽矣，吾不知其所讽焉！”“讽”是“六义”的关键之所在，没有了“讽”也就没有所谓的“六义”。他对这种没有“讽”的文学是很不以为然的。他由此批评了谢灵运、陶渊明和李白；他也由此把自己的诗分为四类：讽喻诗、闲适诗、感伤诗和杂律诗。他自己最重视的是“讽喻诗”，其缘由就在于它有“兼济之志”，是“关于美刺兴比者”。他对六朝文人脱离现实的批判是中肯的，但是也表现了一定程度的偏颇，对文学描写大自然的美应该在整个文学中占有一定的位置认识得不足。

最后，白居易主张诗歌内容和形式的有机统一。他在信中对诗歌的要求是："诗者，根情，苗言，华声，实义。""情"和"义"作为根本和结果是指内容，"言"和"华"作为手段和过程是指形式。但是，正像根之于苗，花之于实，具有不可分割的内在联系，四者之间是一个有机统一的整体。诗歌的内容和形式也是有机统一的整体，其情之于言，华之于实，也具有不可分割的内在联系。他重视诗歌的内容，是与前面谈到的他对诗歌政教功能的重视密切相关。这里的"实义"的"义"，就是前面谈到的"六义"，就是美刺讽喻的反映现实、干预生活的传统。他在此原则下，为了使诗歌发挥更广泛的社会作用，他又十分重视艺术形式的作用。他要求诗歌在形式上要注意通俗易懂，为更广大的读者所接受。

[原文]

与元九书

白居易

月日，居易白[1]。微之足下[2]：

自足下谪江陵至于今，凡枉赠答诗仅百篇[3]。每诗来，或辱序，或辱书，冠于卷首。皆所以陈古今歌诗之义，且自叙为文因缘与年月之远近也。仆既受足下诗，又谕足下此意，常欲承答来旨，粗论歌诗大端，并自述为文之意，总为一书，致足下前。累岁已来，牵故少暇，间有容隙，或欲为之，又自思所陈亦无出足下之见，临纸复罢者数四，卒不能成就其志，以至于今。今俟罪浔阳，除盥栉食寝外无余事，因览足下去通州日所留新旧文二十六轴，开卷得意，忽如会面[4]。心所蓄者，便欲快言，往往自疑，不知相去万里也。既而愤悱之气思有所泄，遂追就前志，勉为此书[5]。足下幸试为仆留意一省[6]。

夫文尚[7]矣！三才各有文：天之文，三光首之；地之文，五材首之；人之文，六经首之[8]。就六经言，《诗》又首之。何者？圣人感人心而天下和平。感人心者，莫先乎情，莫始乎言，莫切乎声，莫深乎义。诗者，根情、苗言、华声、实义。上自圣贤，下至愚呆，微及豚鱼，幽及鬼神，群分而气同，形异而情一，未有声入而不应，情交而不感者。

圣人知其然，因其言，经之以六义[9]；缘其声，纬之以五音。音有韵，义有类。韵协则言顺，言顺则声易入；类举则情见，情见则感易交。于是乎孕大含深，贯微洞密，上下通而一气泰[10]，忧乐合百而志熙，五帝三皇所以直道而行、垂拱而理者，揭此以为大柄，决此以为大窦也[11]。

故闻"元首明，股肱良"之歌，则知虞道昌矣；闻五子洛汭之歌，则知夏政荒矣[12]。言者无罪，闻者足戒，言者闻者莫不两尽其心焉。

洎周衰秦兴，采诗官[13]废，上不以诗补察时政，下不以歌泄导人情。乃至于谄成之风动，救失之道缺。于时六义刓始[14]矣。

国风变为骚辞，五言始于苏、李。[15]苏、李骚人，皆不遇[16]者，各系其志，发而为文。故河梁之句[17]，止于伤别；泽畔之吟[18]，归于怨思；彷徨抑郁，不暇及他耳。然去《诗》未远，梗概尚存。故兴离别则引双凫一雁[19]为喻，讽君子小人则引香草恶鸟为比。虽义类不具，犹得风人之什二三焉[20]。于时六义始缺矣。

晋、宋以还．得者盖寡。以康乐[21]之奥博，多溺于山水；以渊明之高古，偏放于田园。江、鲍[22]之流，又狭于此。如梁鸿《五噫》[23]之例者，百无一二焉。于时六义浸微矣。

陵夷[24]至于梁、陈间，率不过嘲风雪、弄花草而已。噫！风雪花草之物，《三百篇》中岂舍之乎？顾所用何如耳。设如“北风其凉”，假风以刺威虐也；“雨雪霏霏”，因雪以愍征役也；“棠棣之华”，感华以讽兄弟也；“采采芣苡”，美草以乐有子也[25]。皆兴发于此而义归于彼。反是者可乎哉？然则“余霞散成绮，澄江净如练”，“离花先委霞，别叶乍辞风”之什[26]，丽则丽矣，吾不知其所讽焉，故仆所谓嘲风雪、弄花草而已。于时六义尽去矣。

唐兴二百年，其间诗人不可胜数。所可举者，陈子昂有《感遇》诗二十首，鲍防[27]有《感兴》诗十五首。又诗之豪者，世称李、杜[28]。李之作，才矣奇矣，人不逮矣，索其风雅比兴，十无一焉。杜诗最多，可传者千余首，至于贯串今古，覼缕[29]格律，尽工尽善，又过于李。然撮其《新安吏》、《石壕吏》、《潼关吏》、《塞芦子》、《留花门》之章，“朱门酒肉臭，路有冻死骨”之句，亦不过十三四。杜尚如此，况不逮杜者乎？

仆常痛诗道崩坏，忽忽愤发，或食辍哺，夜辍寝，不量才力，欲扶起之。嗟夫！事有大谬者，又不可一二而言，然亦不能不粗陈于左右。

仆始生六七月时，乳母抱弄于书屏下，有指“无”字、“之”字示仆者，仆虽口未能言，心已默识，后有问此二字者，虽百十其试，而指之不差，则仆宿昔之缘，已在文字中矣。及五六岁，便学为诗，九岁谙识声韵，十五六始知有进士，苦节读书。二十已来，昼课赋，夜课书，间又课诗，不遑寝息矣。以至于口舌成疮，手肘成胝，既壮而肤革不丰盈，未老而齿发早衰白，瞥瞥然如飞蝇垂珠在眸子中者，动以万数。盖以苦学力文所致，又自悲矣。

家贫多故，二十七方从乡赋[30]，既第之后，虽专于科试，亦不废诗。及授校书郎时，已盈三四百首。或出示交友如足下辈，见皆谓之工，其实未窥作者之域耳。自登朝来，年齿渐长，阅事渐多，每与人言，多询时务；每读书史，多求理道；始知文章合为时而著，歌诗合为事而作。是时皇帝初即位[31]，宰府有正人[32]，屡降玺书，访人急病[33]。仆当此日，擢在翰林，身是谏官，手请谏纸，启奏之外，有可以救济人病，裨补时阙，而难于指言者，辄咏歌之，欲稍稍递进闻于上。上以广宸聪[34]，副忧勤；次以酬恩奖，塞言责[35]；下以复吾平生之志。岂图志未就而悔已生，言未闻而谤已成矣。

又请为左右终言之。凡闻仆《贺雨诗》[36]，而众口籍籍，已谓非宜矣；闻仆《哭孔戡诗》[37]，众面脉脉，尽不悦矣；闻《秦中吟》，则权豪贵近者相目而变色矣；闻乐游园寄足下诗[38]，则执政柄者扼腕矣；闻《宿紫阁村》诗[39]，则握军要者切齿矣。大率如此，不可遍举，不相与者号为沽名，号为诋讦，号为讪谤。苟相与者，则如牛僧孺之戒[40]焉。乃至骨肉妻孥皆以我为非也。其不我非者，举世不过三两人。有邓鲂[41]者，见仆诗而喜，无何而鲂死。有唐衢[42]者，见仆诗而泣，未几而衢死。其余则足下，足下又十年来困踬[43]若此。呜呼！岂六义四始之风，天将破坏不可支持耶？抑又不知天之意不欲使下人之病苦闻上耶？不然，何有志于诗者不利若此之甚也！

然仆又自思关东一男子耳。除读书属文外，其他懵然无知，乃至书画棋博可以接群居之欢者，一无通晓，即其愚拙可知矣。初应进士时，中朝无缌麻之亲[44]，达官无半面之旧；策蹇[45]步于利足之途，张空拳于战文之场。十年之间，三登科第，名入众耳，迹升清贯[46]，出交贤俊，入侍冕旒[47]。始得名于文章，终得罪于文章，亦其宜也。

日者，又闻亲友间说：礼、吏部举选人，多以仆私试赋、判，传为准的；其余诗句，亦往往在人口中。仆恧[48]然自愧，不之信也。及再来长安，又闻有军使高霞寓[49]者，欲聘倡妓，妓大夸曰："我诵得白学士《长恨歌》，岂同他妓哉？"由是增价。又足下书云，到通州日，见江馆柱间有题仆诗者，复何人哉？又昨过汉南日，适遇主人集众乐，娱他宾，诸妓见仆来，指而相顾曰："此是《秦中吟》、《长恨歌》主耳。"自长安抵江西，三四千里，凡乡校、佛寺、逆旅、行舟之中，往往有题仆诗者；士庶、僧徒、孀妇、处女之口，每每有咏仆诗者。此诚雕虫之戏，不足为多，然今时俗所重，正在此耳。虽前贤如渊、云者，前辈如李、杜者，亦未能忘情于其间哉！[50]

古人云："名者公器，不可以多取。"仆是何者，窃时之名已多。既窃时名，又欲窃时之富贵，使[51]己为造物，肯兼与之乎？今之迍[52]穷，理固然也。况诗人多蹇，如陈子昂、杜甫，各授一拾遗，而迍剥至死；李白、孟浩然辈，不及一命，穷悴终身。近日孟郊六十，终试协律；张籍五十，未离一太祝[53]。彼何人哉！彼何人哉！况仆之才又不逮彼。今虽谪佐远郡，而官品至第五，月俸四五万，寒有衣，饥有食，给身之外，施及家人，亦可谓不负白氏之子矣。微之微之，勿念我哉！

仆数月来，检讨囊帙中，得新旧诗，各以类分，分为卷目。自拾遗来，凡遇所感，关于美刺兴比者，又自武德迄元和，因事立题，题为《新乐府》者，共一百五十首，谓之讽喻诗；又或退公独处，或移病[54]闲居，知足保和、吟玩情性者一百首，谓之闲适诗；又有事物牵于外，情理动于内，随感遇而形于叹咏者一百首，谓之感伤诗；又有五言、七言、长句、绝句，自一百韵至两韵者四百余首，谓之杂律诗。凡为十五卷，约八百首。异时相见，当尽致于执事。

微之！古人云："穷则独善其身，达则兼济天下。"仆虽不肖，常师此语。大丈夫所守者道，所待者时。时之来也，为云龙，为风鹏[55]，勃然突然，陈力以出；时之不来也，为雾豹，为冥鸿[56]，寂兮寥兮，奉身而退。进退出处，何往而不自得哉？故仆志在兼济，行在独善，奉而始终之则为道，言而发明之则为诗。谓之讽喻诗，兼济之志也；谓之闲适诗，独善之义也。故览仆诗者，知仆之道焉。其余杂律诗，或诱于一时一物，发于一笑一吟，率然成章，非平生所尚者，但以亲朋合散之际，取其释恨佐欢。今铨次之间，未能删去；他时有为我编集斯文者，略之可也。

微之！夫贵耳贱目，荣古陋今，人之大情也。仆不能远征古旧，如近岁韦苏州歌行[57]，才丽之外，颇近兴讽；其五言诗又高雅闲淡，自成一家之体。今之秉笔者谁能及之？然当苏州在时，人亦未甚爱重；必待身后，人始贵之。今仆之诗，人所爱者，悉不过杂律诗与《长恨歌》已下耳。时之所重，仆之所轻。至于讽喻者，意激而言质；闲适者，思淡而词迂；以质合迂，宜人之不爱也。

今所爱者，并世而生，独足下耳。然千百年后，安知复无如足下者出而知爱我诗哉？故自八九年来，与足下小通[58]则以诗为戒，小穷[59]则以诗相勉，索居则以诗相慰，同处则以诗相娱。知吾罪吾，率以诗也。如今年春游城南时，与足下马上相戏，因各诵新艳小律，不杂他篇，自皇子陂归昭国里[60]迭吟递唱，不绝声者二十里余。樊、李[61]在旁，无所措口。知我者以为诗仙，不知我者以为诗魔。何则？劳心灵，役声气，连朝接夕，不自知其苦，非魔而何？偶同人，当美景，或花时宴罢。或月夜酒酣，一咏一吟，不知老之将至，虽骖鸾鹤、游蓬瀛[62]者之适，无以加于此焉，又非仙而何？微之，微之！此吾所以与足下外形骸、脱踪迹、傲轩鼎[63]、轻人寰者，又以此也。

当此之时，足下兴有余力，且与仆悉索往还中诗，取其尤长者，如张十八[64]古乐府，李二十[65]新歌行，卢、杨[66]二秘书律诗，窦七、元八[67]绝句，博搜精掇，编而次之，号《元白往还诗集》。众君子得拟议于此者，莫不踊跃欣喜，以为盛事。嗟乎！言未终而足下左转[68]，不数月而仆又继行。心期索然，何日成就？又可为之叹息矣。

又仆尝语足下：凡人为文，私于自是，不忍于割截，或失于繁多，其间妍媸[69]益又自惑，必待交友有公鉴无姑息者，讨论而削夺之，然后繁简当否得其中矣。况仆与足下，为文尤患其多。己尚病之，况他人乎？今且各纂诗笔，粗为卷第，待与足下相见日，各出所有，终前志焉。又不知相遇是何年，相见在何地，溘然而至，则如之何？微之，微之！知我心哉！

浔阳腊月，江风苦寒，岁暮鲜欢，夜长无睡，引笔铺纸，悄然灯前，有念则书，言无次第，勿以繁杂为倦，且紧代一夕之话也。微之，微之！知我心哉？乐天再拜。

[注释]

[1] 白：奉告。

[2] 微之：元稹字，排行第九，因称元九。

[3] 自足下两句：谪，因罪罚。江陵，今湖北省。今，指元和十年十二月。仅，几乎。

[4] 今俟罪六句：俟（sì），待。浔阳，今江西九江市。盥（guàn），洗脸。栉（zhì），梳头。通州，今四川省达县，元稹于元和十年三月调任通州司马。

[5] 既而愤悱三句：愤悱，心求通而未得，口欲言而未能。

[6] 省（xǐng 醒）：审察。

[7] 尚：久古。

[8] 三才各有文七句：三才，天、地、人。三光，日、月、星。五材，金、木、水、火、土。

[9] 圣人知其然五句：六义，风、雅、颂；赋、比、兴。

[10] 一气：天地万物都由气所构成。泰，大通畅。

[11] 五帝三皇四句：五帝，黄帝、颛顼、帝喾、尧、舜。三皇，燧人氏、伏羲氏、神农氏。直通，指正直无偏的政法。垂拱，垂衣拱手。理，治理。揭，高举。柄，权柄。决，开。窦，洞穴。

[12] 故闻四句：元首，指君王。股肱（gōng），指臣子。相传虞舜和其臣皋陶唱和之歌。五子，夏帝太康的五个兄弟。洛，洛水。汭，水流隈曲之处。相传夏朝太康荒淫无道，其兄弟五人于洛水转曲处作歌怨刺。

[13] 采诗官：在民间收集诗歌，以闻于天子的官。

[14] 刓（wán）：磨削平。

[15] 苏、李：苏武、李陵。

[16] 不遇：时运不济，未逢明主。

[17] 河梁之句：《文选》载李陵《与苏武诗》第三首有“携手上河梁”句。

[18] 泽畔之吟：《楚辞·渔父》有“屈原既放，游于江潭，行吟泽畔”句。

[19] 双凫（fú）一雁：《古文苑》载苏武《别李陵诗》有“双凫俱北飞，一凫独南翔”句。

[20] 风人：指《诗经》作者。什二三，十分之二三。

[21] 康乐：谢灵运封康乐公，因称谢康乐，刘宋时著名诗人。

[22] 江、鲍：指江淹，鲍照。

[23] 梁鸿《五噫》：东汉梁鸿，路过京都洛阳，愤慨于统治者的奢侈生活，作《五噫歌》。

[24] 陵夷：衰颓。

[25] “北风其凉”：《诗经·邶风·北风》首句。“雨雪霏霏”：《诗经·周南·芣薇》末章诗句。“棠棣之华”：《诗经·小雅·棠棣》首句。“采采芣苡”：《诗经·周南·芣苡》首句。

[26] “余霞散成绮，澄江净如练”：谢朓《晚登三山还望京邑》诗句。“离花先委露，别叶乍辞风”：鲍照《玩月城西门》诗句。

[27] 鲍防：字子慎，唐代天宝时诗人。

[28] 李、杜：指唐代著名诗人李白、杜甫。

[29] 觐（luó）缕：细致详尽。

[30] 乡赋：地方选拔人才的考试。

[31] 皇帝初即位：指唐宪宗李纯即位初期。

[32] 宰府有正人：指宰相杜黄裳等人。

[33] 访人急病：察访人民疾苦。

[34] 宸（chén）聪：皇帝的听闻。

[35] 塞言责：尽谏官进言的职责。

[36] 《贺雨诗》：内容是讽劝皇帝改善人民的生活。

[37] 《哭孔戡诗》：孔戡是当时一个正直不畏权贵的官员。

[38] 乐游园寄足下诗：即《登游园望诗》。

[39] 《宿紫阁村》诗：即《宿紫阁山北村诗》。

[40] 牛僧孺之戒：牛僧孺等人参加唐宪宗时的一次策试，言语激烈，指陈时政，因此得罪了权贵，结果牛僧孺等人同考官一起受处分。

[41] 邓魴：白居易同时代的诗人。

[42] 唐衢：白居易同时代的诗人。

[43] 团踬（zhì）：不顺利，不通达。

[44] 缌麻之亲：缌麻，即细麻布，古代"五服"中最轻的丧服。意为连个最远的亲族都没有。

[45] 蹇（jiǎn）：跛，行走困难。

[46] 清贯：接近皇帝，地位"清高"的官员。

[47] 冕旒（liú）：高官的桂冠。

[48] 恧（nǜ）：惭愧貌。

[49] 高霞寓：当时为振武邠宁节度使。

[50] 虽前贤三句：渊，王褒，字子渊。云，扬雄，字子云。李、杜，指李白、杜甫。

[51] 使：假使。

[52] 迍（zhūn）：困顿不得志。

[53] 近日孟郊四句：孟郊，唐代著名诗人，元和年间，试协律郎。张籍，唐代文学家，曾官太常寺太祝。

[54] 移病：因病请假。

[55] 云龙风鹏：《易·乾》："云从龙，风从虎，圣人作而万物睹。"比喻贤者得到为国效力的时机。

[56] 雾豹：喻隐士。冥鸿：喻远走高飞以避害者。

[57] 韦苏州：韦应物，唐代著名诗人。歌行，即歌行体诗。

[58] 小通：指小有发达。

[59] 小穷：指小有不顺达。

[60] 皇子陂：唐代长安城南的一处名胜。昭园里，在长安城中东南部。白居易曾居于此。

[61] 樊、李：指樊宗宪与李景信。

[62] 骖鸾鹤：跨鹤登仙。游蓬瀛，游仙境。

[63] 轩鼎：贵族豪门所乘之车与所用之食器。微轩鼎，即轻视富贵权势之意。

[64] 张十八：即张籍。

[65] 李二十：即李绅。

[66] 卢、杨：卢拱、杨巨源。

[67] 窦七、元八：窦巩、元宗简。

[68] 左转：古人以左为不顺，故称降职为左迁或左转。

[69] 妍媸：美丑好坏。

第四节　韩愈的《答李翊书》

[说明]

韩愈（768—824年），字退之，河阳（今河南孟县）人。因韩氏"郡望"（祖籍）是昌黎（今河北昌黎），故自称"昌黎韩愈”，世称“韩昌黎”。李翊（772—841年），字习之，陇西（今甘肃武威）人。李翊是韩愈的侄婿。韩愈是唐代古文运动的旗手。

唐代“古文运动”直接反对的是六朝的骈文及余波。六朝的文风浮丽，表现在散文方面就是讲究对仗、辞藻、音律和用典的骈体文的盛行。这里的“古文”，是和“骈文”相对立的概念，它是指先秦两汉时期的文章形式，其特点是，以不受对仗、排偶、声律束缚的散行和单句，自由地表现自己的思想。唐代玄宗天宝年间至中唐，萧颖士、李华、元结、独孤及、梁肃、柳冕等人，先后提出宗经明道的主张，并用散体作文，成为“古文运动”的先驱。到了韩愈的时候，唐代古文运动形成高潮，其理论集中表现在《答李翊书》中。

韩愈在书中首先力倡学古文应以立行为本，立言为表。他认为:“仁义之人，其言蔼如也。”要想在文学上取得成就，必须首先从道德修养入手。对于一个作家来说，思想品质是根本的基质，正如树木以及灯光一样，根基深厚才能结出丰硕的果实，膏泽充足才能发出明亮的光华。文章和作家的品行道德是密切联系在一起的，有其德方有其行，有其行方有其言。这种理论，显然出于孔子所说的“有德者必有言”(《论语·宪问》)。

其次，韩愈在书中强调，学文的途径，要道文合一，要善于学习前人的作品。而写作则要有创造性，不论是内容或词句，都要“惟陈言之务去”。韩愈也不是把道德和文章完全等同，即并不是有了道德自然便有了文章。他必须把学习“圣人之志”和学习古人之文结合起来，在提高道德修养的同时，提高写作能力，这就是学“道”与学“文”的合一。善于学习前人，就是对古人不能一一模仿，亦步亦趋。古人说过的话就不能再说，要用自己的语言表达自己的意思，所谓“取于心而注于手”，应该学习和效法的是古人的创造精神，学习他“惟古于词必己出”的创新精神。学习古人和学习“古文”都不能形式照搬，这和他以复古为革新的思想是一致的。

再次，韩愈认为，学文要有坚定的信心，不以时人的毁誉为转移。学习文学是一个长期而艰苦的过程，他现身说法，介绍自己学习创作古文的艰苦历程。他说自己学习古人已有二十多年了，开始“非三代两汉之书不敢观，非圣人之志不敢存”，但是，书读得昏头涨脑，其实并未得其神髓，写起文章来“戛戛乎难哉”。而他并不气馁，并不止步，最后终于能够识正伪，辨黑白，写起文章来也就开始得心应手，思如泉涌了。在这二十多年间，自己曾遭受到许多世俗的非难和嘲笑，但他自己全不介意，始终按自己选定的路走下去。自己即使已经达到了很高的境界，也不会自满，表示要“始吾身而已矣”，把学习和写作古文当成自己终生不渝的事业。

最后，韩愈认为，写古文要以气为先。他提出了“气盛言宜”的著名理论。韩愈把“气”与“言”的关系比作水与水面浮物的关系。他认为，“气”是决定和左右着“言”的，正像“水大而物之浮者大小毕浮”一样，“气盛则言之短长与声之高下者皆宜。”韩愈在这里显然发挥了孟子的“养气说”，认为文章创作与作家的个性人格和写作心态直接相关，个性人格饱满充实，情感强烈，想象丰富，思维活跃，语言的调动和表达自然与之相适应，方能写出好的文章。简言之，气盛就是古文的主要特征，反过来说，气不足而专事于形式技巧则是骈文的主要弊病。韩愈自己的创作就是以浑浩流转的气势、杰出的语言功力见称，因此有“苏海韩潮”之誉。韩愈的理论和主张，冲击和扫荡了骈文的恶习，使中国古代散文重新获得了生机，为中唐文学的发展作出了积极贡献。

[原文]

答李翊书

韩　愈

六月二十六日，愈白，李生足下[1]：

生之书辞甚高，而其问何下而恭[2]也！能如是，谁不欲告生以其道？道德之归也有日矣，况其外之文乎？[3]抑愈所谓望孔子之门墙而不入于其宫者，焉足以知是且非邪[4]。虽然，不可不为生言之。

生所谓立言者是也，生所为者与所期者，甚似而几矣[5]。抑不知生之志，蕲[6]胜于人而取于人耶？将蕲至于古之立言者耶？蕲胜于人而取于人，则固胜于人而可取于人矣。将蕲至于古之立言者，则无望其速成，无诱于势利[7]。养其根而俟其实，加其膏而希其光；根之茂者其实遂，膏之沃者其光晔；仁义之人，其言蔼如也[8]。

抑又有难者，愈之所为不自知其至犹未[9]也。虽然，学之二十余年矣。始者非三代两汉之书不敢观，非圣人之志不敢存。处若忘，行若遗，俨乎其若思，茫乎其若迷[10]。当其取于心而注于手也，惟陈言之务去，戛戛[11]乎其难哉！其观于人，不知其非笑[12]之为非笑也。如是者亦有年，犹不改，然后识古书之正伪，与虽正而不至焉[13]者，昭昭然白黑分矣，而务去之，乃徐有得也。当其取于心而注于手也，汩汩然来矣。其观于人也，笑之则以为喜，誉之则以为忧，以其犹有人之说者存[14]也。如是者亦有年，然后浩乎其沛然[15]矣。吾又惧其杂也，迎而距之，平心而察之，其皆醇也，然后肆焉[16]。虽然，不可以不养也。行之乎仁义之途，游之乎《诗》、《书》之源，无迷其途，无绝其源，终吾身而已矣[17]。

气，水也[18]；言，浮物也；水大而物之浮者大小毕浮。气之与言犹是也：气盛，则言之短长与声之高下者皆宜。虽如是，其敢自谓几于成乎！[19]虽几于成，其用于人也奚取焉？[20]虽然，待用于人者，其肖于器[21]邪：用与舍属诸人。君子则不然，处心有道，行己有方，用则施诸人，舍则传诸其徒，垂诸文而为后世法[22]。如是者，其亦足乐乎？其无足乐也？[23]

有志乎古者希[24]矣！志乎古必遗乎今[25]。吾诚乐而悲之！亟[26]称其人，所以劝之，非敢褒其可褒而贬其可贬也。问于愈者多矣，念生之言不志于利，聊相为言之。愈白。

[注释]

[1] 六月二十三句：六月二十六日，唐贞元十七年六月二十六日。愈白，韩愈奉告。李生，即李翊（yì）。

[2] 何下而恭：何等谦卑而恭敬啊。

[3] 道德之归两句：归，属于。有日，有那一天，即指日可待。外之文，外在的文辞。

[4] 抑愈所谓两句：抑，可是。望孔子之门墙而不入于其宫，《论语·子张》："子贡曰：譬之宫墙，赐之墙也及肩，窥见室家之好。夫子之墙数仞，不得其门而入，不见宗庙之美，百官之富。"两句的大意

是说，可是我不过对孔子略知一二，哪里够得上知道是和非啊。

[5] 生所谓三句：生，即李翊。立言，著名立说以传后世。为，做。期，期待。儿，近。其意为：你所谈到的著书立说以传后世的说法是对的，你所做的和你所期待的，已经很相似并且很接近了。

[6] 蕲（qí），祈求。

[7] 无诱于势利：当时科举考试都用骈文而不用古文，而只有用骈文才可求得功名利禄。韩愈倡导古文，所以要求不为势利所诱去写骈文。

[8] 养其根六句：俟（sì），等待。实，果实。膏，油。遂，伐。晔（yè），明。如，然。

[9] 至犹未：达到了还是没有达到（古代立言人的境地）。其意为，可是难以判定的是，我自己究竟达没达到古代立言者的境界。

[10] 处若忘四句：俨，矜持。其意为，自己学书学文学得很苦，但难得其要领。

[11] 戛戛：不顺畅貌。

[12] 非笑：非难嘲笑。

[13] 虽正而不至焉：虽有真知但还不深入，如韩愈《读荀子》所称："荀（子）与扬（雄），大醇而小疵"之类。

[14] 以其犹有人之说者存：其意为，以还是有各种说法看待。

[15] 沛然：充足溢肆貌。

[16] 吾又惧其杂五句：其意为，我又怕芜杂，就面对自己拉开距离，平心静气地审查。看来是内容醇正，文字精当。

[17] 无迷其途三句：即《送高闲上人序》所说"乐之终身不厌，奚暇外慕"的意思。

[18] 气，水也：其意为，如若把气比作水。这里的气，近文章的气势，与孟子之"气"不同，与曹丕之"气"也稍有不同；但是气势之所以盛，与平时的学养工夫也分不开，所以上文说"不可以不养也。"

[19] 其敢自谓几于成乎：其大意为，即便这样了，谁又敢说自己已近于成功了呢。

[20] 虽几于成两句：其大意为，即便已近于成功了，其为人所取用的程度又如何呢。

[21] 器：韩愈门人李汉为其《昌黎先生集序》第一句就是："文者，贯道之器也。"

[22] 垂诸文而为后世法：即韩愈《答崔立之书》所说"作唐之一经，垂之于无穷"的意思。

[23] 其亦足乐乎二句：这里所说对道与文深造有得时的乐趣，即《答李秀才书》所说："将复有深于是者，与吾子乐之，况其外之文乎"的意思。

[24] 希：少见。

[25] 志乎古必遗乎今：即《与冯宿论文书》所说"但不知直似古人，亦何得于今人也"，"不知古文，直何用于今世也"，《答尉迟生书》所说"古之道不足以取于今"的意思。

[26] 亟（qì）：屡次。

第五节　司空图的韵味说

[说明]

司空图（837—908年），字表圣，河中虞乡（今山西虞乡）人。司空图是晚唐诗人和诗歌理论家。他的《二十四诗品》是在辨别唐代诗人的作品的不同韵味的基础上，从自己的创作实践经验出发写出来的，是一部在我国文学理论批评史上有着重要影响的论诗专著。司空图的《与李生论诗书》则可以看成是《二十四诗品》的姐妹篇，两者是相互补充、相互说明的。

唐代文学理论的发展大致可以分为两大流派。一派是强调儒家文论传统，力倡文学的政教功能，如陈子昂、白居易和韩愈；另一派是遵循老庄思想，受佛学影响，注重文学的审美特征，司空图的韵味说，则是其总结和代表。司空图的《与李生论诗书》是司空图诗论的代表作，司空图在书中首先提出并阐述了“韵味”说的主张。所谓“韵味”就是诗歌意境创造的审美内涵，用司空图的话来说就是“韵外之致”，“味外之旨”。他认为要获得这种“韵味”，首先要有意境，要意境“近而不浮、远而不尽”，就是他所说的“象外之象”、“景外之景”，才谈得上“韵味”，这种“韵味”在诗中，但又不能意尽于诗句中，这就像“味”之于醋、盐，但又不同于醋、盐，而这“味”是妙在“咸酸之外”的。这种“韵味”显然不是形式声韵方面的东西，而是诗美内涵的一种“神韵”；这种“韵味”也不是现实现象（或表象）的堆砌，而是托寄在这些具体生动的艺术形象之上的一种无形无象、不可捉摸的艺术境界。

司空图在书中还明确提出了诗歌创作和欣赏必须“辨味”的问题。儒家诗论认为，辨别和评价诗歌的高上优劣，其标准在于“原道、征圣、宗经”，而司空图则认为其标准在于是否有“韵味”。他认为，“辨于味，而后可以言诗”。对诗歌创作来说，只有“辨于味”，才能领会诗的意境、风格等审美内涵的重要意义，才可能有对于诗歌审美内涵的自觉追求，这样，作家不管是追求“澄澹”，还是追求“遒举”，只要有“韵味”都可能创作出好诗。对诗歌欣赏来说，只有“辨于味”，才能感受到诗歌的审美魅力，才能不执著于诗歌的事理，并一路穿凿附会下去。总之，不能“辨味”的欣赏，就不是真正意义上的艺术欣赏。

司空图的“韵味”说，是对钟嵘以来诗歌艺术意境理论的继承和发展，对后代诗论有很大影响。钟嵘的《诗品》首先以“味”论诗。他强调诗歌应该“有滋味”，而要达到有“味”则要求“文已尽而意有余”，以创造深远含蓄的审美意境。到唐代则有《文境秘府论》对“味”的美感特点和内容的探讨。所谓“理入景势者……皆须入景语始清味”，“景入理势者……则不清及无味”，则着重探讨了诗中“景、理、意”之间的辩证关系。再就是皎然为代表的中唐以前的理论家们，他们强调，如果诗中“不书身心”，就没有诗美，也没有诗味了。司空图之所以能够提出“韵味”说，正是因为他运用和总结前人的理论成就。司空图的“韵味”说对后代诗论的影响也是巨大的。后来，宋人严羽的“妙悟”说，清人王士祯的“神韵”说，都多少受到司空图“韵味”说的影响。

[原文]

与李生论诗书

司空图

文之难，而诗之难尤难[1]。古今之喻多矣，而愚以为辨于味[2]，而后可以言诗也。江岭之南，凡足资于适口者，若醯，非不酸也，止于酸而已；若鹾，非不咸也，止于咸而已，华之人以充饥而遽辍者，知其咸酸之外，醇美者有所乏耳[3]。彼江岭之人，习之而不辨也，宜哉。诗贯六义，则讽谕、抑扬、停蓄、温雅。皆在其间矣[4]，然直致所得，以格自奇[5]。前辈诸集。亦不专工于此，矧[6]其下者耶！王右丞韦苏州澄澹精致，格在其中，岂妨于遒举哉？[7]贾浪仙诚有警句，视其全篇，意思殊馁，大抵附于蹇涩，方可致才，亦为体之不备也，矧其下者哉[8]噫！近而不浮[9]，远而不尽[10]，然后可以言韵外之致耳[11]。

愚幼常自负，既久而愈觉缺然。然得于早春，则有"草嫩侵沙短，冰轻著雨销"[12]。又"人家寒食月，花影午时天"[13]。又"雨微吟足思，花落梦无憀"[14]。得于山中，则有"坡暖冬生笋，松凉夏健人"[15]。又"川明虹照雨，树密鸟冲人"[16]。得于江南，则有"戍鼓和潮暗，船灯照岛幽"[17]。又"曲塘春尽雨，方响夜深船"[18]。又"夜短猿悲减，风和鹊喜灵"[19]。得于塞下，则有"马色经寒惨，雕声带晚饥"[20]。得于丧乱，则有"骅骝思故第，鹦鹉失佳人"[21]。又"鲸鲵入海涸，魑魅棘林高"[22]。得于道宫，则有"棋声花院闭，幡影石幢幽"[23]。得于夏景，则有"地凉清鹤梦，林静肃僧仪"[24]。得于佛寺，则有"松日明金象，苔龛响木鱼"[25]。又"解吟僧亦俗，爱舞鹤终卑"[26]。得于郊园，则有"远陂春早渗，犹有水禽飞"[27]。得于乐府，则有"晚妆留拜月，春睡更生香"[28]。得于寂寥，则有"孤萤出荒池，落叶穿破屋"[29]。得于惬适，则有"客来当意惬，花发遇歌成"[30]。虽庶几不滨于浅涸，亦未废作者之讥诃也[31]。又七言云："逃难人多分隙地，放生鹿大出寒林"[32]。又"得剑乍如添健仆，亡书久似忆良朋”[33]。又“孤屿池痕春涨满，小栏花韵午晴初”[34]。又“五更惆怅回孤枕，犹自残灯照落花”[35]。又“殷勤元旦日，歌舞又明年”[36]。皆不拘于一概也。

盖绝句之作，本于诣极[37]，此外千变万状，不知所以神而自神也[38]，岂容易哉？今足下之诗，时辈固有难色[39]，倘复以全美[40]为工，即知味外之旨矣[41]。勉旃[42]，某再拜。

[注释]

[1] 文之难，而诗之难尤难：《四部丛刊》本在“诗之”字下原无“难”字，今依《唐文粹》校增。《全唐文》作“诗尤难”。这句是说，论文难，论诗更难。

[2] 辨于味：味，指诗的韵味。下文所说的“韵外之致”，或“味外之旨”，实是同一意思。其意为，辨别诗的意境、风格等审美特征。

[3] 江岭之南十一句：江，长江。岭，五岭。足资于适口，即很适合口味，也即偏嗜酸咸味的意思。醯（xī），醋。鹾（cuó），盐。华之人，华山的人，指中原地区的人。遽辍（jùzhuì），立刻停止不再用。醇美，深厚的美味。

[4] 诗贯六义三句：六义，风、雅、颂、赋、比、兴。讽谕，指诗的感染作用。抑扬，指诗的抑扬变化的情调。停蓄，指诗的清淡而含蓄的情调。温雅，指诗的温和而雅正的情调。六义包括的范围较广，四者可以容纳在内。

[5] 然直致所得二句：直致所得，谓自然地写出诗来，以格自奇，谓前辈作者各以其独特的风格自树一帜。

[6] 矧（shěn）：况且。

[7] 王右丞三句：王右丞，王维，字摩诘，唐代诗人、画家，官至

尚书右丞，故世称王右丞。韦苏州，韦应物，曾任苏州刺史，故世称韦苏州。澄澹，指风格的清深淡远。遒举，指风格的遒劲挺拔。其意为，王维、韦应物的诗风格清深淡远，语言精工细致，但这却无碍于他们具有遒劲的另一特色。

[8] 贾浪仙七句：贾浪仙，即贾岛，字浪仙，世称贾浪仙。意思殊馁，馁，饿，意指贾岛的诗内容空虚。蹇涩，艰深不流畅。体之不备，“体”即上文所说的“格”。司空图认为：诗应有“韵外之致”，而贾岛诗的缺点就在这里。

[9] 近而不浮：谓诗的意境，近在眼前，诗人写来，有妙乎偶得之妙，生动具体而又不流于浮泛。

[10] 远而不尽：谓诗的意境，极为深远，能积极调动读者的想象，使人读来觉得它言有尽而意无尽。

[11] 韵外之致：韵，就诗的语言说，指诗通过韵律所显示出的情调；就诗的意境说，指诗所流露出的神情。所谓“韵外之致”，即“含不尽之意见于言外”的意思。

[12] 草嫩二句：司空图《早春》句。

[13] 人家二句：全篇已佚。

[14] 雨微二句：《下方》句。

[15] 坡暖二句，《下方》句。

[16] 川明二句，《华下送文涓》句。

[17] 戍鼓二句：《寄永嘉崔道融》句。

[18] 曲塘二句：《江行》句。

[19] 夜短二句：全篇已佚。

[20] 马色二句：《塞上》句。

[21] 骅骝二句：全篇已佚。

[22] 鲸鲵二句：全篇已佚。

[23] 棋声二句：全篇已佚。

[24] 地凉二句：全篇已佚。

[25] 松日二句：《上陌梯寺怀旧僧》句。

[26] 解吟二句：《僧舍贻友》句。

[27] 远陂二句：《独望》句。

[28] 晚妆二句：全篇已佚。

[29] 孤萤二句：《秋思》句。

[30] 客来二句：《长安赠王沄》句。

[31] 虽庶几二句：滨，靠近。不滨于，不至于。浅涸，肤浅。未废，未能免掉。作者，作家、诗人。讥诃，嘲笑，呵斥。其大意为，（我这些诗写得）虽然也许不至于肤浅干枯，但也难免被诗家们嘲笑呵斥。

[32] 逃难二句：《山中》句。

[33] 得剑二句：《退栖》句。

[34] 弧屿二句：《光启四年春戊申》句。

[35] 五更二句：《华上》句。

[36] 殷勤二句：《元旦》句。

[37] 盖绝句之作二句：诣，造诣。诣极，造诣极深。其意为，写短小的绝句，一定要有极深的艺术修养。

[38] 不知所以神而自神：这里的“神”，是司空图所指的诗的自然生动的最高境界。即宋人严羽《沧浪诗话》所说：“诗之极致有一，曰入神。诗而入神，至矣尽矣，蔑以加矣。”其意为，诗达到了极境，好像是天然生成的一样。

[39] 时辈固有难色，意为，同时的诗人要想与李生的诗比美，那是很不容易的。

[40] 全美：外形精美，又包孕着无尽神味的诗，才能说是全美。也就是上文所说的“近而不浮，远而不尽”的有“韵外之致”的美。

[41] 味外之旨：即上文所说的“韵外之致”的意思。

[42] 旃（zhān）：“之焉”的合音。

思 考 题

1. 陈子昂为什么要倡导诗歌革新运动？

2. 陈子昂所说的“风雅”传统具体指什么？

3. 陈子昂为什么要求学习汉魏诗歌？

4. 陈子昂认为晋宋以来诗歌创作的弊病何在？

5. 陈子昂提出“兴寄”和“风骨”两个问题，其内涵是什么？

6. 杜甫在《戏为六绝句》中是怎样理解文学传统的？

7. 杜甫为什么对梁代庾信和初唐四杰给予高度评价？

8. 杜甫认为学习诗歌创作时应采取什么样的态度？

9. 什么叫新乐府运动？

10. 白居易提出“文章合为时而著，诗歌合为事而作”的积极意义是什么？

11. 白居易为什么批判“嘲风雪、弄花草”的创作倾向？

12. 白居易提出“根情、苗言、华声、实义”，其具体含义是什么？

13. 唐代古文运动主要反对什么？

14. 韩愈为什么强调学古文应以立行为本、立言为表？

15. 韩愈怎样理解“文”和“道”及其两者的关系？

16．韩愈所说以气为先，“气盛言宜”，其含义是什么？
17．司空图的韵味说代表了中国古代文论的什么倾向？
18．简述司空图“韵味”的内涵。
19．司空图的“辨味”对诗歌创作和欣赏有什么意义？
20．司空图论“味”在中国诗论史上的意义何在？

第五章　宋金元文学理论

宋金元文学理论，是在继承唐代诗文革新运动和总结以往创作经验的基础上继续发展。

宋金元文学理论同当时的社会状况和文学状况紧密相关。当时民族矛盾十分尖锐、社会激烈动荡，文学理论却呈现繁荣局面，其理论内容比唐代丰富，形式比唐代多样。例如，从文论样式上看，除了文论、诗论，还产生了词论和戏曲理论；从理论派别上看，不仅有欧阳修、苏轼等人提倡的诗文革新的文学主张，而且还有以黄庭坚为代表的江西诗派的文学观点；从理论形式上看，出现了评论诗歌的新样式：诗话和词话。

宋代文学理论充分显示了这种繁荣和复杂的局面。北宋初年出现了以杨亿、刘筠、钱惟演为代表的西昆诗派。这个诗派继承晚唐浓艳文风，以宫廷生活为题材，追求辞藻，堆砌典故，结集《西崑酬唱集》，在当时影响很大，致使文学走上了严重的形式主义。与西崑体形式主义对立的则是新文革新运动。参与这个运动的前期有柳开、王禹偁等人，后期有欧阳修、王安石、苏轼等人，他们主张继承唐代韩愈、柳宗元古文运动的传统，极力反对西崑派。

北宋末年，文坛又出现了以黄庭坚为代表的“江西诗派”。黄庭坚的诗歌在艺术上的成就虽然不能概予抹杀，但模拟的形式主义比较严重。宋徽宗时，吕本中作《江西诗杜宗派图》，尊黄庭坚为诗派之祖，下列陈师道等25人。此派中的作家并非都是江西人。江西诗派追求奇险硬涩的文学风格，诗歌脱离现实，内容空洞，艺术成就一般不高。到南宋时，由于民族矛盾和社会矛盾异常尖锐，许多江西诗派的作家或受其影响的作家，都打破江西诗派的形式主义的束缚，写出了感人至深的充满爱国激情的诗作，纠正了江西诗派过分雕琢求奇和在古人陈言中找诗料的风气。

词在宋代的整个文学中，占有着一个引入注目的地位，它基本上也是沿着两个不同方向发展的：一派是内容上较能接触和反映现实矛盾，具有较广阔的社会背景，以范仲淹、王安石、苏轼以至辛弃疾为代表；一派是内容上点缀升平和描绘个人愁怨，以柳永、周邦彦、姜夔为代表。这两派词风的不同，在当时的文学理论批评中也得到了反映。李清照的关于“词”这种文学新体裁的探讨是别具一格的。她卓越地区分了“诗”和“词”的差别，为“词”的成熟和发展作出了自己的贡献。她反对“以诗为词”，“以文为词”，实际上是反对以政教为词、以理学为词，坚持了唐代司空图的审美中心论的传统。反对政教中心和理学中心最激烈的是严羽。他面对当时把诗歌变成了“语录讲义之押韵者”（刘克庄《吴恕斋诗稿跋》），明确提出诗有“别材别趣”，与书本经典无关。他的批评可以说是击中了宋代诗歌的普遍流弊的要害。他关于“兴趣”、“入神”、“妙悟”的见解，则显然是对司空图审美中心文学观的继承和发展。

金代文学理论和批评成就不大，值得一提的是杰出的现实主义诗人和诗歌理论家元好问。他的《论诗绝句三十首》

受杜甫《戏为六绝句》的影响，对建安以来的诗歌作了比较系统的论述，表明了他的主张。

元代在戏曲方面取得了很大的成就，但在文学理论和批评方面成就不大。

第一节　欧阳修的文学主张

[说明]

欧阳修（1007—1072），字永叔，号醉翁，晚号六一居士，庐陵（今江西吉安）人。欧阳修是宋代诗文革新运动的领袖。唐代文学的优良传统，在宋初时期，却实际上处于一种中断的情况。诗歌方面，李白、杜甫并不受推崇，注重的却是雕琢苦僻的贾岛诗；散文方面，韩愈、柳宗元的作品几乎流失和汩没，浮丽的骈偶之文又统治了文坛。宋代诗文革新运动就是在这种情形下开展起来，其先驱者是柳开、穆脩、石介和王禹偁等人，后来者有苏舜钦和梅尧臣，而贡献最大的堪称欧阳修。欧阳修坚决反对“西崑体”的诗词和骈偶的时文。宋仁宗嘉祐二年（1057）欧阳修作了知贡举后，曾利用行政手段严格禁止考试用华而不实的骈文，而改用平实朴素的古文。此举，在宋代改革散文形式体制方面，起了重要的作用。欧阳修的古文理论较集中地体现在其《答吴充秀才书》中。

在此文中，欧阳修首先提出，在文与道的关系上，主张重道以充文，他较好地论说了文与道的关系，重道而不废文。他继承和发展了孔子的“有德者必有言”和韩愈的“仁义之人，其言蔼如”。他认为，要使文章做到“工”的境地，所谓“纵横高下皆如意者”，就必须和“道”相联系。学文必先学道，如果仅仅从文本身着眼，而不注重“道”的修养和提高，则“愈力愈勤而愈不至”，因为“道未足而强言”，是怎么也写不出好文章的，这表明他首先是重“道”的。他认为道是本、文是末。但是，他还认为，并不是“道足”就自然会写出好文章，作文本身还有一个难易工拙的问题。他认为，文是“难工”的，需要不断地学习和提高。欧阳修对文与道的联系和区别作了比较精辟的分析。这对宋代道学家重道轻文、甚至认为作文害道的看法，不啻是一种反驳。

其次，欧阳修论文而推原于道，论学道而归于关心现实生活中的“百事”，指明文学是不可能脱离现实的。这里，欧阳修对于“道”的理解显然不同于理学家们所说的“道”。在宋代理学家那里，“道”是与现实无关的心性的空谈。欧阳修批评了那些学“道”而溺于文的文士们，认为他们之所以学“道”不能至，就在于他们脱离了现实的社会生活，就在于他们“弃百事不关于心”，还说什么“吾文士也，职于文而已”。由此可见，欧阳修所说的“道”，是有其具体内容的，这就是现实生活中的“百事”，或者说，关心现实生活中的“百事”，“道”就在其中了。这就给文士们指出了关心现实社会的必要性，也说明文学是不能脱离现实的，远离现实生活，对现实生活没有热情的人，是不可能得到“道”的，因而也不可能写出好作品。因此，此文虽然论述的是文与道的关系，但它的实质却已初步接触到了文学和现实的关系问题。

在诗歌理论上，欧阳修继承韩愈“不平则鸣”之说，提出了“诗穷而后工”的观点，他的《六一诗话》，开创了诗话的体裁，促进了诗歌理论的发展。欧阳修在《梅圣俞诗集序》中说，一些仁人志士，心有所蕴，但是又不能施行和叙说出来，于是他们就游荡于山水之间；久之，心中的忧思感愤越积越多，然后就作文怨刺，“写人情之难言”，“盖愈穷而愈工。然则非诗之能穷人，殆穷者而后工也。”《六一诗话》，原名《诗话》，后人为了避免与其他诗话混淆，遂改称《六一诗话》。其中共二十八则，主要论诗，兼记本事，对西昆体多有批评。这是现存最早的一部诗话，它标志着以诗话评诗的新形式的产生，具有开创之功。

[原文]

答吴充[1]秀才书

欧阳修

修顿首白[2]，先辈吴君足下：前辱示书及文三篇，发[3]而读之，浩乎若千万言之多、及少定[4]而视焉，才数百言尔，非夫辞丰意雄，霈然[5]有不可御之势，何以至此！然犹自患伥伥[6]莫有开之使前者，此好学之谦言也。

修材不足用于时，仕不足荣于世，其[7]毁誉不足轻重，气力不足动人。世之欲假[8]誉以为重，借力而后进者，奚[9]取于修焉！先辈学精文雄，其施于时，又非待修誉而为重，力而后进者也。然而惠然见临[10]若有所责[11]，得非急于谋道，不择其人而问焉者欤？

夫学者，未始不为道，而至者鲜焉[12]。非道之于人远也，学者有所溺[13]焉尔。盖文之为言，难工而可喜，易悦而自足[14]。世之学者，往往溺之，一有工焉，则曰，吾学足矣。甚者至弃百事不关于心，曰：吾文士也，职于文而已。此其所以至之鲜也[15]。

昔孔子老而归鲁，六经之作，数年倾尔。然读《易》者如无《春秋》，读《书》者如无《诗》[16]，何其用功少而至于至也。圣人之文，虽不可及，然大抵道胜者，文不难而自至也。故孟子皇皇不暇著书，荀卿[17]盖亦晚而有作。若子云、仲淹方勉焉以模言语，此道未足而强言者也[18]。后之惑[19]者，徒见前世之文传，以为学者文而已，故愈力愈勤而愈不至。此足下所谓"终日不出于轩序[20]，不能纵横高下皆如意"者，道未足也！若道之充焉，虽行乎天地，入于渊泉，无不之[21]也。

先辈之文，浩乎霈然，可谓善矣。而又志于为道，犹自以为未广，若不止焉，孟、荀可至[22]而不难也。修学道而不至者，然幸不甘于所悦而溺于所止，因吾子[23]之能不自止，又以励修之少进[24]焉，幸甚幸甚。修白。

[注释]

[1] 吴充：（1021—1080），字冲卿，建州浦城人。

[2] 修顿首白：修，即欧阳修。顿首，原指叩头，这里是谦敬辞。白，奉告。

[3] 发：拆信。

[4] 少定：少，同稍。稍稍安定下来。

[5] 霈然：同沛然，充足盛大貌。

[6] 伥伥：迷然不知所措貌。

[7] 其：我的，指欧阳修。

[8] 假：借助。

[9] 奚：何必。

[10] 惠然见临：寄书信和文章给我。

[11] 责：一作“求”。

[12] 夫学者三句：未始，未尝。至，到达。鲜，少。

[13] 溺（nì）：沉迷不悟。

[14] 盖文之为言三句：其大意为，文章的语言文字方面，虽然难于精当工巧，但是容易使人快悦和自足。

[15] 此其所以至之鲜也：这就是真正达到道的人很少的原因了。

[16] 然读《易》者二句：李翊《答朱载言书》：“创意造言，皆不相师。故其读《春秋》也，如未尝有《诗》也；其读《诗》也，如未尝有《易》也；其读《易》也，如未尝有《书》也；其读屈原、庄周也，如未尝有六经也。”此为欧阳修语之所本。又欧阳修《与乐秀才第一书》云：“古之学者非一家，其为道虽同，言语文章，未尝相似”亦即是此意。

[17] 荀卿，指荀子（前313—238），名况，是战国时期著名的思想家。

[18] 若子云、仲淹二句：子云，扬雄字，仲淹，隋末王通字。扬雄《太玄经》模仿《易》，《法言》模仿《论语》；王通《元经》（已佚）模仿《春秋》，《中说》模仿《论语》。所以本文说他们二人“勉焉以模言语”，即鹦鹉学舌之意。他们二人就是内在的道不充足而勉强作文。并以此对照上文所列的孔子、孟子和荀子等，这些人才是“道胜者文不难而自至也。”

[19] 惑：迷惑糊涂。

[20] 轩序：轩，窗户、门，这里指屋子；序，东西厢，在中堂的

两旁。总指在房屋里。

[21] 之：动词，到。

[22] 孟、荀可至：达到孟子、荀子的程度。

[23] 吾子：指吴充。

[24] 少进：有些长进。

第二节　王安石的文学主张

[说明]

王安石（1021—1086），字介甫，抚州临川（今江西临川）人。王安石是北宋杰出的政治家和著名的文学家。中国古代文论史上，有属于哲学家的文学主张，有属于美学家的文学主张，还有属于政治家的文学主张，王安石则是政治家文学主张的代表者。他曾两次为相，全力推行变革政治的新法，而在他看来，文学也该是变法的手段之一。他的文学主张比较集中地体现在其《上人书》中，文中阐释了两个重要的理论问题。

首先，他提出文章的社会作用问题，强调文章直接为礼教政治服务。王安石认为，文学必须以“适用为本”，“有补于世”。这和宋初古文运动的理论家们要求文学要切近现实生活是有明显区别的。在王安石这里，是要求为文要为变法的政治运动服务，为“礼教治政”服务，甚至为“治教政令”服务，表现出狭隘的政治功利的要求。正因为如此，他批评韩愈、柳宗元的诗文革新运动不过是要求文章写得好而已。

王安石也很强调“文贯乎道”，但他和宋代道学家们只是表面的一致，道学家们所称“文以载道”的“道”是一种“道统”或心性之“道”。而在王安石看来，这“道”就是“礼教治政”，就是变法的各项“治教政令”。总的说来，他对文学的如何发挥辅时及物、利世利民的思想是缺乏正确理解的。

其次，他主张以内容为主，同时也不忽视形式的价值，辩证地论述了内容和形式的关系。王安石常常把“文”和“辞”作为两个不同的概念区别开来：所谓“文”，就是“作文的本意”，也就是内容要“有补于世”，所谓“辞”，就是“犹器之有刻镂绘画也”，也就是装饰的形式。由此可见，他是强调作品内容的重要性的。他认为，孔子所说的“言之不文，行之不远”，也只是说“辞”是不可取消的，但这绝不是“圣人作文之本意”。而且，就“器”和器上的装饰花纹来比较，重要的也是“器”本身的适用性，“不适用，非所以为器也”。王安石强调内容的重要性，也看到了在这个前提下形式美的重要性。他认为“辞”毕竟是不可以取消的，而且“器”“以刻镂绘画为之容”也是必要的。只不过有个主次先后，形式美是不能取消的，只是不要把它摆在第一位就对了。

[原文]

上人书

王安石

尝谓文者，礼教治政云尔，其书诸策[1]而传之人，大体归然[2]而已。而曰："言之不文，行之不远"[3]云者，徒[4]谓辞之不可以已[5]也，非圣人作文之本意也[6]。

自孔子之死久，韩子[7]作，望圣人[8]于百千年中，卓然[9]也。然子厚[10]名与韩并，子厚非韩比也，然其文卒[11]配[12]韩以传，亦豪杰可畏者也。韩子尝[13]语人以文[14]矣，曰云云；子厚亦曰云云；疑二子者，徒语人以其辞[15]耳，作文之本意[16]，不如是其已也[17]。

孟子曰："君子欲其自得之也，自得之则居之安，居之安则资之深，资之深则取诸左右逢其原。"[18]孟子云尔[19]，非直施[20]于文而已，然亦可托[21]以为作文之本意。

且所谓文者，务为有补于世而已矣；所谓辞者，犹器之有刻镂绘画也[22]。诚使[23]巧且华，不必适用；诚使适用，亦不必巧且华。要[24]之以适用为本，以刻镂绘画为之容[25]而已。不适用，非所以为器也，不为之容，其亦若是乎？否也。然容亦未可已[26]也，勿先[27]之其可也。

某[28]学文久，数挟此说以自治，始欲书之策而传之人，其试于事[29]者，则有待矣。其为是非邪？未能自定也。执[30]者，正人也，不阿[31]其所好者。书杂文十篇献左右，愿赐之教，使之是非有定焉。

[注释]

[1] 策：成编的竹简。

[2] 归然：然，如此，指上文所说的"礼教治政"。归然，即归之于礼教治政。

[3] 言之不文二句，见《左传·襄公二十五年》引孔子语。原文为"言之无文，行而不远"。

[4] 徒：只是，仅仅。

[5] 已：完结。这里指取消。

[6] 此段中出现的几个“文”，其含意不同。“尝谓文者”的“文”，是指文章；“言之不文”的“文”，是指文采、言辞；“圣人作文”的“文”，又是指文章。

[7] 韩子：指唐代著名文学家、古文运动的旗手韩愈。

[8] 圣人：指孔子。

[9] 卓然：杰出貌。

[10] 子厚：指唐代著名文学家、古文运动的中坚柳宗元，字子厚。

[11] 卒：通“足”，足以。

[12] 配：匹配、相称。

[13] 尝：曾经。

[14] 语人以文：给人说文章。

[15] 徒语人以其辞：意为，仅仅给别人说作文的“辞”（而不是“本意”）。

[16] 本意：即上文说的“礼教治政”。

[17] 不如是其已也：是，这样，指上句所说的“辞”，其大意为：作文的本意，并不像韩愈所给人讲的只是“辞”而已。

[18] 君子四句：见《孟子·离娄下》。原文首句原作“君子深造之以道，欲其自得之也。”王安石引文有所删节。

[19] 孟子之云尔：孟子所说的。

[20] 施：针对。

[21] 托：付委，假托。

[22] 且所谓文者四句：且，再说。务，务必。犹，比如。器，器具。其意是讲文章的内容和形式的关系。这里“文”和“辞”相对，“文”指内容，犹如于世有用的“器”；“辞”指形式，犹如“器”上面镂画

的装饰。

[23] 诚使：如若（追求）。

[24] 要：关键，重要。

[25] 容：容貌，这里指形式美。

[26] 已：停止，这里指取消。

[27] 先：放在第一位。

[28] 某：自己，即王安石。

[29] 事：从事，做。

[30] 执：执行，施行。

[31] 阿（ē）：偏袒，迎合。

第三节　苏轼的《答谢民师书》

[说明]

苏轼（1036—1101 年），字子瞻，别号东坡居士，眉山（今四川眉山县）人。谢民师，名举廉，新淦（今江西新干）人。这篇文章是元符三年（1100 年）十一月苏轼从海南遇赦北归，遇到“袖书及旧作遮谒”的谢民师，苏赞谢，并写下此文的。苏东坡论文，显然不同于宋代理学家论文，也不同于作为政治家的王安石论文，甚至也不同于古文运动领袖欧阳修论文；这些文论家或从礼教出发，或从治政出发，或从文道关系出发论文，而苏东坡则从艺术创造、从审美情趣出发论文，所以，苏东坡的文学理论思想在当时是别具一格的，在中国古代文论史上也是不可多得的。他的文论思想对于中国古代文学（特别是散文）的成熟和独立，对于文学独特规律的发现和把握作出了很大的贡献。他自身是北宋著名文学家、书画家，是唐宋八大古文家之一，他的《答谢民师书》是其晚年的一篇重要文论，集中论述了他关于文学散文的基本观点和主张。

此文首先显示了苏轼论文崇尚自然，提出了“文理自然，姿态横生”的审美要求。基于此，他十分鄙视矫揉造作，也反对拘泥形式。苏轼并不以孔孟之道为道，他认为一物有一物之道。所以在文学创作上，他是离经叛道者，他认为，“观万物之变，尽其自然之理”才是文学的本分，并以此为标准，“虽古之所谓贤人之说，亦有所不取”（《上曾丞相书》）。他追求老庄提倡的自然、自由，讲究浑然天成，反对封建意识形态对文学的种种束缚，主张作文应该有充分的表达自由，打破一切格套，不拘守任何成规法度。所谓“吾文如万斛泉源，不择地而出，在平地滔滔汩汩，虽一日千里无难。及其与山石曲折，随物赋形而不可知也”（《文说》），其实就是本文中所谓“如行云流水，初无定质”的意思。自由地表达，就是“常行于所当行，常止于不可不止，文理自然，姿态横生”。由于崇尚自然，他反对尚奇猎险。他认为古文运动在反对六朝文风的同时，又造成了一种“新弊”，由反对华而不实走到了佶屈聱牙、毫无文采：“求深者或至于迂，务奇者怪僻而不可读。（六朝）余风未殄，（古文运动）新弊复作”（《上欧阳内翰书》），这也是一种矫揉造作。他尖锐地批评了扬雄，说他惯于以艰深的语言来表达浅显的内容，他还批评扬雄的《太玄》、《法言》诸作一字一句模经范圣，是真正的雕虫篆刻。这同欧阳修指责扬雄、王通“勉焉以模言语”（《答吴充秀才书》）是相似的。苏轼认为，问题不在于文学体裁是古文体还是辞赋体，正如屈原、贾谊的辞赋，形式上显然与《诗经》不一样，却同样有着不朽的的价值。

其次，苏轼对孔子的“辞达”说作了新的解释，强调文章要充分表达作者的思想和客观事物的特征。他要求作者第一要对所描写的事物有充分的认识，做到“了然于心”，第二要有高度的艺术表现能力，“了然于口与手”。在通常的理解中，“言而不文，行而不远”是重文，即强调“辞”——表现形式的重要性；“辞达而已”是重质，即表现着一种重质轻文的倾向。后来一些人，特别是宋代的道学家却片面强调“辞达而已”，借以抹杀文学的特征。苏轼却对孔子这两句互相矛盾的话，按照自己的体会，作了新的解释和发挥。他把“辞达”解释为达物之妙，这就是很高的艺术境界和要求了。苏轼认为，要达到这种“辞达”，第一步是要“求物之妙”，“使是物了然于心”，做到这一步是极不容易的，在千万人中也难碰到一个。这也就是《筼筜偃竹记》所说的“故画竹必先得成竹于胸中”。在此基础上，作家还必须具有高度的表现能力和艺术技巧，把这些“了然于心”的东西恰当地表现出来。他认为，这种“了然于口与手”的“达物之妙”的能力，比“了然于心”更不容易做到。这种对艺术手段的重视在中国古代文论史上是少有的。总之，只有既做到了“了然于心”，同时又做到了“了然于口与手”，才能真正称得上“辞达”。很明显，这根本就不是孔子原话的本意，是苏轼“创造性的误解”的结果。

[原文]

答谢民师书

苏　轼

近奉违，亟辱问讯，具审起居佳胜，感慰深矣[1]。

某受性刚简[2]，学迂材下，坐废累年[3]，不敢复齿缙绅[4]。自还海北[5]，见平生亲旧，惘然如隔世人，况与左右无一日之雅[6]，而敢求交乎？数赐见临，倾盖如故[7]，幸甚过望，不可言也[8]。

所示书教及诗赋杂文，观之熟矣。大略如行云流水，初无定质[9]，但常行于所当行，常止于所不可不止，文理自然，姿态横生[10]。孔子曰："言之不文，行而不远。"[11]又曰："辞达而已矣。"[12]夫言止于达意，即疑若不文，是大不然[13]。求物之妙，如系风捕影，能使是物了然于心者，盖千万人而不一遇也[14]，而况能使了然于口与手者乎？[15]是之谓辞达。辞至于能达，则文不可胜用矣！[16]

扬雄好为艰深之辞，以文浅易之说，若正言之，则人人知之矣[17]。此正所谓"雕虫篆刻"者[18]。其《太玄》、《法言》，皆是类也[19]，而独悔于赋[20]。何哉？终身雕篆，而独变其音节[21]，便谓之经，可乎？屈原作《离骚经》，盖风、雅之再变者，虽与日月争光可也[22]，可以其似赋而谓之雕虫乎？使贾谊见孔子，升堂有余矣[23]，而乃以赋鄙之，至与司马相如同科[24]。雄之陋如此比者甚众，"可与知者道，难与俗人言也”。因论文偶及之耳。[25]

欧阳文忠公言：“文章如精金美玉，市有定价，非人所能以口舌定贵贱也。”[26]纷纷多言，岂能有益于左右？愧悚不已[27]。

所须惠力法雨堂字[28]，轼本不善作大字，强作终不佳；又舟中局迫难写，未能如数[29]。然轼方过临江，当往游焉[30]。或僧有所欲记录，当为作数句留院中，慰左右念亲之意[31]。

今日至峡山诗[32]，少留即去。逾远，惟万万以时自爱[33]。

[注释]

[1] 近奉违四句：奉违，指离别。亟，屡次。具，备。审，了解。其意为：分别以后，数次承你问候，关心日常生活，深表感谢。

[2] 受性：秉性。刚简，刚强，指待人简慢。

[3] 坐废：指遭贬。累年，多年。

[4] 齿：并列。缙绅：士大夫。

[5] 还海北：指从儋耳（今海南省儋县）渡南海北还。

[6] 惘然：失意貌。左右，对谢民师的敬称。雅，交往。

[7] 数赐见临：几次蒙你来看望。倾盖如故，两个车子在中途相遇。车盖因停车而倾斜，故以倾盖指偶尔相遇的新友。意思是，偶尔相遇虽是新交，却如同旧朋友一样。

[8] 幸甚过望二句：其意为，喜出望外，不是用语言表达得了的。

[9] 初，本。质，形体，形式。

[10] 横，放纵、恣肆。横生，变化多姿。

[11] 见《左传·襄公二十五年》引孔子语：“言之无文，行而不远。”

[12] 见《论语·卫灵公》。

[13] 即疑若不文：就怀疑好像不是追求艺术技巧。是大不然，这很不对。

[14] 这句话说，在千万人中却没有碰到一个。

[15] 这句话说，何况能使语言和文字表达得清清楚楚的呢。

[16] 不可胜用：其意为，有剩余，用不尽。

[17] 扬雄好为四句：扬雄，字子云，西汉末的辞赋家。文（wèn），掩饰。正言之，指直接说出来。

[18] 雕虫篆刻：雕绘虫书，篆写刻符。虫书和刻符是秦朝八种字体的两种，是童子学习的，扬雄《法言·吾子》："或问吾子少而好赋？曰：然。童子雕虫篆刻。俄而曰：壮夫不为也。"

[19] 《太玄》、《法言》，都是扬雄所作。《汉书·扬雄传》说："其意欲文章成名于后世，以为经典大于《易》，故作《太玄》；传莫大于《论语》，故作《法言》。"其意为《大玄》《法言》就是雕虫篆刻之类的东西。

[20] 独悔于赋：指扬堆说的"壮夫不为"的赋。

[21] 变其音节：扬雄作《大玄》《法言》，模仿《易经》、《论语》并自比于经，其实只是句法上跟他的赋有所不同。

[22] 屈原作《离骚经》三句：《离骚》汉代人称之为《离骚经》（见王逸《楚辞章句》)。《史记·屈原列传》称《离骚》"推此志也，虽与日月争光可也"。《离骚》抒写忧国忧民的思想情感，是变风、变雅的发展。所以苏轼称它是《风》《雅》之再度。

[23] 使贾谊见孔子二句：《法言·吾子》："如孔氏之门用赋也，则贾谊升堂相如入室矣；如其不用何！"升堂和入室比喻学问达到的两种境界。苏轼这里反用扬雄的话，意思说，如若贾谊做孔子的学生，他的道德学问本可以超过升堂达到入室的境界。

[24] 而仍以赋二句：鄙，看不起。扬雄看不起赋，认为贾谊算升

堂，司马相如算入室，却把有政治抱负的贾谊看成与专长辞赋的司马相如同类。逻辑也是混乱的。同科，列为一类。

[25] 雄之陋四句：比，类。及，涉。

[26] 欧阳文忠公言四句；欧阳文忠，即欧阳修。欧阳修《苏氏文集序》说："斯文，金玉也。"苏轼《答毛滂书》曾发挥欧阳修的见解："文章如金玉，各有定价，先后进相汲引，因其言以信于世，则有之矣。到其品目高下，盖付之众口，决非一夫能抑扬。"

[27] 愧悚（sǒng）：惭愧恐惧。

[28] 惠力寺和尚托谢民师向苏轼求字。法雨堂，寺中殿堂名。

[29] 轼本不善作大字四句：局迫，局促。如教，照你的嘱托办。

[30] 然轼方过临江二句：方，将。临江，宋置临江郡，在今江西清江县。当往游焉，指当往游惠力寺。

[31] 慰左右念亲之意：安慰你追慕先人的心意。

[32] 峡山寺：即广庆寺，又名飞来寺。

[33] 愈远：指彼此相距越来越远。自爱，自己保重。

第四节　黄庭坚的《答洪驹父书》

[说明]

黄庭坚（1045—1105），字鲁直，号山谷，又名涪翁，洪州分宁（今江西修水）人。洪驹父，洪刍，字驹父，豫章（今江西南昌）人，他是黄庭坚的外甥。北宋后期，在文学理论批评上占主导地位的是和苏轼有关的一群作家。黄庭坚的诗歌创作颇得苏轼赏识，他与秦观、张耒、晁补之同被称为"苏门四学士”。

黄庭坚是江西诗派的始祖。当时政治环境非常残酷，文字狱异常恐怖，以文章和诗获罪者层出不穷，这使黄庭坚走上了明哲保身的道路。这使他的文论一方面走上了形式主义的歧路，另一方面则非常重视文学的表达艺术，成了专门的诗论家。正是基于这种立场和观点，他反对以文学来作“谏诤”和“怒骂”的手段。他认为，诗“非强谏诤于庭，怨忿诟于道，怒邻骂座之为也”（《书王知载〈朐山杂咏〉后》）。他认为，这种“谏”“骂”都不是作为艺术之一的“诗”的本旨，所以，因讪谤的诗而遭祸，“是失诗之旨，非诗之过也。”而“诗之旨”在于“诗之美”。他因此说苏轼的创作：“东坡文章妙天下，其短处在好骂人”。黄庭坚虽然也批评过苏轼，但他确实是沿着苏轼认为更为重要的“了然于口与手”的道路走了下去，当然是走到了完全放弃“了然于心”的极端。

杜甫、韩愈在北宋特别受到文人们的重视，杜甫的“读书破万卷，下笔如有神”，以及韩愈的“沉浸醲郁，含英咀华，作为文章，其书满家”，成了江西诗派及黄庭坚写诗作文的法宝。他不管“写什么”的问题，只管“怎样写”的问题，而解决“怎样写”的问题，就是努力向前辈著名作家学习，多读书、细读书。这样，他的诗论就成了诗的技巧论。他之所以如此，除了以上的原因外，还有就是他反对王安石把文学视为“政治法令”的传声筒，他公然宣称“文章最为儒者末事”，是最不重要的东西。因此，他也招来了历代的很多批评。

黄庭坚的《答洪驹文书》比较集中地反映出他的诗论主张，黄氏论诗的重要主张之一，是多读书，学习前人的法度。这种主张在一定程度上反映了学诗的必然过程，对初学者来说尤其重要。但黄氏强调很过分。他主张“以故为新”，所谓“效古人陈言”、“点铁成金”、“夺胎换骨”，未免重流轻源，掉书袋，蹈袭前人。他认为，学诗就是学习做诗的方法和技巧，即学习“作文章斧斤”，从大的方面说，学诗就是学习如何“以欲为雅，以故为新”。这种化俗为雅、化故为新的方法，本来是出自于苏轼的，苏轼在《题柳子厚诗》中曾说：“诗要有为而作，用事当以故为新，以俗为雅；好奇务新，乃诗之病。”黄庭坚显然过分强调了作家的深博的文化修养和精湛的艺术技巧在文学创作中的意义，而完全忽视了生活的积累和对生活的洞察。沿着这条思路发展下去，他认为，具体地说来，学诗就是学习在语言上如何“点铁成金”，在内容上如何“夺胎换骨”。所谓“点铁成金”，就是巧妙运用前人作品中的佳句善字，放在自己的作品中，这样，那些佳句善字就会像灵丹一样，使自己的作品由铁被点化为金子，所谓“夺胎换骨”。就是取前人的艺术构思，变化后为自己所用；还有就是取前人诗句意弱者，略加更动以增强其气骨。

黄庭坚在此文中强调最多、影响最大的是在语言形式与写作技巧方面，他重视用字造句，强调“自作语最难”，认为作文当“无一字无来处”。这种主张是以借鉴代替创造，以因袭拼凑代替推陈出新，带有片面追求形式的倾向，因而遭到后人的指责。

黄庭坚在此文中表面上有一个矛盾的说法，在第二段中说，洪驹父的诗文好是好，“但少古人绳墨”，而在最后一段又要求学古人“又不可守绳墨令俭陋也”。其实这两者：守绳墨和不守绳墨，在黄庭坚那里是统一的，两者表现了学诗的阶段性，即从循规蹈矩、谨守绳墨入手，最后达到不烦绳墨而自合的境地。这样的认识应当说是合理的。

[原文]

答洪驹父书

黄庭坚

驹父外甥教授[1]：别来三岁[2]，未尝不思念。闲居绝不与人事相接，故不能作书，虽晋城亦未曾作书也[3]。专人来，得手书，审在官不废讲学，眠食安胜，诸稚子长茂，慰喜无量[4]。

寄诗语意老重[5]，数过读，不能去手，继以叹息，少加意读书，古人不难到也[6]。诸文亦皆好，但少古人绳墨耳[7]。可更熟读司马子长、韩退之文章[8]。

凡作一文，皆须有宗有趣，始终关键，有开有阖[9]，如四渎[10]虽纳百川，或汇而为广泽，汪洋千里；要[11]自发源注海耳。

老夫绍圣以前，不知作文章斧斤，取旧所作读之，皆可笑[12]。绍圣以后，始知作文章，但以老病惰懒，不能下笔也。外甥勉之，为我雪耻。

《骂犬文》[13]虽雄奇，然不作可也。东坡文章妙天下，其短处在好骂[14]，慎勿袭其轨道也[15]。

甚恨不得相见，极论诗与文章之善病[16]，临书不能万一，千万强学自爱，少饮酒为佳。

所寄《释权》一篇，词笔从横[17]，极见日新之效。更须治经，深其渊源，乃可到古人耳[18]。青琐[19]祭文，语意甚工，但用字时有未安[20]处。自作语最难[21]，老杜作诗，退之作文，无一字无来处，盖后人读书少[22]，故谓韩、杜自作此语耳。古之能为文章者，真能陶冶万物[23]，虽取古人之陈言入于翰墨[24]，如灵丹一粒，点铁成金[25]也。

文章最为儒者末事[26]，然索[27]学之，又不可不知其曲折，幸熟思之。至于推之使高[28]，如泰山之崇崛[29]，如垂天之云[30]；作[31]之使雄壮，如沧江[32]八月之涛，海运[33]吞舟之鱼，又不可守绳墨令俭陋也[33]。

[注释]

[1] 教授：官职名，宋时州、县均设该职，掌管学校考试等事，位居提督学使司之下。

[2] 别来三岁：分别三年之意。是指宋徽宗建中靖国元年（1101），黄庭坚在鄂州，与洪刍等相会，至崇宁二年（1103）写此书信时，将近三年（当时黄庭坚仍在鄂州，时年五十九岁）。

[3] 闲居绝不三句：闲居，指黄庭坚晚年曾两次被贬谪后的生活境况。人事，指社会上的各种外事。晋：同“进”，指入城后。作书，指写书信。

[4] 专人来六句：手书，亲笔信。审，详知明悉。在官，指洪刍任教授官职。安胜，安适。长茂，即长得健壮。

[5] 老重（zhòng），古朴庄重，指洪刍寄来的诗含意深沉。

[6] 数过读五句：数过读，读过几遍，去手，释手、放手。叹息，感触。少，即稍稍。古人不难到，古人写作上的境界不难达到。

[7] 诸文亦皆好二句：绳墨，（文章的）规矩、法度。黄庭坚《与王庠周彦书》：“所寄诗文，反复读之，如对谈笑也。意所主张，甚近

古人，但其波澜枝叶不若古人尔。”又《跋书柳子厚诗》：“予友生王观復作诗有古人态度。虽气格已超俗，但未能从容中玉佩之音、左准绳、右规矩尔。意者读书未破万卷，观古人之文章未能尽得其规摹……”都是主张熟读前代作家作品以求合古人规矩绳墨。可与本文所论相参照。

[8] 司马子长，即司马迁，子长是其字。韩退之，即韩愈，退之是其字。

[9] 凡作一文四句：宗，宗旨。趣，趣向，本文所指宗趣，意义相当于作品的主题。终始，就作品的意义言，指来龙去脉。就作品的形式言，指头尾结构。关键，指文章的重点。黄庭坚于诗文，讲求布置法度。胡仔《苕溪渔隐丛话·前集》引其言：“每作一篇，先立大意，长篇须曲折三致意，乃可成章。”又引范温《潜溪诗眼》载其言：“文章必谨布置”，并谓每见后学，多告以《原道》命意曲折云云，都可与古文所论相参照。

[10] 四渎（dú），古谓江（长江），河（黄河），淮（淮河）、济（济水）为四渎。“四渎者，发源注海者也。”（《尔雅·释水》）

[11] 要：总是，总要。

[12] 老夫绍圣以前四句：老夫，长辈对晚辈的自称，即黄庭坚自己。绍圣，宋哲宗年号，自公元1094年至1097年。绍圣二年黄庭坚五十一岁谪黔州。绍圣以前，谓在谪黔州以前。下文“绍圣以后”，则是谓谪黔州以后。斧斤，喻作诗文的方法技巧。王构《修辞鉴衡》引《名贤诗话》：“黄鲁直自黔南归，诗变前体，且云：‘须要唐律中作活计，乃可言涝，以少陵渊蓄云萃，变态百出。虽数十百韵，格律益严，盖操制诗家法度如此。’”胡仔《苕溪渔隐丛话·后集》：“余读豫章先生传赞云：‘山谷自黔州以后，句法尤高，笔势放纵，实天下之奇作。’”都可与此文所言参证。

[13] 《骂犬文》：洪刍所寄文章之篇名。

[14] 东坡文章二句：黄庭坚认为，诗自有“诗之美”，“诗之旨”绝不在骂人。苏轼于元祐时曾起草《贬吕惠卿制》一文，怒骂吕惠卿，苏轼由此被弹劾，几遭大祸，这是当时著名事件，黄庭坚的“好骂”之说，大约指此。又黄庭坚《书王知载〈朐山杂咏〉后》说：“诗者，人之情性也。非强谏争于廷、怨忿诟以道，怒邻骂坐之为也。”论旨与此相同。

[15] 袭其轨：蹈其的辙。

[16] 极论诗与文章之善病：极、充分。善，长处。病，短处。其意为，充分讨论诗文写作的长处和短处。

[17] 从横：同纵横。

[18] 更须治经三句：治经，钻研经书。黄庭坚《与秦少章帖》：“文章虽未学，要须茂其根本，探其渊源。”又《与徐师川书》：“其未至者，探经术未深。”又《大雅堂记》：“夫无意而意已至，非广之以《国风》《雅颂》，深之以《离骚》《九歌》，安能咀嚼其意味，闯然入其门耶？”都与本文所论相似。

[19] 青琐：疑是指《青琐高议》的作者刘斧。

[20] 未安：指用字词不妥帖，不恰当。

[21] 自作语最难：毫无依傍地独自创造新的词句是最困难的。

[22] 老杜作诗四句：老杜，指杜甫。退之，指韩愈，字退之。盖后人读书少，黄庭坚强调写作要多读前人的作品，方能语语有根。这里是感慨后人读书甚少，修养欠佳。

[23] 陶冶万物：谓熔炼万物于胸中加以改造。

[24] 翰墨：笔墨，指作品。

[25] 点铁成金：这里借喻为化腐朽为神奇的意思。即指巧用古人的佳句善字，使自己的作品如被灵丹所点化而焕发出光彩。陆机《文

赋》谓“或袭故而弥新，或沿浊而更清”；皎然《诗式》也谓“偷语为最钝贼……其次偷意……其次偷势”，这些意见，可能为点铁成金和夺胎换骨说之所本。黄庭坚的这些说法在后世的影响颇大。

[26] 末事：非根本的、不重要韵事。

[27] 索：须、必须。

[28] 高：高大，超出一般。

[29] 崇崛：高大突起。

[30] 垂天之云：《庄子·逍遥游》：“鹏之背不知其几千里也，怒而飞，其翼若垂天之云。”这里极言其广大。

[31] 作：振作、振奋。

[32] 沧江：泛指大江。

[33] 海运：在海上运行。《庄子·逍遥游》：“是鸟也，海运则将徙于南冥。”

[34] 俭陋：拘束而狭小。

第五节　李清照的《论词》

[说明]

李清照（1084—1151？），自号易安居士，济南（今山东济南）人。李清照是宋代著名的女词人。词是产生于唐代中叶以后，成熟于宋代的一种新的文学形式。李清照的《论词》是宋代第一篇较有系统而有己见的词论，也是史载我国妇女的第一篇文学论著。

如果说诗是唐代审美特征和文学样式的代表，那么，词就是宋代审美特征和文字样式的代表。词的出现无疑是对中国古代传统文学观念的挑战。历来有“诗庄词媚”的说法，词在产生之时就被认为是“诗余”，有关社稷民生的东西人们常常用诗来表达，而在此之余，涉及私人情感时，人们就常常写词。词所写的大都是“心中事”、“眼中泪”、“意中人”，或者“云破月来花弄影”之类。词家秦观被人称为“山抹微云秦学士”，柳水被人称为“露花倒影柳屯田”。正是在这种情况下，李清照主张词“别是一家”，反对以诗为词、以文人词，强调词的音乐美和抒情性，这“别是一家”就在于词与诗不同。词与诗的关系问题在当时是个很敏感的问题，其根本在于：词脱离了儒家诗教的“原道、宗经、征圣”以及“经夫妇，成孝敬，厚人伦，善教化，移风俗”的传统道路。

李清照在《词论》中首先从词的特点出发，回顾了词的发展过程，说明词是与娱乐和音乐结合而产生的。因此，在她看来，晚唐、五代的词因为多“郑卫之声”、“亡国之音”，固不足取，但它们毕竟还是在词的范围之内；但宋代一些作家所写的词，虽不是“郑卫之声”，但却实在不是词，只是“皆句读不葺之诗耳”。诗与词在外部特征上的重要区别是词有很强的音乐性要求。她认为，“诗文”只分平侧（仄），而“词”却分“五音”、“五声”、“六律”、“清浊”、“轻重”，押韵的限制也很严。在这方面，她反对背离音律以诗为词，更反对以文入词，如若这样写词肯定会把人笑倒的。

基于这样的认识，李清照强调婉约为词之正宗，反对苏轼的豪放词风。苏轼是扬诗贬词的。他在《题张子野词》中写道：“子野诗笔老妙，歌词乃其余波耳”，不仅如此，他还痛惜“而世俗但称其歌词”。苏轼就主张把诗的格调风骨输入词中，以诗为词，特别提供以雄健的诗笔去写豪迈的壮词。苏轼的词在题材和思想内容方面扩大了词的表现范围，并打破了词在音律上的要求和规范。当时许多词家都不满苏轼的做法，认为“虽极天下之工，要非本色”（陈师道《后山诗话》），作为婉约派的李清照，对于苏轼的豪放派词的批评，也是从这一角度出发的。

李清照还提出了自己的词论主张：高雅、浑成、协乐、典重、铺叙、故实。如果说，李清照反对以诗以文为词，反对苏东坡的豪放词，是站在词的立场上进行着外部斗争，那么，李清照反对“郑卫之音”，反对鄙俗卑下的词，就是站在“好词”的立场上进行着内部斗争。一是高雅，反对“郑卫之声”、“词语尘下”；二是浑成，反对“破碎”，三是协乐，反对离谱；四是典重，反对贺方回“少典重”；五是铺叙，批评晏几道“若无铺叙”；六是故实，就是要用典，否则就像穷家美女，终少富贵态而显小家子气。这些主张都反映了李清照对词的要求和她的审美倾向。

李氏论词，揭示了词作为一种文学体裁的独特个性，这是她的贡献。但她对苏轼扩大词的题材范围和创造豪放风格加以指责，则表现了她的保守性；任何一种文学样式都有其自身的独特个性，否则它就失去了特有的审美价值。李清照强调词“别是一家”，试图从内容到形式都保持它自身的独立性，无疑是正确的；但是她忽略了这种独立性只是相对的，各种艺术样式之间必然要互相渗透，而走上了画地为牢自我孤立封闭的道路，则限制了词本身的活力。她的音韵理论基本上沿袭北宋词人的传统，认为婉约乃词之正宗，这种看法是保守的。以诗为词，以文入词，就音乐、歌曲来说也许是一种失落，但对文学却无疑是一种创新。

[原文]

词　论

李清照

乐府声诗并著，最盛于唐[1]。开元、天宝间，有李八郎者，能歌，擅天下[2]。时新及第进士，开宴曲江[3]，榜中之名士，先召李，使易服隐名姓，衣冠故敝，精神惨沮，与同之宴所[4]。曰："表弟愿与坐末。"众皆不顾。既酒行乐作，歌者进，时曹元谦、念奴为冠[5]。歌罢，众皆咨嗟[6]称赏。名士忽指李曰："请表弟歌。"众皆哂[7]，或有怒者。及转喉发声，歌一曲，众皆泣下，罗拜[8]曰："此李八郎也。"

自后郑、卫之声日炽，流靡之变日烦[9]。已有《菩萨蛮》、《春光好》、《莎鸡子》、《更漏子》、《浣溪沙》、《梦江南》、《渔父》[10]等词，不可遍举。

五代[11]干戈，四海瓜分豆剖，斯文道熄。独江南李氏君臣[12]尚文雅，故有"小楼吹彻玉笙寒"[13]、"吹皱一池春水"[14]之词。语虽奇甚，所谓亡国之音哀以思[15]者也。

逮至本朝，礼乐文武大备。又涵养百余年，始有柳屯田永者，变旧声作新声，出《乐章集》，大得声称于世[16]。虽协音律，而词语尘下[17]。又有张子野、宋子京兄弟，沈唐、元绛、晁次膺辈继出，虽时时有妙语，而破碎何足名家！[18]至晏元献、欧阳永叔、苏子瞻[19]，学际天人，作为小歌词，直如酌蠡水于大海，然皆句读不葺之诗尔[20]，又往往不协音律者。何耶？盖诗文分平侧，而歌词分五音，又分五声，又分六律，又分清浊轻重[21]。且如近世所谓《声声慢》、《雨中花》、《喜迁莺》，既押平声韵，又押入声韵；《玉楼春》本押平声韵，又押上去声，又押入声。本押仄声韵，如押上声则协，如押入声，则不可歌矣[22]。王介甫、曾子固文章似西汉，若作一小歌词，则人必绝倒，不可读也[23]。

乃知别是一家，知之者少。后晏叔原、贺方回、秦少游、黄鲁直[24]出，始能知之。又晏苦无铺述[25]；贺苦少典重[26]，秦即专主情致，而少故实[27]，譬如穷家美女，虽极妍丽丰逸，而始乏富贵态；黄即尚故实，而多疵病，譬如良玉有瑕，价自减半矣。

[注释]

[1] 乐府声诗二句：乐府，指入乐歌唱的词。声诗，指乐府以外入乐歌唱的五七言诗。著，显著、流行。

[2] 开元、大宝间四句：井元，唐玄宗年号，自公元 713 年至 741 年。天宝，唐玄宗年号，自公元 742 年至 756 年。李八郎，即杨衮，善歌，当时名动京师。唐代有斗声乐以较胜负的风气，如白行简《李娃传》记荣荥阳郑生参加长安东西市斗歌；段安节《乐府杂录》记贞元中段善本与康崑仑斗琵琶，都是先隐名易服，然后出奇制胜，与这里所说的李八郎故事相类。

[3] 时新及第二句：曲江，在唐代京城长安东南，是当时京郊著名的风景区，每届新及第进士照例在这里举行宴会，谓之曲江宴。

[4] 榜中之名士六句：易服，更换衣服。故敝，旧破。惨沮，苦愁萎沮貌。之宴所，到开宴场所。

[5] 曹元谦，不详。念奴，唐天宝时著名歌妓。元镇《连昌宫词》自注："念奴，夫宝中名倡，善歌。"冠。居首。

[6] 咨嗟（zi jiē）：叹息、赞叹。

[7] 哂（shěn）：讥笑。

[8] 罗拜：围着下拜。

[9] 自后郑卫之声二句：自后，指唐开元、天宝后。郑卫之声，指乱世亡国之音。炽，盛行貌。流靡之变，指香味浓艳之音。

[10] 《菩萨蛮》等：皆词调名。《菩萨蛮》，唐代教坊曲名。开元、天宝时从西南传入，后用为词调；《春光好》是唐玄宗制曲；《更漏子》因晚唐温庭筠此词中多咏更漏而得名；《浣溪沙》，唐教坊曲名，后用为词调；《梦江南》本名《谢秋娘》，李德裕制曲；《渔父》，唐张志和所作。诸调中仅《莎鸡子》今无词流传。

[11] 五代：即后梁、后唐、后晋、后汉、后周。这里泛指五代十国。

[12] 江南李氏君臣：指五代时南唐后主李璟、李煜父子及其臣子冯延巳，因李璟败于周世宗而改号江南国主，故称江南李氏。

[13] 小楼吹彻句：见李璟《摊破浣溪沙》。

[14] 吹皱一池句：见冯延巳传《谒金门》。当时南唐君臣都爱好作词。宋马令《南唐书》卷二十一《冯延巳传》记他们君臣间的一段故事："元宗（即李璟）乐府词云：'小楼吹彻玉笙寒'。延巳有'风乍起，吹皱一池春水'之句，皆为警策。元宗尝戏延巳曰：吹皱一池春水，干卿何事？'延巳曰：'未如陛下小楼吹彻玉笙寒也'，元宗悦。"

[15] 亡国之音哀以思：语出《礼记·乐记》。

[16] 始有柳屯田四句：柳屯田永：即柳永，北宋著名词人，官至屯田员外郎。变旧声作新声，指对唐以来旧曲加以改制，翻作新调，《乐章集》，柳永词集名。

[17] 尘下：鄙俗卑下。

[18] 又有张子野四句：张子野，张先，字子野，北宋词人，与柳永齐名。宋子京兄弟，宋子京即宋祁，字子京；其兄宋庠，字公序，均以辞赋高第，时称大小宋。沈唐，字公述，今存词作不多。元绛，字厚之，今存词作甚少。晁次膺，即晁端礼，字次膺。词有《闲斋琴趣外篇》六卷。破碎，即不浑成。

[19] 晏元献，即晏殊，字同叔，谥号元献，北宋初年重要词人。欧阳修、王安石都曾是其门下士。欧阳永叔，即欧阳修，字永叔。苏子瞻，即苏轼，字子瞻。

[20] 直如酌蠡水二句：直如，正如。蠡（lí离），用瓠做的瓢。酌蠡水于大海，在大海中取一瓢水。比喻是很容易的事。葺（qì器），修治。名读不葺之诗，即句子长短不整齐的诗。长短句本是词与诗在形式上的不同之点，李清照主张词“别是一家”，要求作词在内容和风格上也当别于诗。这句批评主要针对苏轼词而发。

[21] 盖诗文分平侧五句：平侧，即平仄。五音，指唇、齿、喉、舌、鼻五音。五声，指阴平、阳平、上、去、入五声。六律，阳六为律，即黄钟、太簇、姑洗、蕤宾、夷则、无射六律；阴六为吕，即大吕、应钟、南吕、林钟、仲吕、夹钟六吕；共十二律吕。

[22] 本押仄声韵四句：俞正燮《癸巳类稿·易安居士事辑》云：“谓本平可通侧（仄），不拘上去入；若本侧（仄）则上去入可相通。”

[23] 王介甫、曾子固四句：王介甫，即王安石，字介甫。曾子固，即曾巩，字子固。绝倒，这里是笑倒之意。前论苏轼词是谓不可以诗入词，这里是谓不可以文入词。

[24] 晏叔原：即晏几道，字叔原，晏殊之幼子。贺方回，即贺铸，字方回。秦少游，即秦观，字少游。黄鲁直，即黄庭坚，字鲁直。以上四人在当时都有词名。

[25] 铺述：即长调。晏之《小山词》都为小令，少作长调。故称其无铺述。

[26] 典重：即典雅持重。

[27] 故实：即用典故。

第六节　严羽的《沧浪诗话》

[说明]

严羽（生卒不详），字仪卿，一字丹丘，自号沧浪逋客，邵武（今属福建）人。在我国古代，文学理论著作有各种形式，宋代产生的诗话，就是一种重要形式。宋代的第一部诗话，是欧阳修的《六一诗话》，其宗旨是“以资闲谈”。这样，宋代诗话的共同内容就是，记叙古今诗人的轶事、有关诗人和诗坛的有助“闲谈”的细闻琐事，它们很少发表议论，特别是关于重大问题的议论、争辩。而严羽所著的《沧浪诗话》，在宋代众多的诗话中，成就最著，是一部较有系统的批评理论著作。这部诗话，总结汉魏以来五、七言诗之发展，揭示诗的宗旨，树立盛唐的榜样，以矫宋诗之弊：这就是其目的。全书由《诗辨》、《诗体》、《诗法》、《诗评》、《考证》五个部分组成，而其对于诗的基本见解，则主要体现在第一部分的《诗辨》中。所谓《诗辨》就是要辨明诗到底是什么，这是严羽所说的“诗之宗旨”所在。《诗辨》主要有三个方面的重要文学理论问题。

他在诗话中首先提倡“妙悟”说。他继承晚唐司空图的

“韵味”说，提倡“以禅喻诗”，“以悟论诗”，反对宋以来以文字、以议论、以才学为诗的倾向。他认为，诗道和禅道一样，都惟在妙悟，只有“悟”才符合诗的规律、艺术的规律，才“乃为当行，乃为本色”。

什么是“妙悟”呢？妙悟本是佛家语，就是敏慧善悟的意思，严羽借以喻诗。他认为“悟”“有浅深”，“有分限”，大致说来可以分成两种：一是“一知半解之悟”，一是“透彻之悟”，他所推崇的谢灵运及盛唐诸人的诗就达到了“透彻之悟”的境界。他举例说，孟浩然的学力比起韩愈来相距甚远，但孟浩然的诗却超过韩愈，其原因就在于孟浩然“妙悟故也”。由此可见，严羽所说“妙悟”，实际上讲的是一种艺术的直觉或直感，它像禅家的无意识体验和“实证实悟”一样，是不需要概念推理和意志执著的“顿悟”。而艺术作品正是这种直觉或直感的产物。所以，要认识这种妙悟的真谛，要获得这种妙悟的能力，就应熟读汉魏盛唐的作品，因为这些作品是不悟之悟（不假悟），是透彻之悟，是最上乘的艺术。

其次，严羽提倡“别材别趣”说。从妙悟出发，严羽又提出“诗”（艺术）与一般文章的区别之所在。在严羽之前，一些文学理论家也意识到文学艺术同一般文章有区别，但他们往往只是从体裁的角度去区分，反对以文为诗。严羽明确提出：“诗有别材，非关书也；诗有别趣，非关理也。”诗歌和文艺有着特别的思维方式，这里的思维方式不同于“书”“理”的思维方式。诗歌的思维方式是“形象思维”，而“书”“理”的思维方式是“逻辑思维”。严羽比较了重视形象思维的盛唐之诗和以文为诗、以议论为诗的宋诗，来论证自己的“别材别趣”说。显然，严羽的文学理论和批评接触到了文学艺术的内在特点和规律，这在文学理论的发展史上无疑是有重要意义的。严羽看到了艺术思维的特征，但他也并不一味反对读书穷理，他紧接着以上的话说："然非多读书，多穷理，则不能极其至"，他只是反对在诗中空谈道理、空发议论，反对在诗中大吊书袋，卖弄学问，反对把诗变成"语灵之押韵者。"

最后，严羽提倡"兴趣"说。从妙悟、从"别材别趣"，严羽最后把诗歌文艺归结为"兴趣"，什么是严羽所谓的"兴趣"呢？"兴趣"实质就是一种寄托在诗歌艺术形象之中的"情性"。严羽认为，诗歌的本质是"吟咏情性"的，所以他反对"涉理路"。当然，"情性"本身又不完全是"兴趣"。他所说的"兴趣"，不是赤裸裸的"情性"，而是一种可望而不可即，如水中月、镜中花那样的东西。它已经完全融进艺术形象之中而"羚羊挂角，无迹可求"。只可意会而不可言传的，即"不落言筌"的，用我们今天的话来说，就是语言是塑造形象的，形象是寄托思想感情的，"言"和"象"都是手段、工具，"意"才是最终的目的。严羽的"不落言筌"，实际上就是说通过语言塑造形象来表达"性情"，但这"性情"又融化于艺术形象之中，虽不可捉摸，却可以感悟。这便是"兴趣"，便是"言有尽而意无穷"。因此，严羽所说的"兴趣"和钟嵘的"滋味"以及司空图"不着一字，尽得风流"的"韵味"，差不多都是一样的东西。

综上所述，严羽的"妙悟"说、"别材""别趣"说、"兴趣"说，是很有系统的理论，他强调诗歌的形象性、情感性及其特殊的思维方式和表现方式，都是很富于美学价值的。严羽的诗论对提高诗歌创作的艺术水平，具有积极的意义。

但以禅喻诗显得迷离恍惚，给本来就有点抽象的诗论，增加了神秘的色彩，从而带来众多的争论。

[原文]

沧浪诗话·诗辨

严　羽

夫学诗者以识[1]为主：入门须正，立志须高；以汉、魏、晋、盛唐为师，不作开元、天宝[2]以下人物。若自生退屈[3]，即有下劣诗魔入其肺腑之间；由立志之不高也。行有未至，可加工力；路头一差，愈骛愈远；由入门之不正也。故曰：学其上，仅得其中；学其中，斯为下矣。又曰：见[4]过于师，仅堪传授；见与师齐，减师半德也。工夫须从上做下，不可从下做上。先须熟读《楚辞》，朝夕讽咏以为之本；及读《古诗十九首》，乐府四篇[5]，李陵、苏武、汉、魏五言毕须熟读，即以李、杜二集枕藉观之，如今人之治经，然后博取盛唐名家，酝酿胸中。久之自然悟入。虽学之不至，亦不失正路，此乃是从顶𩕳[6]上做来，谓之向上一路[7]，谓之直截根源[8]，谓之顿门[9]，谓之单刀直入[10]也。

诗之法有五：曰体制、曰格力、曰气象、曰兴趣、曰音节[11]。

诗之品有九：曰高、曰古、曰深、曰远、曰长、曰雄浑、曰飘逸、曰悲壮、曰凄婉[12]。其用工有三：曰起结、曰句法、曰字眼。其大概有二：曰优游不迫、曰沉着痛快。诗之极致有一：曰入神[13]。诗而入神，至矣，尽矣，蔑[14]以加矣！惟李、杜得之，他人得之盖寡也。

禅家者流，乘有小大[15]，宗在南北[16]，道有邪正[17]；学者须从最上乘，具正法眼[18]，悟第一义[19]。若声闻、辟支[20]果，皆非正也。论诗如论禅：汉、魏、晋与盛唐诗者，则第一义也，大历以还之诗[21]，则已落第二义矣。晚唐之时，则声闻、辟支果也。学汉、魏、晋与盛唐诗者，临济[22]下也。学大历以还之诗者，曹洞[23]下也。大抵禅道惟在妙悟，诗道亦在妙悟。且孟襄阳[24]学力下韩退之[25]远甚，而其诗独出退之之上者，一味妙悟而已。惟悟乃为当行，乃为本色。然悟的浅深，有分限，有透彻之悟，有但得一知半解之悟。汉、魏尚矣，不假悟也，谢灵运至盛唐诸公，透彻之悟也；他[26]虽在悟者，皆非第一义也。吾评之非僭[27]也，辩之非妄也，天下有可废之人，无可废之言。诗道如是也。若以为不然，则是见诗之不广，参诗之不熟耳。试取汉、魏之诗而熟参之，次取晋、宋之诗而熟参之，次取南北朝之诗而熟参之，次取沈、宋、王、杨、卢、骆、陈拾遗[28]之诗而熟参之，次取开元、天宝诸家之诗而熟参之，次独取李、杜二公之诗而熟参之。又取大历十才子[29]之诗而熟参之，又取元和[30]之诗而熟参之，又尽取晚唐诸家之诗而熟参之，又取本朝苏黄[31]以下诸家之诗而熟参之，其真是非自有不能隐者。倘犹于此而无见焉，见是野狐外道，蒙蔽其真识，不可救药，终不悟也。

夫诗有别材，非关书也；诗有别趣，非关理也。然非多读书，多穷理，则不能极其至。所谓不涉理路，不落言筌者，上也。诗者，吟咏情性也。盛唐诸人惟在兴趣，羚羊挂角，无迹可求[32]。故其妙处透彻玲珑，不可凑泊，如空中之音，相中之色，水中之月[33]，镜中之像，富有尽无意无穷。近代诸公乃作奇特解会[34]，遂以文字为诗，以才学为诗，以议论为诗。夫岂不工？终非古人之诗也。盖于一唱三叹之音，有所歉焉。且其作多务使事，不问兴致；用字必有来历，押韵必有出处，读之反覆终篇，不知着到何在。其末流甚者，叫噪怒张，殊乖忠厚之风，殆以骂詈为诗[35]，诗而至此，可谓一厄[36]也。然则近代之诗无取乎？曰：有之，吾取其合于古人者而已。国初之诗尚沿袭唐人，王黄州学白乐天，杨文公、刘中山学李商隐，盛文肃学韦苏州，欧阳公学韩退之古诗，梅圣俞学唐人平淡处[37]。至东坡、山谷始自出己意以为诗，唐人之风变矣。山谷用工尤为深刻，其后法席盛行，海内称为江西宗派。近世赵紫芝、翁灵舒辈，独喜贾岛、姚合之诗[38]，稍稍复就清苦之风；江湖诗人[39]多效其体，一时自谓之唐宗；不知止入声闻辟支之果，岂盛唐诸公大乘正法眼者哉！嗟乎！正法眼之无传久矣。唐诗之说未唱，唐诗之道或有时而明也。今既唱其体曰唐诗矣，则学者谓唐诗诚止于是耳，得非诗道之重不幸邪！故予不自量度，辄定诗之宗旨，且借禅以为喻，推厚汉、魏以来，而截然辖当以盛唐为法[40]（原注：后舍汉、魏而独言盛唐者，谓古律之体备也），虽获罪于世之君子，不辞也。

[注释]

[1] 识：佛家以识指心对境的了解与明辨。

[2] 开元，唐玄宗年号，自公元 713 年至 741 年。天宝，唐玄宗年号，自公元 742 年至 755 午。

[3] 退屈：退缩屈曲的意思。《五灯会元》卷十五："善暹（xīan）

禅师曰：‘彼既丈夫我亦尔，孰为不可！良山诸人不肯承当，自生退屈。’”

[4] 见：见解，见识。

[5] 乐府四篇：指《文选》乐府类首列《东府四首古辞》，包括《饮马长城窟行》、《君子行》、《伤歌行》、《长歌行》四篇。

[6] 顶𩕳：头部。《五灯会元》卷十八。介谌禅师有“踏着释迦顶𩕳”之语。

[7] 向上一路：《传灯录》卷七：“宝积禅师上堂示众曰：向上一路，千圣不传，学者劳形，如猿促影。”

[8] 直截根源：《传类录》卷三十：“永嘉真觉大师《证道歌》：‘直截根源佛所印，摘叶寻枝我不能。’”

[9] 顿门：即顿悟之门。佛家以速证悟妙果为顿悟。

[10] 单刀直入：《传灯录》卷九，“灵佑禅师曰，单刀趣入，则凡圣情尽体露真常。”

[11] 体制、格力、气象、兴趣、音节：指诗歌从内容到形式的五个方面。

[12] 这里指九种品位风格。

[13] 入神：指内容和形式都达到神来之笔。

[14] 蔑：无，没有。

[15] 乘有小大：佛说法因人而异，人有智愚，故所有深浅。其说之广大探妙者为大乘，浅小者为小乘。

[16] 宗有南北：佛教禅宗自五祖弘忍之后，分为南北二宗。南宗始慧能所创，北宗始神秀，得法虽一，而开导发悟有“顿悟”和“渐悟”之异，故称南顿北渐。

[17] 道有邪正：《传灯录》卷九：“黄檗希运禅师云：有此眼脑，方辨得邪正宗党。”

[18] 正法眼：禅家语，指佛所说之正法。

[19] 第一义：借用佛家语。《大乘义章》："第一义者，亦名真谛……彼世谛若对第一，应名第二。"

[20] 声闻、辟支：佛家有三乘：一菩萨乘，二辟支乘，三声闻乘。菩萨乘普济众生，故称大乘；辟支、声闻仅求自度，故称小乘。辟支，梵语，独觉之义，谓并无师承，独自悟道也。声闻，谓由诵经听法而悟道者。

[21] 大历以还之诗：大历，唐代宗年号，自公元 766 至 779 年。大历以还之诗，指中唐之诗。

[22] 临济：即佛教的"临济宗"一支，其源出六祖弟子怀让，怀让传马祖，马祖传百丈，百丈传黄檗，黄檗传临济义玄禅师。临济宗至宋代时，有杨歧、黄龙二派，其传特盛。

[23] 曹洞：即佛教的"曹洞宗"一支。其源出六祖弟子行思，行思传希迁，希迁传药山，药山传云岩，云岩传良价禅师，住瑞州洞山；良价传本寂禅师，住抚州曹山，故合称"曹洞宗"。

[24] 孟襄阳：即孟浩然，襄阳人。

[25] 韩退之：即韩愈，字退之。

[26] 他：其他（人）。

[27] 僭（jiàn）：过分，虚假。

[28] 沈、宋：即沈佺期，宋之问。王、杨、卢、骆：即王勃、杨炯、卢照邻、骆宾王。陈拾遗：即陈子昂。

[29] 大历十才子：《新唐书·文艺·卢纶传》，"纶与吉中孚、韩翃、钱起、司空曙、苗发、崔峒、耿沣、夏侯审、李端，皆能诗，齐名，号大历十才子"。

[30] 元和：唐宪宗年号。自公元 806 年至 820 年。李肇《国史补》："元和已后……歌行则学流荡于张籍；诗章则学矫激于孟郊，学浅切于白居易，学淫靡于元稹。俱名为元和体。"

[31] 本朝苏黄：本朝，指宋朝；苏、即苏轼；黄，即黄庭坚。

[32] 羚羊挂角二句：相传羚羊休息时以角挂树上，所以无迹。《传灯录》卷十六："道膺禅师谓众曰：如好猎狗，只解寻得有踪迹底；忽遇羚羊挂角，莫道迹，气亦不识。"

[33] 空中之音三句：赵与旹《宾退录》载张芸叟论诗语"王介甫（王安石）如空中之音，相中之色，欲有寻绎，不可得矣。"《五灯会元》："应物现形，如水中月。"

[34] 奇特解会：禅家语。《五灯会元》："奇特商量。"又："寻言逐句，求觅解会。"

[35] 殆以骂詈为诗：案黄庭坚《书王知载朐山杂录后》云："诗者人之情性也，非强谏争于廷，怨忿诟于道，怨邻骂座之谓也。"黄庭坚亦反对以骂詈为诗，苏轼之诗好以时事为讥诮，故《后山诗话》称"苏诗始学刘禹锡，故多怨刺。"沧浪所言当指此。

[36] 厄：灾难。

[37] 王黄州学白乐天五句：王黄州，即王禹偁，曾作黄州知县，故称王黄州，他是宋初诗文革新运动的先驱者之一。白乐天，即白居易。杨文公，即杨億。刘中山，即刘筠，他是中山人氏，故称刘中山。盛文肃，即盛度。韦苏州，即韦应物。欧阳公，即欧阳修。韩退之，即韩愈。梅圣俞，即梅尧臣，字圣俞。

[38] 近世赵紫芝二句：赵紫芝，即赵师秀，字紫芝。翁灵舒，即翁卷，号灵舒。赵、翁两人与徐照、徐玑均为永嘉人，时号"永嘉四灵"。姚合，唐代元和时人，善为五言律诗，颇类贾岛，故姚、贾并称。

[39] 江湖诗人：南宋时，钱塘书商陈起与江湖诗人友善，刊《江湖集》等，收藏復古诸人作品，后遂称这些诗人为江湖派。

[40] 法：尺度、称准。

第七节　元好问的文学主张

[说明]

元好问（1190—1257），字裕之，自号遗山，太原秀容（今山西忻县）人，他是我国金代著名的鲜卑族诗人，其《论诗绝句三十首》表达了他的文学主张。

论诗绝句，首创为杜甫的《戏为六绝句》。宋以后作者不下数十家，大体上可分为两大流派。从南宋戴復古的《论诗十绝》起，到清代赵执信、赵翼、宋湘、张问陶、丘逢甲诸家的论诗绝句，属于阐说理论；从金代元好问《论诗绝句三十首》起，到清代王士祯、袁枚、洪亮古、李希圣、陈衍诸家的论诗绝句，属于品评作家作品。元好问在《论诗绝句三十首》中较多地批判了以苏、黄为代表的宋诗，尤其对江西诗派诗风进行了着力批判。

这里选录了22首。第一首开宗明义，以疏凿手自任，树立疏凿的准则。所谓“正体”，是与杜甫《戏为六绝句》所说“别裁伪体”的“伪体”相对立的。其余21首，比较全面地辨析了正伪清浊的鸿沟所在。

第一，主张自得，反对模拟。他认为，诗应该反映社会生活和表达真情实感，只有眼界接触的实际景象才能激起诗情，写出入神的诗句；如果并无对实际景象的真实感受，只是“暗中摸索”，就不可能在艺术上表现出真实的现实世界（“总非真”）。但是违背艺术规律的不良倾向是很严重的，正像那些互相临摹“秦川景”的画师一样，亲自到长安去看过的人又有几个呢？他对提倡“点铁成金”、“夺胎换骨”的江西诗派非常鄙弃，不屑步他们的后尘：“论诗宁下涪翁拜，未作江西社里人。”主张从生活出发，写出亲见亲感，创造自己的东西。

第二，主张自然天成，反对夸多斗靡。在诗歌风格上，他主张古调，反对六朝豪华绮丽的文风。主张古调，并不是模拟，而是要自然天成。他肯定和称赞陶渊明的诗纯朴天然，且有一种终古常新的美。陶渊明处于豪华绮丽的六朝时代，其诗其人，能够超脱出来，更见其难能可贵！他的这种审美追求还表现在他对谢灵运“池塘生春草”的赞美，认为这句诗竟是“万古千秋五字新。”另一方面，他反对“斗靡夸多”的风气，指出杜诗的“排比铺张”不过是一体，元稹以此遵杜是错误的。他对沈（佺期）、宋（之问）的雕琢之习很反感，认为他们的作品除了华丽，并没有什么深刻的内容。

第三，主张高雅，反对险怪俳谐怒骂。所谓高雅，是与他所强调的古调一致的。他推崇笔力纵横而见高情的阮籍，他肯定陈子昂的诗文革新。这两人之所以被他重视，就是由于风格高雅，而那些“鬼画符”一般的险怪诗风，那些嬉笑怒骂的清风都是与高雅风格不相吻合的。他的这些崇尚高雅、反对怒骂为诗的理论，显然受到了黄庭坚（参见黄氏的《答洪驹父书》）和严羽（参见严氏的《沧浪诗活》）的影响，从理论渊源上讲，则是中国古代文学理论中的“怨而不怒”理论传统的具体表现。

第四，主张刚健豪壮，反对纤弱窘仄。他崇尚建安文学，标举慷慨豪壮之作。他对“骨气奇高”的曹植和“言壮而情骇”的刘桢表现出由衷的向往，认为他们是“坐啸虎生风”，其豪情壮气是四海无人匹敌的诗中雄杰。而对于在西晋末年能独仗“清刚之气”的刘琨（越石），以及《敕勒歌》、韩愈等，他都给予了尽情的赞扬。这些都体现了他主张刚健豪壮风格的文学思想。另一方面，他对纤弱窘仄的文风则很不满意，认为张华等人就缺少风云气。他嘲笑秦观的作品，与韩愈比起来不过是“女郎诗”而已；对温庭筠那些儿女情长的“新声”也深为叹息。他认为苦吟的孟郊不过是“诗囚”，句斟句酌的陈师道是“无补费精神”。总之，他对“慷慨歌谣绝不传”的文坛现状非常失望。

第五，主张真诚，反对伪饰。他被人所引用得最多的话就是“心画心声总失真，文章宁复见为人”。他认为作诗的根本关键在于“真”，这“真”就是作者真实的思想感情。如果诗歌表现的总不是自己的真实的内心世界，那么文章也是很难表现作者的为人的。这种“真”，也就是元好问所谓的“本”，他在《杨叔能小亨集引》中说：“何谓本？诚是也……由心而诚，由诚而言，由言而诗也。”他所说的“诚”，是作为艺术表现的伪（失真）的对立面提出的。他对陶潜诗的肯定，也正是因为它的“真淳”。

[原文]

论诗绝句三十首（选录）

元好问

汉谣魏什久纷纭，正体无人与细论[1]；谁是诗中疏凿手？

暂教泾渭各清浑[2]。

曹、刘坐啸虎生风，四海无人角两雄[3]；可惜并州刘越石，不教横槊建安中[4]。

邺下风流在晋多，壮怀犹见缺壶歌[5]；风云若恨张华少，温、李新声奈尔何！[6]

一语天然万古新，豪华落尽见真淳[7]：南窗白日羲皇上，未害渊明是晋人[8]。

纵横诗笔见高情，何物能浇块磊平！[9]老阮不狂谁会得？“出门一笑大江横”[10]。

心画心声总失真，文章宁复见为人？”[11]高情千古《闲居赋》，争信安仁拜路尘！”[12]

慷慨歌谣绝不传，穹庐一曲本天然；中州万古英雄气，也到阴山敕勒川[13]。

沈、宋横驰翰墨场，风流初不废齐、梁[14]；论功若准平吴例，合著黄金铸子昂[15]。

斗靡夸多费览观，陆文犹恨冗于潘[16]；心声只要传心了，布谷澜翻可是难[17]。

排比铺张特一途，藩篱如此亦区区[18]。少陵自有连城璧，争奈微之识碔砆[19]。

眼处心生句自神，暗中摸索总非真[20]；画图临出秦川景，亲到长安有几人？[21]

“望帝春心托杜鹃”，佳人锦瑟怨华年[22]，诗家总爱西崑好，独恨无人作郑笺[23]。

万古文章有坦途，纵横谁似玉川卢？[24]真书不入今人眼，儿辈从教鬼画符[25]。

东野穷愁死不休，高天厚地一诗囚[26]，江山万古潮阳笔，合在元龙百尺楼[27]。

窘步相仍死不前，唱酬无复见前贤[28]；纵横正有凌云笔，俯仰随人亦可怜[29]。

奇外无奇更出奇，一波才动万波随；只知诗到苏黄尽，沧海横流却是谁？[30]

曲学虚荒小说欺，徘谐怒骂岂诗宜？[31]今人合笑古人拙，除却雅言都不知[32]。

“有情芍药含有泪，无力蔷薇卧晚枝。”[33]拈山退之《山石》句，始知渠是女郎诗[34]。

金人洪炉不厌频，精真那计受纤尘[35]；苏门果有忠臣在，肯放坡诗百态新？[36]

百年才觉古风回，元祐诸人次第来[37]；讳学金陵犹有说，竟将何罪废欧梅？[38]

古雅难将子美亲，精纯全失义山真[39]；论诗宁下涪翁拜？未作江西社里人[40]。

池塘春草谢家春，万古千秋五字新[41]；传语闭门陈正字，“可怜无补费精神”[42]。

[注释]

[1] 汉谣魏什二句：汉谣魏什，泛指汉魏时代的诗。纷纭，纷乱，这里指优良传统迷失迂塞了。正体，指风雅的传统，与伪体相对立。

[2] 谁是诗中二句：疏凿，疏通开凿河道，这里指别裁诗的正伪。暂，且，泾渭，二水名，泾水清，渭水浊，这里指使诗之正伪体之间泾渭分明。

[3] 曹、刘坐啸二句：曹刘，即曹植和刘桢。角，竞争。

[4] 可惜并州二句：并州刘越石，刘琨，字越石，曾为关州刺史、

大将军并州都督，西晋末年诗人，钟嵘《诗品序》称“刘越石仗清刚之气”。槊（shuò），长矛。横槊，指横槊赋诗。建安，东汉献帝年号，即曹植、刘桢生活的时代。

[5] 邺下风流二句：邺下，邺，古地名，魏太子居邺下，其时诗人多集于此。邺下风流，指建安诗风。缺壶歌，据《晋书·王敦传》载：王敦每于酒后歌曹操乐府诗“老骥伏枥，志在千里；烈士暮年，壮心不已”，并以如意打唾壶为节，壶边尽缺。

[6] 风云若恨二句：张华，西晋诗人，钟嵘《诗品》列于中品，对他的诗“恨其儿女情多，风云气少”。温、李，指晚唐诗人温庭筠和李商隐，均以爱情诗著称。

[7] 一语天然二句：天然，指陶渊明自然之诗。豪华，指六朝华丽侈靡的辞藻。

[8] 南窗白日二句：南窗白日，陶渊明《与子俨等疏》的“北窗下卧，遇凉风暂至，自谓是羲皇上人。”未害渊明是晋人，其意为晋朝诗人大都追求辞藻华丽，而陶渊明独崇尚自然，亦何害其为晋人。

[9] 纵横诗笔二句：指阮籍之诗，“自至远大，颇多感慨之词。”块磊，《世说新语》：“阮籍胸中磊塊，故须酒浇之。”

[10] “出门一笑大江横”：为黄庭坚《王充道送水仙花五十枝欣然会心为之作咏》中诗句。

[11] 心画心声二句：心画心声，《法言·问神》有“故言，心声也；书，心画也。声画形，君子小人见矣”，这里指诗歌等文学作品。为人，指做人的性格品行。

[12] 高情千古二句：《闲居赋》为晋朝潘岳（字安仁）所作，写得很高洁。拜路尘，谓潘安仁的为人却趋炎附势，对高官是“望尘而拜”。

[13] 阴山敕勒川：即指北齐斛律金《敕勒歌》，极豪莽，其歌本是鲜卑语，易为齐言，所以其句长短不齐。这首诗充满着“英雄气”。

[14] 沈、宋横驰二句：沈、宋，指初唐时的沈佺期和宋之问。翰墨场，指文坛。不废齐、梁，指沈、宋之诗在风格与格律方面却是走齐梁彩丽竞繁的道路。

[15] 论功若准二句：准，准绳、标准。平吴例，指范蠡助越王勾践平定吴国的事例。子昂，指初唐诗文革新运动的先驱陈子昂，其意为，应参照范蠡功成身退后越王用黄金铸范蠡像的事例来纪念诗坛功高之人——陈子昂。

[16] 斗靡夸多二句：斗靡夸多，指浮华争艳的诗风。陆文，指陆机的作品。潘，指潘岳。

[17] 布谷澜翻可最难：布谷，鸟名。布谷澜翻，形象文学作品在语言上斗靡夸多，宗廷辅注："'口角澜翻如布谷'，东坡句也"。

[18] 排比铺张二句：其意为，元稹（字微之）只看重杜甫诗中的长篇排律，并以此设立狭小的藩篱。

[19] 少陵自有二句：少陵，即杜甫。连城璧，战国时，秦希望以十五座城来换赵璧，故有连城璧之称，这里指杜诗的精华。碔砆，指仿佛像玉的石头。

[20] 眼处心生二句：其意为，眼所接触的实境，激发诗情，自能写出传神之作品，如果没有现实感受，只是在暗中虚拟，总是不真实之境。

[21] 画图临出二句：临，临摹。秦川景，指长安附近风景；宋代画家范宽有秦川图。其意为，后人无真情实感，而以模仿古人为能事。

[22] 望帝春心二句：李商隐《锦瑟》诗："锦瑟无端五十弦，一弦一柱思华年。庄生晓梦迷蝴蝶，望帝春心托杜鹃。沧海月明珠有泪，蓝田日暖玉生烟。此情可待成追忆，只是当时已惘然。"此诗寓托很深，后来解说者，仁者见仁，智者见智，众说纷纭。

[23] 诗家总爱二句：西崑诗派，即宋初时，杨大年、钱惟演等人

的诗作，因收入《西崑酬唱集》而得名，这些诗人曾以温庭筠和李商隐为学习榜样，所以后人也把李商隐的诗归于西崑体。郑笺，《诗三百篇》毛氏传，郑玄曾为之作注笺。

[24] 万古文章二句：坦途，这里反对奇险的文风。玉川卢，卢全自号玉川子，诗风怪异。

[25] 真书不人二句：鬼画符，即指鬼谬险怪的文风。

[26] 东野穷愁二句：东野，即孟郊，字东野。欧阳修《六一诗话》："孟郊、贾岛，毕以诗穷至死，而平生尤自喜为穷苦之句。"诗囚，诗中局促不展的囚徒。

[27] 江山万古二句：潮阳，指韩愈，他晚年谪为潮州刺史。元龙，即陈登，字元龙。《魏志·陈登传》中记载，利备曾说陈登，"如小人欲卧百尺楼"。这里是推崇韩愈而贬斥孟郊。

[28] 窘步相仍二句："窘步相仍"和末句的"俯仰随人"，都是指次韵诗拘束于韵脚，寸步不得自由，俯仰随原诗之意。"唱酬无复见前贤"，指古代大诗人唱酬时并不严格次韵。

[29] 纵横正有二句：杜甫《戏为六绝句》："凌云健笔意纵横。"意为杜甫并不喜好韵唱酬。

[30] 只知诗到二句：苏黄，指苏轼和黄庭坚。沧海横流，指诗风中靡佚狂流泛滥，说苏黄是始作俑者。

[31] 曲学虚荒二句：元好问与黄庭坚、严羽等人一样，都反对以俳谐骂詈为诗。

[32] 今人合笑二句：雅言，即排除了"俳谐怒骂"的高雅纯净的诗。

[33] 有情芍药二句：是秦观《春日》绝句诗中的两句。此诗若"时女步春，终伤婉弱"。

[34] 拈出退之二句：退之，即韩愈。《山石》中有"芭蕉叶大栀子

肥”句，对照“有情芍药”，就显出秦观诗的脂粉气。

[35] 金人洪炉二句：说苏轼的作品是经过锻炼的真金，本自精纯，所以不怕有些纤尘。

[36] 苏门果有二句：说苏门四学士。黄庭坚、张耒、晁补之、秦观，都没有继承苏轼的古高的好传统，而去追求所谓的“新声”的“斗靡夸多”。

[37] 百年才觉二句：元祐，宋朝哲宗年号，自公元 1086 年至 1093 年。严羽《沧浪诗话》：“元祐体，苏、黄、陈诸公。”

[38] 讳学金陵二句：王安石罢相后居金陵，故即以金陵称安石。宋、金之际，学者对王安石政治上的事业认识不足，所以元好问作此语，并用以论诗。犹有说，是指对王安石因人废言之意。欧梅，指欧阳修和梅圣俞。

[39] 古雅难将二句：这里是指责黄庭坚。宋代人多认为，黄庭坚学习杜甫是从李商隐（字义山）入手的。元好问认为黄庭坚没有学到李商隐的精纯之处。所以，在“古雅”上也难于接近杜甫。

[40] 论诗宁下二句：涪翁，黄庭坚的别号。宁，岂、难道。江西社：即江西诗派。

[41] 池塘春草二句：谢灵运《登池上楼》有“池塘生春草”句。

[42] 传语闭门二句：黄庭坚《病起荆江亭即事》：“闭门觅句陈无己（师道）。”陈师道官任秘书省正字。“可怜无补费精神”，为王安石《韩子》诗中句，宗廷辅注：“诋后山。后山诗纯以拗朴取胜，‘池塘生春草’何等自然。”

思 考 题

1. 试述宋代诗文革新运动的背景及意义。

2. 欧阳修为什么主张重道以充文?

3. 欧阳修是如何理解“道”的，它与“百事”的关系是怎样的?

4. 王安石如何理解文学的社会作用?

5. 王安石在内容与形式的关系上采取什么样的态度?

6. 苏轼所崇尚的“自然”其含义是什么?

7. 苏轼怎样解释孔子的“辞达”?

8. 如何理解苏轼提出的“了然于心”和“了然于口与手”，两者的关系如何?

9. 试述黄庭坚论诗主张的积极意义与消极意义。

10. 黄庭坚提出的“点铁成金”是什么意思?

11. 黄庭坚提出的“夺胎换骨”是什么意思?

12. 黄庭坚为什么说“自作语最难”?

13. 后人为什么指责黄庭坚的诗论主张?

14. 李清照在什么意义上提出词“别是一家”?

15. 什么叫“以诗为词”，“以文入词”?

16. 在婉约词和豪放词的对立中，李清照的态度如何?

17. 试述李清照论词的贡献与局限。

18. 严羽“以禅喻诗”是为了反对什么倾向?

19. 严羽“妙悟”说的含义是什么? 其意义是什么?

20．严羽提倡“别材别趣”有何意义？

21．严羽所提倡的“兴趣”是什么？

22.为什么说元好问较多地批判了苏、黄为代表的宋诗？

23．元好问从哪些方面对江西诗派诗风进行了批判？

24．元好问为什么主张自得，反对模拟？

25．元好问所谓“自然天成”和“夸多斗靡”是什么意思？

26．元好问所谓的“高雅”是指什么？

27．元好问怎样看待“纤弱窘仄”？

28．元好问所主张的“真诚”是什么意思？

第六章　明清文学理论

明清时期是我国古代文学理论的成熟期。

明代文学理论的发展与当时的文学创作实践和社会现实生活有着非常密切的联系。从明初至成化、隆庆的二百年间，被视为正统文学的诗文领域，先后被“雍容典雅”的“台阁体”和前后七子的复古派所统治。从永乐年间开始，“台阁体”诗文垄断文坛近六十年，这种粉饰现实的文风、诗风成了文学发展上的一股逆流。前七子则明确提出“文必秦汉，诗必盛唐”的复古口号来对抗“台阁体”的柔靡文风诗风。但他们的复古没有革新意义而只不过是形式主义的仿古、摹古。后七子的文论主张与前七子一样，都是以主格调，讲法度，以汉魏盛唐为“第一义”的。这一时期，一向为封建士大夫所瞧不起的通俗文艺流行民间，并日渐成熟，给人们的审美意识以深刻而广泛的影响，因而通俗文学理论（诸如戏曲理论、小说理论）得到空前发展。明代中叶以后，社会生产中出现了萌芽状态的资本主义生产关系，随后继续有所发展。至万历年间，以李贽为代表的左派王学对程朱理学进行了猛烈的冲击。经济和思想领域内的这些变化，反映到文艺上则是小说、戏剧等逐渐得到重视，市民阶层的思想意识在文艺领域逐渐得到表现，而这一切使文学理论有了一个重要的发展。李贽、汤显祖、公安三袁等一大批很有影响的文论家，带着鲜明的反传统的时代特色，反对封建礼教束缚，反对拟古主义的假诗文，追求个性解放，重视真实情感和审美趣味的表现和抒发。重视艺术风格上的自然本色，成为一代审美理想和审美追求的基本特点。

清代文学理论显示了我国古代文学理论集大成的气象。明末清初的剧烈社会动荡，引起文学思想的重大变化。黄宗羲、顾炎武、王夫之等进步思想家，大力提倡文学经世致用，担负起匡时济世的历史重任，对开创有清一代学风和文风发生了很大影响。金圣叹、李渔等人在总结前人创作经验的基础上，分别提出系统的小说理论和戏曲理论，为清代文学理论作出了重要贡献。自康熙至乾隆年间，是清代政治上比较巩固的盛世，文坛几乎被依附于清朝统治者的文人所把持。此时出现了众多的文学理论派别，诗论中有王士祯的“神韵说”，沈德潜的“格调说”，袁枚的“性灵说”，翁方纲的“肌理说”，文论中有以方苞、刘大櫆、姚鼐为代表的桐城派，词论中有以朱彝尊为首的浙西派，他们大都注重艺术美学方面的有关问题的探讨，袁枚的“性灵说”则在一定程度上具有反道学反礼教的意义。

第一节　何景明的《与李空同论诗书》

[说明]

何景明（1483—1521），字仲默，号大复，信阳（今河南省信阳市）人。李空同，即李梦阳（1473—1530年），字献吉，号空同子，庆阳（今甘肃省庆阳县）人。他们两人均为前七子的代表人物。前七子论文宗旨，倡自李梦阳的“文必秦汉，诗必盛唐”（见《明史·文苑传》），其复古主张是针对“台阁体”的柔靡文风诗风而发，但由于只是形式主义的仿古、摹古，而不能给诗文创作输入新的血液。其错误倾向被后七子发展到更为严重的地步，在文学领域产生了很坏的影响。其复古主义的弊病，也引起了前七子内部的分歧，这主要就是李梦阳与何景明之争。

就“文必秦汉，诗必盛唐”这一总的宗古、复古倾向来说，李、何是一致的，但在如何取法古人的问题上存在着分歧。李梦阳先有《赠景明书》，讥评其诗“有乖于先法”（见李梦阳《驳何氏论文书》中的记载），这就引起了何、李之间的一场激烈的辩论。何氏《与李空同论诗书》，就是对李梦阳指责的答复。

何景明在书中明确地提出与李梦阳之间的分歧所在：“追昔为诗，空同子刻意古范，铸形宿模，而独守尺寸。仆则欲富于材积，领会神情，临景构结，不仿形迹。”指出李梦阳是一意以古诗文为模式，从形式上、外表上刻意仿古，拘泥于古人的规模尺寸，把作诗文当成在原有的模子中浇铸定型的金属器物，这无异于“小儿倚物能行，独趋则颠仆”。何氏阐明自己的主张，就是学习古人主要是领会古人作品的精神实质，创作时，应该从实际出发，“临景构结”，按照客观事物的具体情况构思运笔，“不仿形迹”，不能单纯模仿古人作品的外表形式，要“以肖求似”，即以自己的才情个性为基础去学习，吸取“神情”，由表及里，求其神似而去其形似。

何景明还阐明了自己对古法的认识以及学习古法的正确态度，他指出古代诗文有“不可易之法”，这就是：“辞断而意属，联类而比物”；“不相沿袭，而相发明”，前者涉及艺术思维和创作方法问题。“辞断意属”有辞约而意奉之意，“联类比物”系诗歌创作中的比兴特点，何氏之意，旨在指出诗歌创作应做到立意与遣词统一，应运用比兴方法，这接触到了古诗创作的一些主要法则，是符合诗歌的艺术特点与规律的。后者则是继承与创新的关系问题。何氏指出，如果把学习古法看成是在语言形式上对古人亦步亦趋，那必然是舍本逐末，那就不可能“自刨一堂室，开一户牖，成一家之言，以传不朽者”。他认为学习古法不是目的而是手段，他以筏喻诗：“佛有筏喻，言舍筏则达岸矣，达岸则舍筏矣。”意思是学诗不循成法便无所得，一有所得就必须舍弃成法，阐明了既要从古法入，又要从古法出的道理，何氏指明了学习古法的正确态度是“君子不例而同之”，“皆能拟议以成其变化”，这就是要求学古而不拘泥于古，在学古的基础之上有所创新。

何景明还用意象的“应合”来要求诗：“夫意象应曰合，意象乖曰离。”这里的“意象”，乃是指诗歌作品中表现出来的饱含审美情思的艺术形象。何氏要求诗歌作品应做到主观情意与客观物象的有机统一，这是对他提出的“领会神情，临景构结，不仿形迹”的主张进一步发挥。在何氏看来，诗歌的各种风格境界，乃是意象“应合”的结果，而不是外在形迹的模仿可以达到的。他以此为标准，批评了李梦阳诗歌创作上的毛病，正是不重神情，而只仿形迹造成的。

[原文]

与李空同论诗书

何景明

敬奉华牍，省诵连日，初怳然若遗，既涣涣然若有释也[1]。发迷彻蔽，爱助激成，空同子功德我者厚矣！[2]仆自念离析以来，单处寡类，格人狄德，程缺元龟，去道符爽[3]；是故述作靡式[4]，而进退失步也。空同子曰："子必有谔谔之评。"[5]夫空同子何有于仆谔谔也，然仆所自志者，何可弗一质[6]之。

追昔为诗，空同子刻意古范，铸形宿模，而独守尺寸[7]。仆则欲富于材积，领会神情，临景构结，不仿形迹[8]。诗曰："惟其有之，是以似之。"以有求似，仆之愚也[9]。近诗以盛唐为尚，宋人似苍老而实疏卤，元人似秀峻而实浅俗[10]。今仆诗不免元习，而空同近作，间入于宋。仆固蹇拙薄劣，可敢自列于古人？空同方雄视数代，立振古之作，乃亦至此，何也？凡物有则[11]弗及者，及而退者，与过焉者，均谓之不至。譬之为诗，仆则可谓勿及者，若空同求之则过矣。

夫意象应曰合，意象乖曰离，是故乾坤之卦，体天地之撰，意象尽矣[12]。空同丙寅间[13]诗为合，江西以后[14]诗为离。譬之乐，众响赴会[15]，条理乃贯；一音独奏，成章则难。故丝竹之音要眇[16]，木革之音杀直[17]。若独取杀直，而并弃要眇之声，何以穷极至妙，感情饰听也？试取丙寅间作，叩其音，尚中金石：而江西以后之作，辞艰者意反近。意苦者辞反常。色澹暗而中理披幔，读之若摇鞞铎耳[18]，空同贬清浚响亮，而明柔澹沉著含蓄典厚之义，此诗家要旨大体也。然究之作者命意敷辞，兼于诸义[19]不设自具。若闲缓寂寞以为柔澹，重浊剜切[20]以为沉著，艰诘[21]晦塞以为含蓄，野俚辏积以为典厚。岂惟缪[22]于诸义，亦并其俊语亮节，悉失之矣！

鸿荒[22]邈矣，书契以来，人文渐朗，孔子斯为折中之圣[23]。自余诸子，悉成一家之言。体物杂撰，言辞各殊。君子不例而同之[24]也，取其善焉已尔。故曹、刘、阮、陆[25]，下及李、杜，异曲同工，各擅其时，并称能言。何也？辞有高下，皆能拟议以成其变化[26]也。若必例其同曲，夫然后取，则既主曹、刘、阮、陆矣，李、杜即不得更登诗坛，何以谓千载独步也？

仆尝谓诗文有不可易之法者，辞断而意属，联类而比物[28]也。上考古圣立言，中征秦、汉绪论，下采魏、晋声诗，莫之有易也。夫文靡于隋，韩[29]力振之，然古文之法亡于韩；诗弱于陶[30]，谢[31]力振之，然古诗之法亦亡于谢。比空同尝称陆、谢、仆参详其作：陆诗语俳[32]，体不俳也；谢则体语俱俳矣，未可以其语似，遂得并例也。故法同则语不必同矣。仆观尧、舜、周、孔、子思、孟氏之书，皆不相沿袭，而相发明。是故德日新而道广，此实圣圣传授[33]之心也。后世俗儒，专守训诂，执其一说，终身弗解，相传之意背矣。今为诗不推类极变[34]，开其未发，泯其拟议之迹[35]，以成神圣之功，徒叙其已陈[36]，修饰成文，稍离旧本，便自杌陧[37]，如小儿倚物能行，独趋颠仆。虽由此即曹、刘，即阮、陆，即李、杜，且何以益于道化也[38]？佛有筏喻，言舍筏则达岸矣，达岸则舍筏矣[39]。

今空同之才，足以命世[40]，其志金石可断，又有超代轶俗之见；自仆游从，获睹作述，今且十余年来矣。其高者不能外前人[41]也，下焉者已践近代[42]矣。自创一堂室，开一户牖，成一家之言，以传不朽者，非空同撰焉，谁也？《易·大传》曰："神而明之"，"存乎德行"，"成性存存，道义之门。"[43]是故可以通古今，可以摄众妙，可以出万有；是故殊途百虑，而一致同归[44]。夫声以窍生，色以质丽，虚其窍，不假声矣，实其质，不假色矣，苟实其窍，虚其质，而求之声色之末，则终于无有矣[45]。

北风便，冀反复鄙说[46]幸甚！

[注释]

[1]敬奉华牍四句：奉，同捧。华牍，指李梦阳给作者的信。怃然，怅然失意貌。若遗，若有所失。涣涣然，冰块融化貌。释，消解。涣涣然句，意为自己的疑虑像冰块融化一样得到消除，心情也就为之轻松了。

[2] 发迷彻蔽三句：发迷，启发迷惑。彻蔽，除掉蒙蔽。爱助，爱护帮助。激成，鼓励使之事业成功。功德我，给予我功德。

[3] 单处寡类四句：寡类，缺少同心之士。格人，与朋友阻隔。逖德，远离有德之人。程，效法。元龟，古代用龟甲作为占卜之具，故元龟引申为准则。程缺元龟句，意为没有准则可依。爽，差错。去道符爽句，意为离开正道，陷入过错。

[4] 靡式：靡，无。式，榜样。

[5] 谔谔（è）：直言争辩貌。

[6] 质：商榷。

[7] 追昔为诗四句：古范，古代诗歌的范式。宿模，过去的模子。尺寸，指古代诗歌的程式法度。这几句是何景明对李梦阳诗歌创作刻意模拟诗歌的形式格调的尖锐批评。

[8] 仆则欲富于材积四句：材积即才积，指才学的积累。这几句是何景明的诗学主张，强调在学古时应重视才学积累，领会古人作品的精神实质，按照客观事物的面貌构思运笔，不应在外表形式上模仿古人。

[9] 惟其有之四句：《左传》襄公三年："夫唯善，故能举其类。《诗》：'惟其有之，是以似之。'"《左传》在这里是肯定祁奚能够推举有德行之人，所以说祁奚"唯其有德行，才能推举类似他的人"，并引《诗》说："正因为具有美德，推举的人才能和他相似。"（参见左玉成《左传译文》）以有求似，意为在"领会神情"的基础上面"求似"于古人，也就是在精神实质上"求似"古人，而不在外表形式上"求似"古人。

[10] 宋人似苍老而实疏卤二句：苍老，指一种古朴的洗尽铅华、以意格取胜的诗歌境界与风格。疏卤则是一种粗疏鲁莽的表现，似苍老而疏卤，是说貌似苍老但未真正到苍老的境界，也即是假苍老、假古董。秀峻，指一种秀美清俊的诗歌境界与风格；浅俗则是指浅易通俗的特色，两者之间有艺术水平的高下之别，但不像"苍老"与"疏卤"之间那样存在真假之分，因浅俗之作，虽然艺术水平不高，但却不是赝品，而是自己独创之作。

[11] 则：准则。

[12] 夫意象应曰合五句：意，主观的情意。象，客观的物象，应，统一。乖，背离。撰，指自然规律。《易·系辞下》："阴阳合德，而刚柔有体，以体天地之撰。"是故乾坤之卦三句，意为乾坤两卦，体现了天地阴阳等自然现象的变化规律，是意象应合的最高境界。

[13] 丙寅间：丙寅，指明武宗正德元年（1506）。丙寅间，指李梦

阳下狱前一个时期。

[14] 江西以后：指李梦阳出狱（于正德五年即1510年出狱）后迁江西提学副使时期。

[15] 赴会：会合而达到协调。

[16] 要眇（yāo miáo）：精微美妙。

[17] 杀（shài）直：声音细小而急促。

[18] 辞艰着意反近四句：辞艰者意反近、意苦者辞反常。都是指意象乖离、中理，内在的文脉披慢，支离散乱。鞞（pí），鼓。鞞铎为古代军队中所用的鼓和铃，只作信号之用，无悦耳之音。

[19] 诸义：即上文所说的柔淡沉著含蓄典厚等。

[20] 剜（wān）：用力刻划。

[21] 艰诘（jié）：艰深滞涩。

[22] 缪：通谬，错误。

[23] 鸿荒：指蒙昧的远古时代。

[24] 孔子斯折中之圣：折中即折衷，取正之意。这句意指孔子能作为儒家思想学说之准则的圣人。

[25] 君子不例而同之：不例，不比照、模拟。同之，与之（古人）相同。

[26] 曹、刘、阮、陆：曹植、刘桢、阮籍、陆机。

[27] 拟议以成其变化：《易·系辞上》："拟之而后言，议之而后动，拟议以成其变化。"意谓在言动之前，应先拟度议论，以便充分表现出事物变化的道理。何景明之意在于要求学古而不拘泥于古，在学古的基础上有所创造。

[28] 辞断而意属二句：《周易》，"辨物正言，断辞则备矣。"断，明确扼要。属，会，聚。意属，意丰。辞断意属，有辞约而意丰之意。《韩非子·难言》："多言繁称，连类比物，则见以为虚而无用。"连类，

以类相同者而连之；比物，以物相似者而比之。

[29] 韩：韩愈。

[30] 陶：陶渊明。

[31] 谢：谢灵运。

[32] 俳：俳（pái）语，对句。

[33] 圣圣传授：圣人之间互相传授。

[34] 惟类极变：按同类加以推求而穷极其变化之道，即前文所说的“能拟议以成其变化”。

[35] 泯其拟议之迹：泯，消除。拟议，指在诗歌创作中以古诗为范式，意加以拟度议论而模拟，以致为成法所缚。

[36] 已陈：已经陈旧过时的东西。

[37] 杌陧（wù niè）：不安。

[38] 道化：诗道的发展变化。

[39] 佛有筏喻三句：《阿梨吒经》有“舍筏登岸”的比喻，佛家以筏喻正法，到达涅槃彼岸，即正法亦应舍弃。这几句是以筏喻学，意为学诗不循成法便无所得，一有所得就须舍弃成法。

[40] 命世：即名世，闻名于世。

[41] 不能外前人：不能超越前人的范围。

[42] 践近代：达到近代诗人的地步。

[43] 神而明之四句：引文均出自《易·系辞上》。大意是：能知《易》道之神理而彰明之；有德行之人，不必多言即能有所成就，即能取信于人；天地万物由道义而成其本性，而得以存在（“道义之门”指《易》）。何景明征引《易·系辞上》这几句话，旨在强调道德情性的修养。

[44] 殊途百虑二句：《易·系辞下》：“天下同归而殊途，一致而百虑。”

[45] 夫声以窍生十句：窍，孔。质，事物本质。这几句大意是，

事物之有声有色，在于其有发声之窍，具色之质，所以声色是事物本质的外在表现而非本质。如果塞其窍，去其质，而追求声色这种外在形式，那么，其结果是连声色也会失掉的。

[46] 北风便二句：北风，这里指邮递。古人认为雁可传书，北风驱雁，书信可达。反复，回答。

第二节　王世贞的《艺苑卮言》

[说明]

王世贞（1529—1590），字元美，自号凤洲，又号弇州山人，太仓（今江苏省太仓县）人，嘉靖间进士，官至南京刑部尚书。他是明后七子中才最高，声望最显，影响最大的人物。他主张文必秦汉，诗必盛唐，大历以后书勿读。晚年攻击者渐起，而世贞渐造平淡。王世贞的文论主张中也存在某些矛盾。他一方面坚持“文必秦汉，诗必盛唐”的基本观点，一方面又要对前七子的理论加以修正，提出了一些实际上违背复古主义原则的主张。这种矛盾反映在他的《艺苑卮言》中。《艺苑卮言》为王世贞中年作，相传晚年曾有追悔之意。本书所录《艺苑卮言》部分，论述了以下几方面的问题。

首先，王世贞仍然坚持以秦汉、盛唐诗文为最高标准，基本上遵循着前七子的主张。但在学古范围上已有所放宽。提出“师匠宜高，捃拾宜博”的主张，师匠不高就不能成高格，故前后七子都强调以盛唐为法，以李杜为师。但如只注意师匠之高，就不能广泛吸取，这样，所谓高格也会流于皮毛。所以，王世贞既强调“师匠宜高”，又主张“捃拾宜博”，提倡“专诣”和“饶美”的结合，认为“兼之无迹，方为得耳”。这就表明他已放宽了学古的范围。王氏晚年觉得“文必秦汉，诗必盛唐”的提法有失偏颇，从他在《宋诗选序》中提出“代不能废人，人不能废篇，篇不能废句”的主张来看，他对自己的复古理论有所修正。

其次，他提出了学古而不拘泥于古的主张。在学习古人与自己创作的关系上，王世贞要求把古人的作品当成自己平时的修养，而不是进行创作的蓝本，应该在平时“熟读涵咏”，而且“今其渐渍汪洋”。把古人作品溶化在自己的血液中；在操觚创作时，则“一师心匠”，自出心裁，从自己的情、境出发，达到“气从意畅，神与境合”，创作出既合于古人之高格，又完全有自己个性特征的艺术作品。他还指出古人诗文“极自有法”，但虽有法而不落痕迹，其法是“无阶级可寻”的，因为它不是有形迹可窥的尺寸法度。因此，学古不能拘泥于古之规矩法度，否则，只能得其形似。

再次，王世贞很重视诗歌的境界问题。他指出诗歌境界是情与事的统一，他强调诗歌创作应出于情与景的偶然触发、自然结合，使之“神与境会，忽然而来，浑然而就”。他说：“乐府所贵者，事与情而已”。那种偏于“言情”或偏于“纪事”的作品，往往“境皆不佳”。而且，他提出了“才生思，思生调，调生格；思即才之用，调即思之境，格即调之界”的理论，把才思和格调，才思和意境结合起来进行论述，实际上肯定了作家的个性气质在诗歌意境创造中的重要作用，而他所说的境，是一种基于才思成熟的艺术构思在适宜的主客观环境中所获得的恰到好处的表现。可见王氏论诗虽以格调为中心，但认为格调本于才思，艺术格调不只是一个形式的问题，离开了才思就无所谓格调，这就修正和突破了由李东阳首创，为李梦阳、谢榛所推演的格调说的内容。

[原文]

艺苑卮言（选录）

王世贞

世人选体，往往谈西京[1]、建安，便薄陶、谢[2]。此似晓不晓者，毋论彼时诸公，即齐、梁纤调，李、杜变风，亦自可采，贞元而后，方足覆瓿[3]。大抵诗以专诣[4]为境，以饶美为材，师匠宜高，捃拾[5]宜博。

才生思，思生调，调生格；思即才之用，调即思之境，格即调之界[6]。

西京、建安，似非琢磨可到[7]，要在专习凝领之久，神与境合，忽然而来，浑然而就，无岐级可寻，无声色可指[8]。三谢固自琢磨而得，然琢磨之极，妙亦自然[9]。

李献吉劝人勿读唐以后文，吾始甚狭之，今乃信其然耳，记问既杂[10]，下笔之际，自然于笔端搅扰，驱斥[11]为难。若模拟一篇，则易于驱斥，又觉局促，痕迹宛露，非斫轮手。自今而后，拟以纯灰三斛细涤其肠，日取六经、《周礼》、《孟子》、《老》、《庄》、《列》、《荀》、《国语》、《左传》、《战国策》、《韩非子》、《离骚》、《吕氏春秋》、《淮南子》、《史记》、班氏《汉书》，西京以还至六朝及韩、柳，便须铨择[12]佳者，熟读涵咏[13]之，令其渐渍汪洋。遇有操觚，一师心匠[14]。气从意畅，神与境合，分途策驭，默受指挥，台阁山林，绝迹大漠，岂不快哉！世亦有知是古非今者，然使招之而后来，麾之而后却，已落第二义[15]矣。

风雅《三百》，古诗《十九》，人谓无句法，非也。极自有法，无阶级可寻耳。[16]

曹公莽莽，古直悲凉。子桓小藻，自是乐府本色。子建天才流丽，虽誉冠千古，而实逊父兄。何以故？材太高，辞太华。

渊明托旨冲淡，其造语有极工者，乃大人思来[17]，琢之使无痕迹耳，后人苦一切深沉，取其形似，谓为自然，谬以千里。

“问君何为尔，心远地自偏”，“此中有真意，欲辨已忘言”[18]，清悠淡永，有自然之味。然坐[19]此不得入汉、魏果中，是未庄严佛阶级语[20]。

乐府之所贵者，事与情[21]而已。张籍善言情，王建善征事，而境皆不佳。

[注释]

[1] 西京：西汉诗歌。

[2] 陶、谢：陶渊明、谢灵运。

[3] 瓿（bù）：瓿，古代小瓦器。

[4] 专诣：独到的造诣。

[5] 捃（jùn）拾：拾取，收集。

[6] 才生思八句：才、思、调、格，大体相当于才情、构思、音调（体现出艺术风格）、体格。由才情产生一定的艺术构思，有了一定的

构思会显示出一定的音调，有了一定的音调就会确定应属哪种体格。构思乃才情的体现，音调是构思的结果，体格是音调的种类。在整个创作过程中，是才思决定格调。

[7] 西京、建安二句：意为西汉、建安之诗自然天成，非研虑可得。

[8] 要在专习凝领之久六句：专习，专心研习。凝领，专注领悟。神与境会，主观情思与客观外境偶然触发、自然融合。岐，同歧，岔路，此指路径。级，台阶。歧级，指作诗的途径与方法。这几句的意思是说，西汉建安之诗，神与境会，自然天成，内容与形式浑然一体，既找不到诗法的痕迹也无法指陈其辞采声律。

[9] 三谢固自琢磨而得三句：三谢，谢灵运、谢惠连、谢朓。这几句的意思是说，三谢之诗乃是琢磨而得，不及西汉、建安之自然天成，但因琢磨达到了极高的造诣，因而也能自然之妙。

[10] 记问既杂：记问，学习。杂，驳杂。

[11] 驱斥：驾驭，掌握。

[12] 铨择：选择。

[13] 涵咏：深入体味领悟。

[14] 一师心匠：以己之匠心为师，自出心裁。

[15] 第二义：借用佛家语。佛家以至上至深的妙理即“真谛”为第一义，以未达于“真谛”的“世谛”为第二义。

[16] 极自有法二句：阶级，台阶，此指途径。这两句的意思是说，《诗经》与《古诗十九首》自有句法，但运用极妙，语语自然，是找寻不到它诗法的痕迹的。

[17] 大人思来：指构思之艰辛。

[18] 问君何为尔四句：见陶潜《饮酒诗》二十首之二“结庐在人境”。

[19] 坐：因。

[20] 是未庄严佛阶级语：庄严，《华严经探玄记》："庄严有二义：一是具德义，二是交饰义。"这里用交饰义，指文采。这句意指陶潜之诗有自然之味，但缺乏文采。

[21] 事与情：事，乐府所反映的社会现实生活。情，诗人对待现实生活的情感态度。

第三节　李贽的《童心说》

[说明]

李贽（1527—1602），初名载贽，字宏甫，号卓吾，又号温陵居士等，泉州晋江（今福建省晋江县）人。明代杰出的思想家、文学家和文学评论家，公开以"异端"自居，大胆抨击封建传统礼法教条和道学思想，被统治者迫害下狱而死。晚明社会出现了萌芽状态的资本主义因素，左派王学成为当时反对封建正统礼法的进步文化思潮。李贽和徐渭一样，是在明代思想和文学领域里开启一代新思想和新文风的主将，是以左派王学为中心的反对封建传统的进步知识分子的杰出代表，他猛烈批评正统的封建传统教条和假道学，追求思想自由和个性解放，对明代后期以至清代前期文学领域的思想解放与创作繁荣，都产生过重大影响。《童心说》是李贽的一篇重要文论著作。

李贽在文学上提出"童心说"，这在中国文论史上具有开创之功，它是新的社会力量的要求在思想、文学上的反映。他鲜明地提出"天下之至文，未有不出于童心焉者也"的文学观点。所谓“童心”就是真心，也就是赤子之心、真情实感。他认为只有“出于童心”的文学才是真文学，而一切“非童心自出”的文学都是假文学。因此，他要求一切作家必须保持“童心”，明确指出：“若失却童心，便失却真心，失却真心，便失却真人”，“苟童心常存”而“无时不文，无人不文”，在李贽看来，童心是真正文学的本质。李贽所谓“非童心自出”的假文学，是指宣扬封建道学的文学，而他所谓“出于童心”的真文学，实质上是指能够抒发新兴的市民阶层的愿望的真情实感的文学。

李贽坚决反对以“闻见道理”为心，给人们指明了判断是非的新的标准，要求打破封建思想的桎梏。他用“童心说”抨击假道学。他指出古代圣人读书乃是为了保护童心，而今之学者却以“多读书识义理障其童心”。他在实际上指明了封建文人是以“读书识义理”为目的，“以闻见道理为心”，童心因之而被封建道学所扼杀。他尖锐地指出一切“义理”之言、“道理之言”，都不是“童心自出之言”，而是“假人言假言”、“事假事”、“文假文”。他甚至大胆怀疑六经、《语》、《孟》，指责它们并非“万世之至论”，而只是“道学之口实，假人之渊薮”。可见，李贽给人们指明的判断是非的新标准，就是以童心之是非为是非，打破以儒学教条之是非为是非的思想枷锁。

李贽以“童心”为标准建立了新的文学价值观念。“童心”成为李贽重新衡量古往今来一切文学作品的真假高低的唯一尺度。他指出只要是出自童心的作品，便都是真文学、好文学，不管它是什么时代的、什么人的、什么体裁的。基于这种认识，他对前后七子的复古论调进行了尖锐批判：“诗何必古《选》，文何必秦汉？”他对一向不为正统文人所承认，但是具有反封建意义的通俗文学作品（如《西厢记》、《水浒传》），给予了高度的评价，把他们摆到了空前崇高的地位。

[原文]

童　心　说

李　贽

龙洞山农[1]叙《西厢》，末语云：“知者勿谓我尚有童心可也”。夫童心者，真心也，若以童心为不可，是以真心为不可也。夫童心者，绝假纯真，最初一念之本心[2]也。若失却童心，便失却真心；失却真心，便失却真人。人而非真，全不复有初矣。

童子者，人之初也；童心者，心之初也。夫心之初，曷可失也？然童心胡然而遽失也？盖方其始也，有闻见从耳目而入，而以为主于其内[3]而童心失。其长也，有道理从闻见而入，而以为主于其内而童心失。其久也，道理闻见日以益多，则所知所觉日以益广，于是焉又知美名之可好也，而务欲以扬之而童心失；知不美之名之可丑也，而务欲以掩之而童心失，夫道理闻见，皆自多读书识义理[4]而来也，古之圣人，曷尝不读书哉！然纵不读书，童心固自在也，纵多读书，亦以护此童心而使之勿失焉耳，非若学者反以多读书识义理而反障之也。夫学者既以多读书识义理障其童心矣，圣人又何用多著书立言以障学人为耶？童心既障，于是发而为言语，则言语不由衷；见而为政事，则政事无根柢；著而为文辞，则文辞不能达[5]。非内含以章美也，非笃实生辉光也[6]，欲求一句有德之言，卒不可得。所以者何？以童心既障，而以从外入者闻见道理为之心也。

夫既以闻见道理为心矣，则所言者皆闻见道理之言，非童心自出之言也。言虽工，于我何与？岂非以假人言假言，而事假事，文假文乎[7]？盖其人既假，则无所不假矣。由是而以假言与假人言，则假人喜；以假事与假人道，则假人喜；以假文与假人谈，则假人喜。无所不假，则无所不喜。满场是假，矮人何辩也[8]？然则虽有天下之至文[9]，其湮灭于假人而不尽见于后世者，又岂少哉？何以？天下之至文，未有不出于童心焉者也。苟童心常存，则道理不行，闻见不立，无时不文，无人不文，无一样创制体格文字而非义者。诗何必古《选》，文何必先秦。降而为六朝[10]，变而为近体[11]，又变而为传奇[12]，变而为院本[13]，为杂剧[14]，为《西厢曲》，为《水浒传》，为今之举子业[15]，大贤言圣人之道皆古今至文，不可得而时势先后论也。故吾因是而有感于童心者之自文[16]也，更说甚么六经，更说甚么《语》、《孟》乎？

夫六经、《语》、《孟》，非其史官过为褒崇之词。则其臣子极为赞美之语。又不然，则其迂阔门徒、懵懂弟子，记忆师说，有头有尾，得后遗前，随其所见，笔之于书。后学不察，便谓出自圣人之口也，决定目之为经矣，孰知其大半非圣人之言乎？纵出自圣人，要亦有为而发，不过因病发药，随时处方，以救此一等懵懂弟子，迂阔门徒云耳。药医假病，方难定执[17]，是岂可遽以为万世之至论乎？然则六经、《语》、《孟》，乃道学之口实，假人之渊薮也[18]，断断乎其不可以语于童心之言明矣。呜呼！吾又安得真正大圣人童心未曾失者而与之一言文哉！

[注释]

[1] 龙洞山农：不详待考。一般注本认为是李贽别号。

[2] 本心：指人的本性所固有的情感，或者说是人在未受到外来影响之前所具有的最自然纯朴的情感。

[3] 主于其内：主，主宰，占据。内，人的内心世界。

[4] 义理：旧指经义，这里指程朱理学。

[5] 达：表现真实情感。

[6] 非内含以章美也二句：章，同彰，表现。笃实，敦厚诚实。这二句意思是说，假人之假文不是由内心的真情表现出外部的美好，也不是由诚实的本性而产生出光辉。

[7] 言假言，事假事，文假文：前一个言、事、文，都是动词。

[8] 满场是假二句：场，戏场。辩，通辨。这两句用矮人观场的典故作比喻，说明假人一切皆假，而看不清真相的人就无从辨别真伪了。

[9] 至文：指发自童心的最佳的作用。

[10] 六朝：指六朝的绮丽文体。

[11] 近体：指近体诗，即格律诗。

[12] 传奇：指唐宋传奇小说。

[13] 院本：供"行院"中演出的杂剧剧本。这是金代对剧本的称呼。

[14] 杂剧：这里指元杂剧。

[15] 举子业：科举考试所用文体，此指明代八股文。

[16] 自文：因出自童心，则自然成文。

[17] 方难定执：方，药方。定执，固定不变。

[18] 渊薮（sǒu）：鱼和兽聚居之处，比喻人或物聚集之所。

第四节 汤显祖《答吕姜山》

[说明]

汤显祖（1550—1616），字义仍，号海若、若士，别署清远道人，临川（今江西省临川县）人。明代著名戏曲家。他少年时受学于王学左派的代表人物罗汝芳，中年又倾向佩服被视为“异端”的李贽，思想上深受王学左派影响。汤氏适应明代资本主义生产关系的萌芽和市民思想的发展要求，热心追求个性解放，具有强烈的反对封建礼教的民主精神。他从事文学创作活动时期，正当后七子大倡复古之风，他和徐渭等人站在一起，反对复古模拟，强调表现真性情，在反复古派的斗争中发挥了积极作用。他的主要成就在戏曲创作和理论批评方面。他重视戏曲的内容，强调充分表达剧中人的情感。他特别强调两性的情爱具有无往不胜的强大力量，指出“情”是“戏”的源泉，“情”与“理”是尖锐对立的，从而把现实生活中的“情”与理学家宣扬的抽象的“理”对立起来，具有明显的反封建传统、反理学的进步意义。

明代中叶，戏曲创作出现了两大派别。一是以沈璟为代表的格律派（吴江派），一是以汤显祖为代表的言情派（临川派）。沈璟（1553—1610）字伯英、聃和，号宁庵，又号词隐生，江苏吴江人。他以其理论和创作实践，团结了一大批戏曲作家，形成“吴江派”。他的理论主张主要是“本色论”和“声律论”。他主张“僻好本色”(《词隐先生手札两通》之一)，运用民间俚语，反对雕琢辞藻，力图纠正明代传奇创作中的典雅、骈丽的倾向。但他把本色局限于文字方面，“而以鄙俚可笑为不施脂粉，以生梗稚率为出之天然，较之套词、故实一派，反觉雅俗悬殊。”（凌濛初在《谭曲杂札》中对沈氏的批评）他主张重格律，守法度，强调曲文的音乐性，甚至把声律技巧强调到绝对的地位，提出“宁协律而词不工，读之不成句，而讴之始叶，是为曲中之巧”(见王骥德《曲律》卷四)，这就完全颠倒了文艺创作的内容与形式的关系，在实践上往往限制了内容的表达和情感的抒发。当然也应看到沈璟等人对声律的严格要求，因而使戏曲的艺术形式得以完美地流传下来所作出的贡献。

以汤显祖为代表的言情派与以沈璟为代表的格律派之争，是我国戏曲史上第一次出现的流派之争。前者重剧情，后者重曲律，这种分歧在汤显祖《答吕姜山》中讲得十分明白：“凡文以意、趣、神、色为主，四者到时，或有丽词俊音可用，尔时能一一顾九宫四声否？如必按字摸声，即有窒滞迸拽之苦，恐不能成句矣。”这段话反映了汤显祖关于戏曲理论的主要观点。

首先，他强调指出戏剧创作不能单纯强调作曲的格律。他指出，“按字摸声”会损害戏剧家思想感情的表现，拘泥于宫调会妨碍“丽词俊音”的运用。他认为在戏剧作品的内容与形式问题上，有主次之分。对于戏剧作家来说，“意、趣、神、色”是主要的、根本的，而声韵曲律是次要的。但汤氏也并非如沈璟所说是曲律的反对者。他的作品不乏音律之美，而且他还同意关于音律“唱曲当知，作曲不尽当知也”的观点，反映了他关于作品的内容比形式更为重要的思想。

其次，他提出了“凡文以意、趣、神、色为主”的命题。这个命题指出了一个剧本应包括意、趣、神、色四个方面，旨在主张声情并茂，内容与形式完美统一。所谓意趣，是指戏剧家的意旨和情趣，即思想情感和个性气质；所谓神色，是指作品所表现的神情和声韵文词，因而意趣神色乃是指戏剧作品的完整个性和风格，强调独创精神在戏剧创作中的重要意义。汤氏从这一基本观点出发，对吴江派戏曲家吕姜山（名胤昌，号玉绳，浙江余姚人，汤显祖同年进士）改窜他的《牡丹亭记》十分不满。他在《与宜伶罗章二》中说：“《牡丹亭记》要依我原本，其吕家改的切不可从。虽是增减一二字以便俗唱，却与我原作的意趣大不同了。”他实际上指出了吴江派为了“合律依腔”而不惜损害作品的意趣神色，乃是违背戏剧艺术的创作规律的。汤氏的这一基本主张还具有反对文学复古主义的进步意义。他在《答王淡生》一文中，针对前后七子的复古主义，强调文学创作应“各极其趣”。沈际飞在《玉茗堂文集题词》中指出汤显祖“言一事，极一事之意趣神色而止；言一人，极一人之意趣神色而止。何必汉、宋，亦何必汉、宋。”

[原文]

答吕姜山

汤显祖

寄吴中曲论[1]良是。“唱曲当知，作曲不尽当知也”[2]。此语大可轩渠[3]。凡文以意、趣、神、色[4]为主，四者到时，或有丽词俊音可用，尔时能一一顾九宫四声[5]否？如必按字摸声，即有窒滞迸拽之苦[6]，恐不能成句矣。弟虽郡住，一岁不再谒有司，异地同心，惟与儿辈时作磻溪[7]之想。

[注释]

[1] 吴中曲论：指沈璟《唱曲当知》（已佚）等。

[2] 唱曲当知二句：可能是吕姜山所寄曲论中语。其意为戏曲音律方面的规定，唱曲者是必须知道的，而剧作家则不必都知道，因为戏曲创作应以意趣神色为主。

[3] 轩渠：渠，通举。轩渠，谓高举双手表示高兴。

[4] 意、趣、神、色：意，意旨，思想；趣，情趣，兴味；神，风神、气韵；色，辞采、色彩。

[5] 九宫四声：九宫，明代戏曲常用的仙吕宫、南昌宫、黄钟宫、正宫和大石调、双调、商调、越凋的合称。四声，平、上、去、入。

[6] 如必按字摸声二句：窒滞，阻塞不通畅。迸拽，散蔓紊乱。这两句的意思是，如果一味固守音律，则不仅意趣神色得不到充分地表

现，就是语言文辞也不可能做到流畅而有条理。

[7] 磻（pán）溪：一名璜河，在今陕西省宝鸡市东南。北流入渭水。相传吕尚（姜太公）曾垂钓于此而遇文王。汤氏借用此典表示自己乐于隐居生活，悠闲自在。

第五节　袁宏道《雪涛阁集序》

[说明]

袁宏道（1568—1610 年），字中郎，号石公，公安（今湖北省公安县）人。明万历二十年进士，官吏部郎中，与兄袁宗道、弟袁中道并有才名，时号“公安三袁”，在文学上力排七子的拟古主义，倡“独抒性灵，不拘格套”之说。公安三袁以袁宏道为中坚，建立了诗论体系。《雪涛阁集序》是他的诗论的代表作。

此文以“变”的哲学思想为前提，倡导变古，反对拟古，袁宏道明确提出了自己的文学发展观。他认为文字是随时代的变化而变化的，不同的时代就应有不同时代的文学：“文之不能不古而今也，时使之也。”他基于这种认识，提出了“妍媸之质，不逐目而逐时”的重要命题，从美学的高度指明了不同的时代有不同的审美追求，其审美标准也是随时代的发展变化而有不同的内涵。总之，“古有古之时，今有今之时”，如果处处以古为是，“袭古人语言之迹而冒以为古”，这种违背文学发展规律的拟古主义，乃是如“处严冬而袭夏之葛者也”那样愚蠢迂腐可笑的。

袁宏道还从体制风格两个方面分析了文学之“变”，他通过回顾《诗》《骚》以来文学发展的历史过程，具体地分析了古代文学“音节、体致”、写作方法和风格的“因”与“变”的关系，指出“古人之法”乃是随着时代的演变而有所继承，有所革新，文学就是在“变”中不断生成，不断发展的；基于此，他对前后七子“以剿袭为复古”的复古主义进行了尖锐的批判和辛辣的讽刺。指出他们“句比字拟，务为牵合，弃目前之景，摭腐滥之辞”的创作方法，是完全背离了文学反映现实生活、表达真实情感的基本任务，乃是在“句比字拟”之中“共谈雅道”，是十分“可羞”的。

袁宏道明确提出了他的文学创作原则。他认为文学创作要“信腕信口”，抒发自己的真情实感；要“言今人之所不能言与其所不敢言者”，独抒性灵，不拘格套。袁宏道称赞江盈科（字进士，号绿萝山人，湖广桃源人，官至四川提学副使）“才高识远”，其诗歌创作富于“信腕信口，皆成律度”与能“言今人之所不能言与其所不敢言”的艺术特色。并指出江盈科《雪涛阁集》中“或有一二语，近平近俚近俳”的原因，乃是江氏“矫枉之作”，是“不如是不足矫浮泛之弊，而阔时人之目”，从而强调了江氏诗作的战斗意义。必须指出，以徐渭、李贽、汤显祖为代表的明中后期进步文学思潮在诗文领域里的影响，主要是公安三袁的标举“性灵”。袁宏道年轻时曾问学于李贽，深受李贽影响，而“性灵”之说就是李贽“童心”之说的反映。袁氏论文以“真”为贵，认为诗文乃是作家性灵的表现，应“信腕信口”，应“言今人之所不能言与其所不敢言者”，这具有摆脱封建正统思想束缚而追求个性解放的意义。诚然，由于强调“穷新极变”、不避“俚”、“俳”，因而创作上逐渐产生了浅俗的流弊，对于这个问题，应该放在特定的历史背景下来认识，才能作出实事求是的评价。

[原文]

雪涛阁集序

袁宏道

文之不能不古而今也，时使之也。妍媸之质，不逐目而逐时[1]。是故草木之无情也，而鞓红鹤翎，不能不改观于左紫溪绯[2]，唯识时之士为能隄其隤而通其所必变[3]。夫古有古之时，今有今之时，袭古人语言之迹而冒以为古，是处严冬而袭夏之葛[4]者也。

骚之不袭雅也，雅之体穷于怨，不骚不足以寄也[5]。后之人有拟而为之者，终不肖也，何也？彼直求骚于骚之中也[6]。至苏、李述别及《十九》等篇，骚之音节体致皆变矣，然不谓之真骚不可也。古之为诗者，有泛寄之情[7]，无直书之事；而其为文也，有直书之事，无泛寄之情；故诗虚而文实[8]。晋、唐以后，为诗者，有赠别，有叙事；为文者，有辨说，有论叙。架空而言，不必有其事与其人。是诗之体已不虚，而文之体已不能实矣。古人之法，顾安可概[9]哉？夫法因于敝而成于过者也[10]。矫六朝骈丽饤饾[11]之习者，以流丽[12]胜，饤饾者，固流丽之因也，然其过在轻纤[13]。盛唐诸人以阔大[14]矫之；已阔矣，又因阔而生莽[15]，是故续盛唐者，以情实[16]矫之；已实矣，又因实而生俚，是故续中唐者，以奇僻[17]矫之；然奇则其境必狭，而僻则务为不根[18]以相胜，故诗之道，至晚唐而益小。有宋欧、苏辈出，大变晚习，于物无所不收，于法无所不有，于情无所不畅，于境无所不取[19]，滔滔莽莽，有若江河。今之人，徒见宋之不唐法，而不知宋因唐而有法者也，如淡非浓，而浓实因于淡。然其弊至以文为诗，流而为理学，流而为歌诀，流而为偈诵[20]，诗之弊，又有不可胜言者矣。

近代文人[21]，始为复古之说以胜之。夫复古是已，然至以剿袭为复古，句比字拟，务为牵合[22]，弃目前之景，摭腐滥之辞；有才者诎于法，而不取自伸其才，无才者拾一二浮泛之语，帮凑成诗。智者牵于习[23]，而愚者乐其易，一倡亿和，优人驺从[24]，共谈雅道。吁！诗至此，抑可羞哉！夫即诗而文之为弊，盖可知矣[25]。

余与进之游吴[26]以来，每会必以诗文相励，务矫今代蹈袭之风。进之才高识远，信腕信口，皆成律度[27]，其言今人之所不能言与其所不敢言者。或曰：进之文超逸爽朗，言切而音远，其为一代才人无疑。诗穷新极变[28]，物无遁情，然中或有一二语，近平近俚近俳[29]，何也？余曰：此进之矫枉之作，以为不如是不足矫浮泛之弊，而阔时人之目也。然在古亦有之，有以平而传者，如“睫在眼前人不见”[30]之类是也，有以俚而传者，如“一百饶一下，打汝九十九”[31]之类是也；有以俳而传者，如“迫窘诘曲几穷哉”[32]之类是也。古今文人为诗所困[33]，故逸士[34]辈出，为脱其粘而释其缚。不然，古之才人何所不足，何至取一二浅易之语，不能自舍，以取世之嗤哉？执是以观进之诗，其为大家无疑矣。诗凡若干卷，文凡若干卷，编成，进之自题曰《雪涛阁集》。而石公袁子为之叙。

[注释]

[1] 妍媸之质二句：妍，美。媸，丑。质，品质。这两句意为，物的美丑，不以人们愿不愿意看为转移，而是随着时代的发展变化而发展变化的。

[2] 是故草木之无情也三句：鞓红、鹤翎、左紫、溪绯（fēi 非），都是牡丹花里面的著名品种，后两种尤其珍贵罕见。其具体形状的描述，见欧阳修《洛阳牡丹记》。袁宏道在这里举牡丹品种的变化为例，以说明“文之不能不古而今也，时使之也”的道理。

[3] 能隄其隤而通其所必变：隄通堤，作动词用，预防、防止。隤（tuí 颓），通溃，崩溃，衰败。隄其隤，能够防止其溃决横流（也就是能防止时代诗文风气的败坏）。通其所必变，懂得穷则必变的道理。这句的意思，是说懂得时代必然发展变化的道理，才能顺着其必然发展变化的趋势加以变革，以防止它的崩溃。

[4] 袭夏之葛：袭，穿，葛，植物名，其茎皮纤维可织布。古代称夏衣为葛。

[5] 骚之不袭也三句；穷于怨，指对怨情缺乏表现力。这几句的意思是说，骚体之所以不因袭《诗经》中的大小雅，是因为《雅》这种文体不适合抒发怨愤之情，只有骚体才能寄托和表现更浓厚而丰富的怨情。

[6] 直求骚于骚之中：直，只、但。意思是说，拟古者只是局限于对骚的固定体式的机械模拟之中来学骚。

[7] 泛寄之情：指语言文字的具体含义之外，还另有寄托。

[8] 诗虚而文实：虚，指不直接叙事。实，指直接叙事。

[9] 概：这里是一般而论之意。

[10] 夫法因于敝而成于过者也：意思是说，诗文写作方法的变化都是起因于旧体制的衰败并完善于对旧体制的矫正补救之中。

[11] 饤饾（dìng dòu）：本指食品的堆积，此处用以比喻文辞的罗列堆砌。

[12] 流丽：流畅华丽。

[13] 轻纤：轻浮纤巧。

[14] 阔大：文气开阔奔放。

[15] 莽：粗莽。

[16] 情实：质实而明确。

[17] 奇僻：怪异冷僻。

[18] 不根：没有根据的说话，如树木之无根。

[19] 于物无所不收四句：其意思是说，诗歌创作的题材很广泛，写作方法多种多样，能够很充分地表现喜怒哀乐等多种情感，作品的意境丰富多样。

[20] 偈诵：偈，佛经中的唱词。诵，颂。

[21] 近代文人：指明代前后七子。

[22] 牵合：强求同古人合拍。

[23] 牵于习：拘泥于流行的世风。

[24] 优人驺从：优人，俳优之人，此指模仿者。驺从，达官贵人出行时，前后侍从的骑卒，这里指众多的亦步亦趋者。

[25] 夫即诗而文之为弊二句：其意思是说，从诗的情况来推测时文的弊病，也就可想而知了。

[26] 游吴：吴，今江苏苏州一带。袁宏道万历二十三年为吴县县令，“游吴”当指此。

[27] 信腕信口二句：信，随意。这两句是说，随手写出。随手写出，随口唱，都符合诗歌的法则。

[28] 穷新极变：尽力追求新颖，竭力求其变化。

[29] 近平近俚近俳：平，平直、平淡。俚，粗俗、鄙俗。俳，滑稽。

[30] 睫在眼前人不见：睫，应作睫，眼睫毛。引诗见杜牧《登池州九峰楼寄张祜》。

[31] 一百饶一下二句：引诗见卢全《寄男抱孙》。

[32] 迫窘诘曲几穷哉：引诗见《柏梁诗》，为东方朔句。

[33] 为诗所困：诗，指作诗的成法。困，困扰，束缚。

[34] 逸士：指杜牧、卢全、东方朔及江盈等飘逸豁达之士。

第六节　金圣叹的小说理论

[说明]

金人瑞（1608—1661），原姓张，名采，后改姓金，名喟，字圣叹，明亡后更名人瑞。吴县（今江苏省苏州市）人。明末清初著名文学家和文学理论批评家。清顺治末，因哭庙案被杀。他在三十岁左右着手评点《庄子》、《离骚》、《史记》、杜诗、《水浒》、《西厢》，合称六才子书，而列《水浒》为《第五才子书》。其《第五才子书》中对《水浒传》的评点，以分析人物性格为中心，提出了一整套小说理论，从而使小说评点这一文学理论批评形式臻于成熟。他在评点一部小说时，先写一篇“读法”，提纲挈领地总结一些主要观点，这是他的首创。他的《读第五才子书法》乃是他的小说理论纲领，着重论述了《水浒传》的人物性格和艺术方法。本书选录的主要是论述人物性格的部分。涉及了下面三个问题。

首先，他明确指出艺术虚构是小说创作的一个重要原则，并从理论上阐明了文学作品与历史记载的各自特征。他强调指出，《水浒传》“七十回中许多事迹，须知都是作书人凭空造谎出来”的，读者不必去追问其人事之有无，因为小说创作中所写的人物事迹，乃是作者依据实有的人物事迹虚构出来的。他明确指出小说创作不同于历史叙述：写历史是“以文运事”，要服从历史事实，而小说创作则是“因文生事”，就是根据塑造艺术形象的需要，去生发、虚构，“只是顺着笔性去，削高补低都由我”，这就指明了作家在进行创作时，必须按照人物性格和故事情节的发展逻辑去进行艺术虚构，也就是必须“顺着笔性去”；同时也指明了作家可以根据艺术虚构的原则和要求，对生活素材进行剪裁与取舍，“削高补低”，安排故事情节，刻画人物性格。但必须指出，金圣叹在称赞《水浒》“有许多胜似《史记》处”的同时，他也指出《史记》毕竟不同于其他的史书，其中一些列传仍是传记文学中的优秀之作。

其次，他十分重视典型形象的塑造，指出小说的主要任务是塑造人物，而成功地刻画人物性格是作品取得成功的关键。他把刻画人物性格放在小说创作的中心地位，他指出：“独有《水浒传》，只是看不厌，无非为他把一百八个人物性格，都写出来”。他还强调指出要写出人物的个性特征，“《水浒传》写一百八个人性格，真是一百八样”，而《水浒传》在塑造典型形象方面做到了概括化与个性化的统一。“《水浒传》所叙，叙一百八人，人有其性情，人有其气质，人有其形状，人有其声口。”(《水浒传序三》)，人物形象是充分个性化了的，

“任凭提起一个，都似旧时熟识”，每一个人物形象又概括了某一类型人物的本质特征，因而又是概括化了的。

再次，他非常重视语言的性格化，强调人物的语言应该符合人物的个性，因为富有个性特征的语言，才能很好地表现出典型人物的性格特征。他指出：“《水浒传》并无之乎者也等字，一样人，便还他一样说话，真是绝奇本事。”所谓“一样人”“一样说活”，也就是符合人物个性的性格化的语言。如阮小七是“第一个快人”，他“心快口快”，其语言的性格化特征就是一个“快”字。又如《水浒传》写李逵，“写得真是一片天真烂漫到底”，“只如写李逵，岂不段段都是妙绝文字？”

[原文]

读第五才子书法（选录）

金人瑞

大凡读书，先要晓得作书之人是何心胸[1]。如《史记》，须是太史公一肚皮宿怨[2]发挥出来，所以他于《游侠》、《货殖传》[3]，特地着精神，乃至其余诸纪传中，凡遇挥金杀人之事，他便啧啧赏叹不置。一部《史记》，只是“缓急人所时有”[4]六个字，是他一生著书旨意。《水浒传》却不然。施耐庵本无一肚皮宿怨要发挥出来，只是饱暖无事，又值心闲，不免伸纸弄笔，寻个题目，写出自家许多锦心绣口[5]，故其是非皆不谬于圣人。后来人不知，却于《水浒》上加“忠义”

字，遂并比于史公发愤著书一例，正是使不得。

或问：施耐庵寻题目[6]写出自家锦心绣口，题目尽有，何苦定要写此一事？答曰：只是贪他三十六个人，便有三十六个出身，三十六样面孔，三十六样性格。中间便结撰得来。

《水浒传》方法，都从《史记》出来，地有许多胜似《史记》处，若《史记》妙处，《水浒》已是件件有。

某尝道《水浒》胜似《史记》，人都不肯信，殊不知某却不是乱说。其实，《史记》是以文运事，《水浒》是因文生事，以文运事，是先有事生成如此如此，却要算计出一篇文字来，虽是史公高才，也毕竟是吃苦事。因文生事即不然，只是顺着笔性去，削高补低都由我。

《水浒传》并无之乎者也等字，一样人，便还他一样说话，真是绝奇本事。

《水浒传》一个人出来，分明便是一篇列传。至于中间事迹，又逐段逐段自成文字，亦有两三卷成一篇者，亦有五六句成一篇者。

别一部书，看过一遍即休，独有《水浒传》，只是看不厌，无非为他把一百八个人性格，都写出来。

《水浒传》写一百八个性格，真是一百八样。若别一部书，任他写一千个人，也只是一样，便只写得两个人，也只是一样。

《宣和遗事》[7]具载三十六个姓名，可见三十六人是实有，只是七十回中许多事迹，须知都是作书人凭空造谎出来，如今却因读此七十回，反把三十六个人物都认得了，任凭提起一个，都似旧时熟识，文字有气力如此。

《水浒传》只是写人粗卤处，便有许多写法。如：鲁达粗卤是性急，史进粗卤是少年任气，李逵粗卤是蛮，武松粗卤是豪杰不受羁靮[8]，阮小七粗卤是悲愤无说处，焦挺粗卤是气质不好。

李逵是上上人物，写得真是一片天真烂漫到底，看他意思，便是由山泊中一百七人，无一个人得他眼，《孟子》“富贵不能淫，贫贱不能移，威武不能屈”，正是他好批语。

看来作文，全要胸中先有缘故[9]。若有缘故时，便随手所触，都成妙笔；若无缘故时，直是无动手处，便作得来，也是嚼蜡。

只如写李逵，岂不段段都是妙绝文字？却不知正为段段都在宋江事后，故便妙不可言。盖作者只是痛恨宋江奸诈，故处处紧接出一段李逵朴诚来，做个形击。其意思自在显宋江之恶，却不料反成李逵之妙也。此譬如刺枪，本要杀人，反使出一身家数。

阮小七是上上人物，写得另是一样气色。一百八人中，真是算做第一个快人。心快口快，使人对之，龌龊都销尽。

[注释]

[1] 心胸：意图。

[2] 宿怨：积之日久的怨愤。这是金圣叹根据司马迁提出的“发愤著书”说所进行的阐述。

[3] 《游侠》、《货殖传》：《史记》中的《游侠列传》与《货殖列传》。

[4] 缓急人所时有：缓急，偏义复词，作紧急、困难讲。时有，常有发生。语见司马迁《游侠列传》。司马迁对志士贤才深表同情，金圣叹在此引用此语，以说明司马迁著《史记》的宗旨。

[5] 锦心绣口：形容文思优美，辞藻华丽。

[6] 题目：这里指题材。

[7] 《宣和遗事》：是宋元间文人汇集旧籍兼采传说写成。其中的梁山故事，叙述宋江等三十六人聚义，并列出了三十六人的姓名与绰号。

[8] 靮（dì）：马缰绳。

[9] 缘故：此处指立意，以及围绕立意所进行的全盘筹划。

第七节　李渔的戏曲理论

[说明]

李渔（1611—1679），字笠鸿，又字谪凡，号笠翁，兰溪（今浙江省兰溪县）人。清初著名戏曲作家和戏曲理论家，所著《闲情偶寄》，内容包括戏曲、烹饪、建筑、园艺各方面。其中戏曲理论部分分“填词部”和“演习部”，对戏曲结构、音律、对白、表演、歌唱等问题都有所论述，提出了不少独到的见解，实为戏曲理论专著。李渔戏曲理论以“填词部”最精彩，其中包括结构、词采、音律、宾白、科诨、格局六项。本书选录部分，表明了以下观点。

第一，十分注重戏曲的结构艺术，明确提出了“结构第一”的主张。在李渔以前的传统戏曲理论是“着重音律”，而李渔却“独先结构”。他所说的“结构”，实质是指戏剧创作的艺术构思，包括对戏曲内容各要素之内在关系与组织方式的深思熟虑与设计，以及题材的开拓与主题的把握等，而不是指场与幕、唱与白等戏剧外在形式的布局安排。他强调和分析了结构在整个戏曲创作中的重要地位以及它与音律、词采的关系，他以“造物之赋形”、“工师之建宅”比拟戏曲结构，说明它的重要性。他认为戏剧创作的首要问题是内容而不是形式。他指出“有奇事，方有奇文”，就是说必须先有“传奇”的题材内容，才有“传奇”的艺术形式。“未有命题不佳，而能出其锦心，扬为绣口者也”。如果主题不好，就不可能有完美的艺术构思与优美的语言词采。因此，只有在题材、主题以及“结构”等问题都得到解决，艺术形象已活跃在作家心中时，才有可能进入创作，这就是他所指出的“结构二字，则在引商刻羽之先，拈韵仙毫之始”，“作传奇者，不宜卒急拈毫，袖手于前，始能疾书于后”。李渔的这些见解，突破了“首重音律”的传统观念，为戏剧创作开辟了新的天地。

其次，李渔把“立主脑”作为戏曲创作进行总体构思的最重要的一环。李渔对“主脑”作了明确的界定：“立脑非他，即作者立言之本意也。”他又指出“本意”并非抽象的主题，而是具体的“一人一事”，“一本戏中，有无数人名，究竟俱属陪宾；原其初心，止为一人而设。即此一人之身，自始至终，离合悲欢，中具无限情由，无穷关目，究竟俱属衍文；原其初心，又止为一事而设。此一人一事，即作传奇之主脑也。”可见，李渔非常明确而深刻地指明了戏剧的“主脑”既是“作者立言之本意”，也是剧中所设的“一人一事”，两者密切融合在一起。因为剧本的主题思想是通过具体丰满的人物形象和戏剧冲突来表现的，戏剧创作的中心任务是塑造人物和安排情节，舍此就无所谓“主脑”、“本意”。总之，李渔要求每个剧本都要有鲜明的“本意”，要突出主要人物，主要情节，反对“逐节铺陈，有如散金碎玉”，成为“断线之珠，无梁之屋”。在此前提下，李渔还提出了“脱窠臼”、“密针线”、“减头绪”、“审虚实”等使剧本的主题突出，结构严谨的创作原则和方法。

“脱窠臼”论述戏剧的创新精神。李渔认为“传奇”就是“事甚奇特，未经人见而传之”之意，提倡以新见美，洗涤窠臼。“密针线”就是要求情节前后统一，“每编一折，必须前顾数折，后顾数折”，考虑埋伏与照应，使整个剧本浑为一体。“减头绪”是要求作家把“头绪忌繁四字刻画在心”，使剧本的思路不分，文情专一，犹如“孤桐劲竹，直上无枝”。使“三尺童子观演此剧，皆能了了于心，便便于口”。“审虚实”论述了戏曲的艺术真实问题，提出了“传奇无实，大半皆寓言耳”的重要理论，这就把艺术真实与生活真实、历史真实区别开来了。他以艺术需要集中概括的基本规律和一些名剧的创作实例，批驳了“古事多实”的流行说法。但他同时又指出，对于“观者烂熟于胸中。欺之不得，罔之不能”的“其人其事”，则应讲究“姓名事实，必须有本”，不可任意改动或捏造而与众情相违。因这些故事乃是历代作家和观众的共同创造。

再次，李渔十分重视戏剧语言的明白晓畅，通俗易懂，尤其要个性化。他在“词采”问题上特别强调“语求肖似”。他提出戏剧的语言应该做到“说何人肖何人，议某事切某事”，符合人物的身份、性格，“要说一人肖一人，勿使雷同”，使剧中人物具有鲜明独特的个性，他在“语求肖似”中还特别强调指出了在人物性格的塑造中，发挥审美想象的重要作用，他说戏剧作家在进行艺术构思时，是生活在“幻想纵横”、“梦往神游”之中，常常“设身处地”亲身经受自己所塑造的人物的命运和情景，以进行艺术概括。他还提出了代剧中人物“立心”之说，而且指出剧作家只有能“设身处地”，才能代剧中人物“交心”。他还在实际上指出了有“梦往神游”的审美想象，才能“设身处地”，能“设身处地”，才会代剧中人物“立言”，审美想象是塑造戏剧艺术形象的重要途径和手段。

[原文]

闲情偶寄（选录）

李　渔

结构第一

……

填词首重音律，而予独先结构者，以音律有书可考，其理彰明较著……至于结构二字，则在引商刻羽[1]之先，拈韵抽毫之始。如造物之赋形：当其精血初凝，胞胎未就，先为制定全形，使点血而具五官百骸之势。倘先无成局，而由顶及踵、逐段滋生，则人之一身，当有无数断续之痕，而血气为之中阻矣。工师之建宅亦然：基址初平，间架未立，先筹何处建厅，何方开户，栋需何木，梁用何材，必俟成局了然，始可挥斤运斧。倘造成一架而后再筹一架，则便于前者不便于后，势必改而就之，未成先毁，犹之筑舍道旁，兼数宅之匠资，不足供一厅一堂之用矣。故作传奇者不宜卒急拈毫，袖手于前，始能疾书于后。有奇事方有奇文，未有命题不佳而能出其锦心，扬为绣口者也。尝读时髦所撰，惜其惨澹经营，用心良苦，而不得被管弦，副优孟者。非审音协律之难，而结构全部规模之未善也。

立主脑

古人作文一篇，定有一篇之主脑。主脑非他，即作者立言之本意也。传奇亦然。一本戏中，有无数人名，究竟俱属陪宾；原其初心，止为一人而设。即此一人之身，自始至终，离合悲欢，中具无限情由，无穷关目[2]，究竟俱属衍文；原其初心，又止为一事而设。此一人一事，即作传奇之主脑也。然必此一人一事，果然奇特，实在可传而后传之，则不愧传奇之目；而其人其事与作者姓名皆千古矣。如一部《琵琶》，止为蔡伯喈一人；而蔡伯喈一人，又止为重婚牛府[3]一事，其余枝节，皆从此一事而生——二亲之遭凶，五娘之尽孝，拐儿之骗财匿书，张大公之疏财仗义，皆由于此。是“重婚牛府”四字，即作《琵琶记》之主脑也。一部《西厢》，止为张君瑞一人；而张君瑞一人，又止为白马解围[4]一事；其余枝节，皆从此一事而生——夫人之许婚，张生之望配，红娘之勇于作合，莺莺之敢于失身，与郑恒之力争原配而不得，皆由于此。是“白马解围”四字，即作《西厢记》之主脑也。余剧皆然，不能悉指。后人作传奇，但知为一人而作，不知为一事而作，尽此一人所行之事，逐节铺陈，有如散金碎玉。以作零出[5]则可，谓之全本，则为断线之珠，无梁之屋，作者茫然无绪，观者寂然无声，无怪乎有识梨园[6]望之而却走也。此语未经提破，故犯者孔多，而今而后，吾知鲜矣！

脱窠臼

人惟求旧，物惟求新。新也者，天下事物之美称也。而文章一道，较之他物，尤加倍焉。戛戛乎陈言务去[7]，求新之谓也。至于填词一道，较之诗、赋、古文，又加倍焉，非特前人所作，于今为旧，即出我一人之手，今之视昨，亦有间[8]焉，昨已见而今未见也。知未见之为新，即知已见之为旧矣。故人呼剧本为“传奇”者，因其事甚奇特，未经人见而传之，是以得名；可见非奇不传。新，即奇之别名也。若此等情节业已见之戏场，则千人共见，万人共见，绝无奇矣，焉用传之？是以填词之家，务解“传奇”二字。俗为此剧，先问古今院本[9]中曾有此等情节与否。如其未有，则急急传之。否则枉费辛勤，徒作效颦之妇[10]。东施之貌未必丑于西施，止为效颦于人，遂蒙千古之诮；使当日逆料至此，即劝之捧心，知不屑矣。

吾谓填词之难，莫难于洗涤窠臼；而填词之陋，亦莫陋于盗袭窠臼。吾观近日之新剧，非新剧也，皆老僧碎补之衲衣[11]，医生合成之汤药。取众剧之所有，彼割一段，此割一段，合而成之，即是一种传奇，但有耳所闻未之姓名，从无目不经见之事实。语云：“千金之裘，非一狐之腋。”[12]以此赞时人新剧，可谓定评！但不知前人所作，又从何处集来？岂《西厢》以前，别有跳墙之张珙；《琵琶）以上，别有剪发之赵五娘乎？若是则何以原本不传而传其抄本也？窠臼不脱，难语填词，凡我同心，急宜参酌！

密针线

编戏有如缝衣，其初则以完全者剪碎，其后又以剪碎者凑成。剪碎易，凑成难。凑成之工，全在针线紧密；一节偶疏，全篇之破绽出矣。每编一折，必须前顾数折，后顾数折，顾前者，欲其照映；顾后者，便于埋伏，照映埋伏，不止照映一人，埋伏一事，凡是此剧中有名之人，关涉之事，与前此后此所说之话，节节俱要想到；宁使想到而不用，勿使有用而忽之。吾观今日之传奇，事事皆逊元人，独于埋伏照映处，胜彼一筹。非今人之太工，以元人所长，全不在此也。若以针线论，元曲之最疏者，莫过于《琵琶》。无论大关节目[13]，背谬甚多：如子中状元三载，而家人不知；身赘相府，享尽荣华，不能自遣一仆，而附家报于路人；赵五娘千里寻夫，只身无伴，未审果能全节与否，其谁证之？诸如此类，皆背理妨伦之甚者。再取小节论之。如五娘之剪发，及作者自为之，当日必无其事；以有疏财仗义之张大公在，受人之托，必能忠人之事，未有坐视不顾，而致其剪发者也。然不剪发不足以见五娘之孝，以我作《琵琶》，《剪发》一折亦必不能少，但须回护张大公，使之自留地步。吾读《剪发》之曲，并无一字照管大公，且若有心讥刺者。据五娘云：“前日婆婆没了，亏大公周济。如今公公又死，无钱资送，不好再去求他，只得剪发”云云。若是，则剪发一事，及自愿为之，非时势迫之使然也。奈何曲中云：“非奴若要孝名传，只为上山擒虎易，开口告人难。”此二语虽属恒言，人人可道，独不宜出五娘之口。彼自不肯告人，何以言其难也？观此二语，不似怼[14]怨大公之词乎？然此犹属背后私言，或可免于照顾；迨其哭倒在地，大公见之，许送钱米相资，以备衣衾棺椁，则感之颂之，当有不啻口出者矣。奈何曲中又云：“只恐奴身死也兀自没人埋，谁还你恩债？”试问：公死而埋者何人？姑死而埋者何人？对埋殓公姑之人而自言暴露[15]，将置大公于何地乎？且大公之相资，尚义也，非图利也；“谁还恩债”一语，不几抹倒大公，将一片热肠付之冷水乎？此等词曲，幸而出自元人。若出我辈，则群口讪之，不识置身何地也。予非敢于仇古[16]，既为词曲，立言必使人知取法，若扭于世俗之见，谓事事当法元人，吾恐未得其瑜，先有其瑕，人或非之，即举元人藉口，乌知圣人千虑，必有一失；圣人之事犹有不可尽法者，况其他乎？《琵琶》之可法者原多，请举所长以盖短：如《中秋赏月》一折，同一月也，出于牛氏之口者，言言欢悦；出于伯喈之口者，字字凄凉；一座两情，两情一事，此其针线之最密者。瑕不掩瑜，何防并举其略。然传奇，一事也，其中义理分为三项：曲也，白也，穿插联络之关目也。元人所长者，止居其一，曲是也；白与关目，皆其所短。吾于元人，但守其词中绳墨而已矣。

减头绪

头绪繁多，传奇之大病也。《荆》、《刘》、《拜》、《杀》[17]之得传于后，止为一线到底，并无旁见侧出之情。三尺童子，观演此剧，皆能了了于心，便便[18]于口，以其始终无二事，贯串只一人也。后来作者，不讲根源，单筹枝节，谓多一人可增一人之事。事多则关目亦多，令观场者如入山阴道中，人人应接不暇[19]。殊不知戏场脚色，止此数人；使换千百个姓名，也只此数人装扮。止在上场之勤不勤，不在姓名之换不换。与其忽张忽李，令人莫识从来，何如只扮数人，使之频上频下，易其事而不易其人，使观者各畅怀来，如逢故物之为愈乎？作传奇者，能以“头绪忌繁”四字刻刻关心，则思路不分，文情专一。其为词也，如孤桐劲竹，直上无枝，虽难保其必传，然已有《荆》、《刘》、《拜》、《杀》之势矣。

审虚实

传奇所用之事，或古或今，有虚有实，随人拈取。古者，书籍所载，古人现成之事也；今者，耳目传闻，当时仅见之事也。实者，就事敷陈，不假造作，有根有据之谓也；虚者，空中楼阁，随意构成，无影无形之谓也。人谓古事多实，近事多虚。予曰：不然。传奇无实，大半皆寓言耳。俗劝人为孝，则举一孝子出名，但有一行可纪，则不必尽有其事；凡属孝亲所应有者，悉取而加之。亦犹纣之不善不如是之甚也，一居下流，天下之恶皆归焉[20]。其余表忠表节与种种劝人为善之剧，率同于此。若谓古事皆实，则《西厢》、《琵琶》，推为曲中之祖。莺莺果嫁君瑞乎？蔡邕之饿莩其亲，五娘之干蛊[21]其夫，见于何书？果有实据乎？孟子云："尽信书，不如无书。"盖指《武成》[22]而言也。经史且然，矧[23]杂剧乎？

凡阅传奇而必考其事从何来，人居何地者，皆说梦之痴人，可以不答者也。然作者秉笔，又不宜尽作是观。若纪目前之事，无所考究，则非特事迹可以幻生，并其人之姓名亦可以凭空捏造，是谓虚则虚到底。若用往事为题，以一古人出名，则满场脚色皆用古人，捏一姓名不得。其人所行之事，又必本于载籍，班班可考，创一事实不得。非用古人姓字为难，使与满场脚色同时共事之为难也。非查古人事实为难，使与本等情由贯串合一之为难也。

予既谓传奇无实，大半寓言，何以又云姓名事实，必须有本？要知古人填古事易，今人填古事难。古人填古事，犹之今人填今事，非其不虑人，考无可考也。传至于今，则其人其事，观者烂熟于胸中，欺之不得，罔[24]之不能，所以必求可据，是谓实则实到底也。若用一二古人作主，因无陪客，幻设姓名以代之，则虚不似虚，实不成实，词家之丑态也，切忌犯之！

戒浮泛

词贵显浅之说，前已道之详矣。然一味显浅，而不知分别，则将日流粗俗，求为文人之笔而不可多得矣。元曲多犯此病，乃矫艰深隐晦之弊而过焉者也。极粗极俗之语，未尝不入填词，但宜从脚色起见。如在花面口中，则惟恐不粗不俗；一涉生、旦之曲，便宜斟酌其词。无论生为衣冠、仕宦，旦为小姐、夫人，出言吐词，当有隽雅舂容[25]之度；即使生为仆人，旦作梅香，亦须择言而发，不与净、丑同声；以生、旦有生、旦之体，净、丑有净、丑之腔故也。元人不察，多混用之。观《幽闺记》之陀满兴福，乃小生脚色，初屈后伸之人也，其《避兵》曲云："遥观巡捕卒，都是棒和枪。"此花面口吻，非小生曲也。均是常谈俗语，有当用于此者，有当用于彼者。又有极粗极俗之语，止更一、二字，或增减一、二字，便成绝新绝雅之文者。神而明之，只在一熟。当存其说，以俟其人。

填词义理无穷，说何人肖何人，议某事切某事，文章头绪之最繁者，莫填词若矣。予谓总其大纲，则不出情、景二字；景书所睹，情发欲言；情自中生，景由外得。二者难易之分，判如霄壤。以情乃一人之情，说张三要像张三，难通融于李四；景乃众人之景，写春夏尽是春夏，止分别于秋冬。善填词者，当为所难，勿趋其易。批点传奇者，每遇游山玩水、赏月观花等曲，见其止书所见不及中情者，有十分佳处，只好算得五分；以风云月露之词，工者尽多，不从此剧始也。善咏物者，妙在即景生情。如前所云《琵琶·赏月》四曲，同一月也，牛氏有牛氏之月，伯喈有伯喈之月。所言者月，所寓者心。牛氏所说之月可移一句于伯喈，伯喈所说之月可挪一字于牛氏乎？夫妻二人之语，犹不可挪移混用，况他人乎？人谓："此等妙曲，工者有几？强人所不能，是塞填词之路也。"予曰："不然。作文之事，贯于专一。专则生巧，散乃人愚[26]。专则易于奏工，散者难于责效。百工居肆[27]，欲其专也。众楚群咻[28]，喻其散也。舍情言景，不过图其省力，殊不知眼前景物繁多，当从何处说起？咏花既愁遗鸟，赋月又想兼风。若使逐件铺张，则虑事多曲少；欲以数言包括，又防事短情长。展转推敲，已费心思几许。何如只就本人生发[29]，自有欲为之事，自有待说之情，念不旁分，妙理自出。如发科发甲之人[30]，窗下作文，每日止能一篇二篇，场中遂至七篇。窗下之一篇二篇，未必尽好，而场中之七篇，反能尽发所长而夺千人之帜者，以其念不旁分，舍本题之外，并无别题可作，只得走此一条路也。吾欲填词家舍景言情，非责人以难，正欲其舍难就易耳。"

语求肖似

文字之最豪宕，最风雅，作之最健人脾胃者，莫过填词一种，若无此种，几于闷杀才人，困死豪杰。予生忧患之中，处落魂之境，自幼至长，自长至老，总无一刻舒眉。惟于制曲填词之顷，非但郁藉以舒，愠为之解，且尝僭作两间[31]最乐之人，觉富贵荣华，其受用不过如此。未有真境之为所欲为，能出幻境纵横之上者：我欲做官，则顷刻之间便臻荣贵；我欲致仕，则转盼之际又入山林；我欲作人间才子，即为杜甫、李白之后身；我欲娶绝代佳人，即作王嫱、西施之元配；我欲成仙作佛，则西天、蓬岛即在砚池笔架之前；我欲尽孝输忠，则君治亲年，可跻尧、舜、彭篯[32]之上。非若他种文字，欲作寓言，必须远引曲譬，酝藉包含。十分牢骚，还须留住六七分；八斗才学，止可使出二三升。稍欠和平，略施纵送，即谓失风人之旨[33]，犯佻达[34]之嫌，求为家弦户诵者难矣！填词一家，则惟恐其蓄而不言，言之不尽。

是则是矣，须知畅所欲言，亦非易事。言者，心之声也，欲代此一人立言，先宜代此一人立心。若非梦往神游，何谓设身处地？无论立心端正者，我当设身处地，代生端正之想；即遇立心邪辟者，我亦当舍经从权[35]，暂为邪辟之思。务使心曲隐微，随口唾出，说一人，肖一人，勿使雷同，弗使浮泛。若《水浒传》之叙事，吴道子[36]之写生，斯称此道中之绝技。果能若此，即欲不传，其可得乎？

[注释]

[1] 引商刻羽：指讲究音律，推敲追求美妙动人的音韵。

[2] 关目：主要情节。

[3] 重婚牛府：在《琵琶记》中，蔡伯喈得中状元后，奉皇帝之命与牛丞相之小姐成亲，从而造成蔡伯喈自身及其发妻赵五娘的悲剧。

[4] 白马解围：西厢记的第二本第一折中的情节，写孙飞虎兵围普救寺，欲强取莺莺为妻。在此危急情况下，崔母许愿，谁退贼兵，莺莺许配与谁，张生挺身献策，写信向好友白马将军杜确求救，杜确率兵杀退贼兵，解了普救寺之围。

[5] 零出：传奇剧本中一个相对独立的段落，可单独演出，又称折子戏。

[6] 有识梨园：有见地的剧团和戏剧行家。

[7] 戛戛乎陈言务去：语出韩愈《答李翊书》。

[8] 间（jiàn）：差别，距离。

[9] 院本：金元时行院演剧所用脚本，这里用以代称戏剧。

[10] 效颦之妇：东施效颦，事见《庄子·天运》。

[11] 衲衣：衲，补缀，缝补。衲衣，僧衣为了“苦修”，用陈旧杂碎的布片缝衲为衣，称为衲衣。

[12] 千金之裘二句：语出《史记·刘敬叔孙通列传》。原意是借以比喻集小始能成大，集众力才能成就一事。李渔这里是反其意义而用之。以讽刺那些“盗袭窠臼”、拼凑而成的作品。

[13] 大关节目：大的关目与小的节目，即重大情节与细节。

[14] 怼（duì）：怨恨。

[15] 暴露：尸体暴露，指死后无人埋葬。

[16] 仇古：反对古人。

[17] 《刑》、《刘》、《拜》、《杀》：即南戏《刑钗记》、《刘知远》、《拜月亭》、《杀狗记》。

[18] 便便（pián）：同辩辩，清楚、流畅。

[19] 如入山阴道中一句：《世说新语·言语》：“从山阴道上行，山川自相映发，使人应接不暇。”李渔借以指情节复杂，头绪繁多，使观者茫然无绪。

[20] 亦犹纣之不善不如是之甚也三句：见《论语·子张》。

[21] 干蛊（kàn gǔ）：古时称儿子担负父母不能担负的事情，这里借指妻子担负丈夫所不能担负的事情。

[22] 《武成》：《尚书》中的一篇，叙武王伐殷成功。

[23] 矧（shén）：况且。

[24] 罔：虚妄，欺骗。

[25] 隽雅春容：隽，同俊。春容，行为大方。

[26] 散乃人愚：意思是说如不注意围绕人物性情，杂乱地写，便

会成呆笨之笔。

[27] 百工居肆：工匠们居于作坊。意思是说集中精神操作，语出《论语·子张》。

[28] 众楚群咻：咻（xiū），喧哗。楚大夫请一人为师，教授他的儿子讲齐语。但众楚人向其喧哗，无法学好。这里比喻用心不专。语出《孟子·滕文公下》。

[29] 生发：指从主要人物身上展开，产生新的情节。

[30] 发科发甲之人：汉唐改试均以甲、乙分优劣，甲科代指进士改试。发科发甲之人，指得中科举者。

[31] 僭作两间：僭，超越本分。两间，天地之间。

[32] 彭籛（jiān）：古代传说中以长寿著称的人，姓籛名铿，封于彭城，称为彭籛。

[33] 失风人之旨：指失去儒家所宣扬的"怨而不怒，哀而不伤"，以"温柔敦厚"教人的诗人之宗旨。

[34] 佻达：轻薄。

[35] 舍经从权：放弃正常的作法，同时因事而权宜变通。

[36] 吴道子：唐玄宗时著名画家，阳翟人。后改名道玄。擅画人物，兼长山水。

第八节　王士祯的神韵说

[说明]

王士祯（1634—1711年），字贻上，号阮亭，别号渔洋山人，山东新城（今山东桓台县）人。清顺治十五年进士，累官至刑部尚书。他以诗领袖康熙一代文人诗坛，为神韵说的倡导者。神韵说影响清前期的诗坛，几乎达百年之久，王士祯自称“平生论诗凡屡变”（见俞兆晟《渔洋诗话序》），少年时宗唐，“少年初筮仕时，惟务博综该洽，以求兼长……入吾室者俱操唐音，韵胜于才，推为祭酒”；中年时事两宋，“中岁越三唐而事两宋，良由物情厌故，笔意喜生，耳目为之顿新，心思于焉避熟”；晚年时又归于唐，“既而清利寖以佶屈，顾瞻世道，惄焉心忧，于是以太音希声，药淫哇锢习，《唐贤三昧》之选，所谓乃造平淡时也，然而境亦从兹老矣。”（同上）但他倡导“神韵”之说始终没有改变。这篇《高津草堂诗集序》就反映了这种情况。此序的前半部分表明了他的诗论的变化过程，后半部分赞赏田子益诗作有“神韵”，反映了他的神韵说的基本内容。

王士祯诗论的变化，与纠正当时诗风有着密切的关系。他作为当时诗坛领袖，始终关注诗风的变化，并针对各种不良倾向及时提出自己的论诗主张，进行救偏补弊。清初诗坛，明七子“诗必汉魏盛唐”的流弊已经很深，诗人们追慕汉魏，墨守盛唐，甚至到了非“乐府”、“古选”而“弗屑”的程度。王士祯为纠正这种不良倾向，因而在三十岁以后，由宗唐转而撰文倡导诗人挣脱唐诗束缚，学习两宋：“以为唐有诗，不必建安、黄初也；元和以后有诗，不必神龙、开元也；北宋有诗，不必李、杜、高、岑也。”但是人们由一个极端走到了另一个极端，“矫枉过正”，欲废唐而学宋，完全抛弃汉魏。“至于汉、魏乐府、古选这遗音，荡然无复存在”。王士祯主张学宋，意在扩大神韵的范围，而人们并未理解他的用意。他为诗坛的这种变化而感到忧虑，于是由主宋而归于宗唐。

欲标唐人之“神韵”以纠正时风。

王士祯论诗倡神韵说。所谓神韵，是指作品意境的清雅淡远，而又有弦外之音，味外之味。他在《池北偶谈》中说过：“汾阳孔文谷有云：‘诗以达性，然而清指为尚。’薛西原论诗，独取谢康乐、王摩诘、孟浩然、韦应物，言‘白云抱幽石，绿筱媚清涟’，清也；‘表灵物莫赏，蕴真谁为传’，远也，‘何必丝与竹，山水有清音’，景昃鸣禽集，水木湛清华’，清远兼之也。总其妙在神韵矣。”可见，“神韵”具有清远的特点，就是不论写景抒情，都力求含蓄，表现清雅淡远的风神韵致。诗意蕴含在景物之中，景清而意远，感情由诗境来透露，不直抒胸臆，由欣赏者去体味。总之，王士祯倡导的神韵，主要是指王维、孟浩然一派山水田园诗那种意境的清远含蓄、自然超妙，风格的淡雅宁静、余味悠长。王士祯在他晚年编选的《唐贤三昧集》的序言中说得相当清楚。他说：“严沧浪论诗云：‘盛唐诸人，唯在兴趣，羚羊挂角，无迹可求，透彻玲珑，不可凑泊，如空之音，相中之色，水中之月，镜中之像，言有尽而意无穷。’司空图表圣论诗，亦云：‘味在酸咸之外。’康熙戊辰春杪，日取开元、天宝诸公篇什读之，于二家之言，别有会心，录其尤隽永超诣者、自王右丞而下四十二人，为《唐贤三昧集》，厘为三卷。”可见，王士祯“神韵说”的理论渊源乃出自司空图的“韵味说”和严羽的“兴趣说”，他对严羽、司空图二人的诗学主张“别有会心”。其“神韵说”的旨趣在于王维等42人的那些“尤隽永超诣”的诗篇，正是《高津草堂诗集序》中所赞赏的“冲淡”、“自然”、“清奇”等境界与风格。王士祯把“神韵”作为一种审美尺度，比起司空图和严羽都要明确和严格得多。而且，把“神韵”作为一种审美风格和意境，是只推崇“冲淡”、“自然”、“清奇”这一类清雅淡远之作，而排斥抒发忧愤、怨刺、反抗之诗的，所以他的《唐贤三昧集》就不选李白、杜甫之作。

诚然，王士祯的“神韵说”有它消极的一面，他极力称赞的“冲淡”、“自然”、“清奇”就包含着引导诗人脱离现实，追求隐逸的审美情趣。但神韵说重视诗歌意境塑造，这对提高诗歌创作的艺术水平是很有帮助的。

[原文]

鬲津草堂诗集序

王士祯

三十年前，予初出，交当世名辈，见夫称诗者，无一人不为乐府，乐府必汉《铙歌》[1]，非是者弗屑也；无一人不为古选[2]，古选必《十九首》、“公宴”[3]，非是者弗屑也。予窃惑之，是何能为汉、魏者之多也？历六朝而唐、宋，千有余岁，以诗名其家者甚众，岂其才尽不今若耶？是必不然。故尝著论，以为唐有诗，不必建安、黄初也；元和以后有诗，不必神龙、开元也；北宋有诗，不必李、杜、高、岑也[4]。二十年来，海内贤知之流，矫枉过正，或乃欲祖宋而祧唐[5]，至于汉、魏乐府、古选之遗音，荡然无复存在，江河日下，滔滔不返。有识者惧焉。

田子子益，邹鲁之文学[6]，而漪亭司寇[7]之介弟也。一旦怀其近诗一编质予，予亟赏之。昔司空表圣作《诗品》凡二十四，有谓冲淡者曰："遇之匪深，即之愈稀"[8]，有谓自然者曰："俯捡即是，不取诸邻[9]；有谓清奇者曰："神出古异，淡不可收"[10]。是三者，品之最上，而子益之诗有之，视世之滔滔不返者不可同日而语矣。使子益称诗于三十年之前，其不为雷同寻扯[11]，又可知也。故喜而书之。

[注释]

[1] 铙（náo）歌：宋郭茂倩编《乐府诗集》一百卷，分十类，《铙歌》是第三类《鼓吹曲辞》中的一部。

[2] 古选：指《文选》中的古体诗。

[3] 公宴：官家的宴会，《文选》第二十卷选录"公宴"诗凡十四家十四首。

[4] 以为唐有诗六句：黄初，魏文帝年号（705—706）。元和以后，指中晚唐。神龙，开元，代指初盛唐诗歌。据《四库全书总目提要》称：此几句"盖为雯而发"。实际上是针对盲目追慕汉、魏、盛唐者而发。

[5] 祖宋而祧唐：祧，远祖之庙。此句意谓废唐而学宋。

[6] 邹鲁之文学：田霡（mài 卖），字子益，号乐园，又号香城居士，山东德州人，与兄田雯、田雷并以能诗著名， 从王士祯游，其诗集有《鬲津草堂五字古体诗》一卷。《五字今体诗》一卷，均由王士祯所写序文。邹、鲁，山东省的代称。文学，汉代官名，以五经教授诸生，田霡于康熙二十五年丙寅拔贡生，授堂邑县教谕，故称"邹鲁之文学"。

[7] 漪亭司寇：漪亭，田霡之兄雯之别兄。司寇，刑部长官的代称。刑部尚书称司寇，刑部侍郎称少司寇，田雯于康熙三十三年至三十八年官刑部左侍郎。

[8] 遇之匪深二句：意思是偶尔遇见这样的作品，觉得似乎并不幽

深，但越是有意去触摸它的意境，就越觉得难以追寻。

[9] 俯拾即是二句：意思是，诗人抒情达意都要自然，只要是出于自己的情性，便会俯拾即是，而不必去乞求他人。

[10] 神出古异二句：意思是，他神采气韵高古而奇异，说不尽他那淡泊无为的风度。

[11] 挦（xián）扯：摘取。

第九节　刘大櫆的《论文偶记》

[说明]

刘大櫆（1698—1779），字才甫，一字耕南，号海峰，桐城（今安徽桐城）人。晚年官安徽黟县教谕。刘氏出方苞门下，又为姚鼐之师，是桐城派古文理论发展过程中一位承先启后的人物。他在方苞义法论的基础上，进一步探求散文的艺术特征，颇有新的阐发。他的文论宗旨，集中在《论文偶记》中，本书选录部分论及了以下问题。

首先，他强调了散文艺术本身的相对独立性。桐城派开创者方苞论文以“义法”为主，侧重文章的思想内容一面，但也不完全忽视文章的艺术形式。刘大櫆继承方苞衣钵，传其古文义法，则侧重于艺术特征和创作规律的探讨。方宗诚在《桐城文录序》中说：“海峰先生之文，以品藻音节为宗，虽受法于望溪（方苞），而能变化自成一体，义理不如望溪之深厚，而采藻过之。”刘大櫆指出：“故义理、书卷、经济者，行文之实；若行文自另是一事。”这就指明了义理、书卷、经济只是文章写作的“材料”，要把这些“材料”制作成文章，还必须遵照写作的特殊规律和掌握写作的艺术技巧。没有材料，再杰出的作家，也写不出好的作品，“譬如大匠操斤，无土木材料，纵有成风尽垩手段，何处设施？”但是，如果没有掌握散文创作规律和写作技巧，纵使有很好的材料，由于“不善设施”，也不可能写出优秀的篇章。“然即土木材料，而不善设施者甚多，终不可为大匠”。所以，他指出“义理、书卷、经济者，匠人之材料也”，而“神气音节，匠人之能事也”。这就阐明了文章的题材内容和文章形式技巧虽有密切的关系，但艺术形式本身却有相对的独立性，而掌握创作规律和写作技巧乃是作家擅长的“能事”。他认为“古人文字最不可攀处，只是文法高妙”，这就把艺术规律和写作技巧摆到了十分重要的地位。而且，他十分强调要对创作规律和写作技巧进行深入体味领悟，他说：“古人文章可告人者唯法耳”，但法有“活法”与“死法”之分，应该避免“不得其神而徒守其法”的“死法”，而“文法高妙”是“无一定之律”，但“有一定之妙”，是只可意会，不可言传。所以，应该时时“微会之”，细微深入地体悟，从而掌握其“一定之妙”。

其次，他提出了神气音节说，对散文的艺术特征作了详细全面的论述。他主张从“神、气”方面去探讨古人的“文法高妙”。他说：“行文之道，神为主，气辅之，曹子桓、苏子由论文，以气为主，是矣。然气随神转，神浑则气灏，神远则气逸，神伟则气高，神变则气奇，神深则气静，故神为气之主。”可见，刘氏对曹丕和苏辙的“文气说”作了进一步的发展，在文“气”之上又提出了“神”的理论。他对“神”与“气”的关系作了很精辟的分析。他说：“神者，文家之宝，文章最要气盛。然无神以主之，则气无所附，荡乎不知其所归也。神者气之主，气者神之用，神只是气之精处。”他强调了神是本体，气是具体体现，即神通过气来体现。气则受神的制约，他指出“神气”是“文之最精处”，而“神”又“是气之精处”。他所谓的神，是指作家的性格特征在艺术上的完美而成熟的表现；他所谓的气，是指文章语言的气势。可见，刘氏十分重视散文创作表现作家的性格特征，而古人的“文法高妙”处即在文章的神气。

再次，他提出了“因声求气”说，较好地把文学作品的内容与形式统一起来，揭示了古代优秀散文之所以富于音乐美的奥秘。用神气论文，比较抽象，因“神气不可见”。刘氏则具体提出由音节求神气，由字句求音节的主张。他说：“盖音节者，神气之迹也；字句者，音节之矩也。神气不可见，于音节见之；音节无可准，以字句准之。”同时他又十分强调熟读涵咏，以领会文章的神气。他说：“积字成句，积句成章，积章成篇，合而读之，音节见矣；歌而咏之，神气出矣。”后来桐城派的继承者，都把因声以求气奉为不二法门。而放声朗诵或低声吟哦，更成为他们学习和鉴赏文章所采用的重要方法，成为桐城义法的一个重要组成部分。

[原文]

论文偶记（选录）

刘大櫆

行文之道[1]，神为主，气辅之。曹子桓、苏子由论文，以气为主[2]，是矣。然气随神转，神浑则气灏，神远则气逸，神伟则气高，神变则气奇，神深则气静，故神为气之主。至专以理为主者，则犹未尽其妙也。盖人不穷理读书，则出词鄙倍空疏；人无经济[3]，则言虽累牍，不适于用。故义理、书卷、经济者，行文之实；若行文自另是一事。譬如大匠操斤，无土木材料，纵有成风尽垩[4]手段，何处设施？然即土木材料，而不善设施者甚多，终不可为大匠。故文人者，大匠也；神气音节者，匠人之能事也；义理、书卷、经济者，匠人之材料也。

古人文字最不可攀处，只是文法高妙。

神者，文家之宝。文章最要气盛[5]。然无神以主之，则气无所附，荡乎不知其所归也。神者气之主，气者神之用。神只是气之精处。

古人文章可告人者惟法耳。然不得其神而徒守其法，则死法而已。要在自家于读时微会[6]之。李翰云："文章如千军万马，风恬雨齐，寂无人声。"[7]此语最形容得气好。论气不论势，文法总不备。

文章最要节奏，臂之管弦繁奏中，必有希声窈眇处。神气者，文之最精处[8]；音节者，文之稍粗处也；字句者，文之最粗处也。然论文而至于字句，则文之能能事尽矣。盖音节者，神气之迹也；字句者，音节之矩[9]也。神气不可见，于音节见之；音节无可准，以字句准之。

音节高则神气必高，音节下则神气必下，故音节为神气之迹。一句之中，或多一字，或少一字；一字之中，或用平声，或用仄声；同一平字仄字，或用阴平、阳平、上声、去声、入声，则音节迥异，故字句为音节之矩。积字成句，积句成章，积章成篇，合而读之，音节见矣，歌而咏之，神气出矣。

近人论文，不知有语音节者，至语以字句，则必笑以为末事。此论似高实谬。作文若字句安顿不妙，岂复有文字乎？但所谓字句音节，须从古人文字中实实讲贯[10]过始得，非如世俗所云也。

文贵奇，所谓“珍爱者必非常物”[11]。然有奇在字句者，有奇在意思者，有奇在笔[12]者，有奇在丘壑[13]者，有奇在气者，有奇在神者。字句之奇，不足为奇；气奇则真奇矣；神奇则古来亦不多见。次第虽如此，然字句亦不可不奇，自是文家能事。扬子《太玄》《法言》[14]，昌黎甚好之，故昌黎文奇。奇气最难识：大约忽起忽落，其来无端，其去无迹。读古人文，于起灭转接之间，觉有不可测识，便是奇气。奇，正与平相对，气虽盛大，一片行去，不可谓奇，奇者，于一气行走之中，时时提起，太史公《伯夷传》可谓神奇。

文贵变，《易》曰：“虎变文炳，豹变文蔚”。[15]又曰：“物相杂，故曰文[16]”，故文者，变之谓也。一集之中篇篇变，一篇之中段段变，一段之中句句变，神变，气变，境变，音节变，字句变，惟昌黎能之。文法有平有奇，须是兼备，乃尽文人之能事。上古文字初开，实字多，虚字少，典谟训诰[17]，何等简奥，然文法要是未备。至孔子之时，虚字详备，作者神态毕出。《左氏》情韵并美，文彩照耀。至先秦、战国，更加疏纵。汉人敛之，稍归劲质，惟子长集其大成[18]。唐人宗汉多峭硬。宋人宗秦，得其疏纵，而失其厚懋[19]，气味亦少薄矣。文必虚字备而后神态出，何可节损？然枝蔓软弱，少古人厚重之气，自是后人文渐薄处。史迁句法似赘拙，而实古厚可爱。

理不可以直指也，故即物以明理；情不可以显出也，故即事以寓情。即物以明理，《庄子》之文也；即事以寓情，《史记》之文也。

凡行文多寡短长，抑扬高下，无一定之律，而有一定之妙，可以意会，而不可以言传。学者求神气而得之于音节，求音节而得之于字句，则思过半矣。其要只在读古人文字时，便设以此身代古人说话，一吞一吐，皆由彼而不由我。烂熟后，我之神气即古人之神气，古人之音节都在我喉吻间，合我喉吻者，便是与古人神气音节相似处，久之自然铿锵发金石声。

[注释]

[1] 道：规律、法则。

[2] 曹子桓、苏子由论文二句：曹丕论气、见《典论·论文》，苏辙论气，见其《上枢密韩太尉书》。

[3] 经济：经世济民的知识与本领。

[4] 成风尽垩：化用“匠石运斤成风”典故，事见《庄子·徐无鬼》，

[5] 气盛：见韩愈《答李翊书》。

[6] 微会：细致深入体味与领悟。

[7] 李翰云四句：李翰，字子羽，唐进士。李翰的三句话见李德裕《文章论》转引。

[8] 文章最要节奏三句：希声，《老子》：“大音希声。”王弼注：“听之不闻名曰希，不可得闻之音也。”这里指文章的停顿处。窈眇（yáo miào”），美妙。这几句的意思是说文章一定要有节奏，就像很多乐器进行合奏一样，其中，一定要有表示节奏停顿的地方，才能表现出文

章的美妙之处。

[9] 矩：标记、准则。

[10] 讲贯：贯，习。讲贯，犹讲习，研究。

[11] 珍爱者必非常物：语见韩愈《答刘正夫书》。

[12] 笔：这里指行文的笔法笔力。

[13] 丘壑：深山幽谷。这里指文章的构思布局所达到的境界。

[14] 扬子《太玄》《法言》：扬子，扬雄，仿《易经》作《太玄》，仿《论语》作《法言》。

[15] 虎变文炳二句；文，文采。炳，光明。蔚，华美。语见《易·革》："象曰：大人虎变，其文炳也。"又："象曰：君子豹变，其文蔚也。"

[16] 物相杂二句，杂，交错。语见《易·系辞下》。

[17] 典谟训诰：指《尚书》中的《尧典》、《大禹谟》、《汤诰》、《伊训》等四种文体。

[18] 子长集其大成：指司马迁的《史记》。

[19] 懋：同茂。

第十节　袁枚的性灵说

[说明]

袁枚（1716—1798），字子才。号简斋，钱塘（今浙江省杭州市）人。乾隆四年（1739年）进士，官至江宁（今江苏省南京市）知县，后定居江宁，筑室于小仓山下，自号随园老人。

袁枚吸收明代公安派的论诗主张、标举"性灵说"。其"性灵”的核心是作者的真挚情感和自由个性，诗中要能见出作者的性情和个性。在当时，袁枚一方面批判了翁方纲的“肌理说”，指出他们“误把抄书当作诗”，这乃是以考据为诗的不良诗风，明确主张“诗之传者，都是性灵，不关堆垛”（见《随园诗话》卷五）。另一方面，对沈德潜的“格调说”也提出了尖锐的批评。《答沈大宗伯论诗书》就是针对沈德潜的“格调说”而发的，更集中地反映了袁枚的诗学观点。

沈德潜（1673—1769年），字确士，号归愚，江苏长州（今吴县）人。乾隆四年进士，曾任内阁学士兼礼部侍郎。西周始置宗伯，掌管宗庙祭祀等仪礼。后世以大宗伯为礼部之职的别称，故称沈德潜为沈大宗伯。沈氏少受诗法于叶燮（1627—1703年），主张“格调说”。沈氏论诗，在内容上主张“温柔敦厚”，强调“诗教”，在风格上注重“格律”，主张以“三唐体制”为典范，强调音律的重要性。他崇奉盛唐而排斥宋诗，极力称赏前后七子的复古主张：“宋诗近腐，元诗近纤，明诗其复古也。”（见《明诗别裁序》）。沈氏主张的“格凋”，其格指表现思想之格式，调则为诗语之音调，故格凋为构成诗歌外形的格式与音律。沈氏把格调看成诗歌创作的关键。

袁枚在本文中着重从以下几方面批评沈氏的“格调说”，并阐明了自己的诗学主张。

首先，鲜明提出了“诗有工拙，而无今古”的观点。他认为不能以古今为标准来判断诗的好坏，“未必古人皆工，今人皆拙”。他甚至指出儒家经典《三百篇》中也“颇有未工不必学者”，表现了一种离经叛道的倾向。他的这一主张是建立在诗歌创作应以表现诗人的性情和个性为主的诗学观点的基础之上的。他指出今诗与古诗在形式技巧方面有其继承关系，因“格律莫备于古，学者宗师，自有渊源”。但是，“性情遭际，人人有我在焉”，因此，“不可貌古人而袭之，畏古人而拘之”，以致丧失“我”之性情个性。既然诗歌创作应该表现富有个性特征之“我”的“性情遭际”，那么，在继承传统中有所变革创新就是不可避免的事。他指出：“非有心于变也，乃不得不变也”，如果没有这种“变”，也就没有诗的发展。他对沈德潜只许“唐人之变汉、魏，而独不许宋人之变唐”的说法，提出了尖锐的批评。

其次，批判了沈德潜“温柔敦厚”的“诗教”理论。沈氏认为诗的内容“必关系人伦日用”，诗的艺术表现“贵温柔，不可说尽”。袁枚则明确指出诗歌表现的内容，不可囿于“人伦日用”，像“多识于鸟兽草木之名”，就是“诗之无关系者也”，与教化并无关系。诗的内容应该丰富多彩，诗人摄取任何题材，只要能抒发真情实感，都能见出“我”之性情与个性。他还指出诗歌的艺术表现，不能拘于一格，“只贵温柔”。因为诗人的“性情遭际”不同，个性各异，那么，其表现方式也就个个不同，或“含蓄”或“说尽”，都源于“人人有我在焉”的性情与个性，因此诗歌的风格应该多样化。

[原文]

答沈大宗伯论诗书

袁　枚

先生诮浙诗[1]，谓沿宋习败唐风者，白樊榭为厉阶[2]。枚浙人也，亦雅憎浙诗。樊榭短于七古，凡集中此体，数典[3]而已，索索然寡真气，先生非之甚当。然其近体清妙，于近今少偶。先生诗论粹然，尚复何说？然鄙意有未尽同者，敢质之左右。

尝谓诗有工拙，而无今古。自葛天氏之歌至今日[4]，皆有工有拙，未必古人皆工，今人皆拙。即《百三篇》中，颇有未工不必学者，不徒汉、晋、唐、宋也；今人诗有极工极宜学者，亦不徒汉、晋、唐、宋也。然格律莫备于古，学者宗师，自有渊源。至于性情遭遇，人人有我在焉，不可貌古人而袭之，畏古人而拘之也。今之莺花，岂古之莺花乎？然而不得谓今无莺花也；今之丝竹，岂古之丝竹乎？然而不得谓今无丝竹也。天籁[5]一日不断，则人籁[6]一日不绝。孟子曰："今之乐犹古之乐。"[7]乐即诗也。唐人学汉、魏变汉、魏，宋学唐变唐，其变也，非有心于变也，乃不得不变也。使不变，则不足以为唐，不足以为宋也。子孙之貌，莫不本于祖父，然变而美者有之，变而丑者有之，若必禁其不变，则虽造物有所不能。先生许唐人之变汉、魏，而独不许宋人之变唐，惑也！且先生亦知唐人之自变其诗，与宋人无与乎？初、盛一变，中、晚再变，至皮、陆[8]二家已浸淫乎宋矣。风会所趋，聪明所极，有不期其然而然者。故枚尝谓变尧、舜者，汤、武也；然学尧、舜者，莫善于汤、武，莫不善于燕哙[9]。变唐诗者，宋、元也；然学唐诗者，莫善于宋、元，莫不善于明七子。何也？当变而变，其相传者心也；当变而不变，其拘守者迹也。鹦鹉能言而不能得其所以言，夫非以迹乎哉！

大抵古之人先读书而后作诗，后之人先立门户而后作诗。唐、宋分界之说，宋、元无有，明初亦无有，成、弘[10]后始有之。其时议礼讲学皆立门户，以为名高。七子狃[11]于此习，遂皮傅[12]盛唐，扼腕自矜，殊为寡识。然而牧斋[13]之排之，则又已甚。何也？七子未尝无佳诗，即公安[14]、竟陵亦然。陵掩姓氏，偶举其词，未必牧斋不嘉与。又或使七子湮沉无名，则牧斋必搜访而存之无疑也。惟其有意于摩垒夺帜[15]，乃不暇平心公论，此亦门户之见。先生不嘉樊榭诗，而选则存之，所见过牧斋远矣。

至所云诗贵温柔，不可说尽，又必关系人伦日用，此数语有褒衣大袑[16]气象，仆口不敢非先生，而心不敢是先生。何也？孔子之言，戴经[17]不足据也，惟《论语》为足据。子曰“可以兴，可以群”，此指含蓄者言之。如《柏舟》《中谷》[18]是也；曰“可以观，可以怨”，此指说尽者言之，如“艳妻煽方处”[19]“投畀豺虎”[20]之类是也；曰“迩之事父，远之事君”。此诗之有关系者也；曰“多识于鸟兽草木之名”，此诗之无关系者也。仆读诗常折衷于孔子，故持论不得不小异于先生，计必不以为僭[21]。

[注释]

[1] 浙诗：清代浙派诗。发端于浙西朱彝尊，形成于清中叶，重要作家有励鹗、符曾、汪沆等人。

[2] 樊榭为厉阶：厉鹗（1692—1752），字太鸿，号樊榭，钱塘（今浙江省杭州市）人。康熙举人，能诗词，为浙派诗之宗。厉，祸患。阶，台阶、阶梯，引申为根由，厉阶，祸根。

[3] 数典：讲说典故。此处是指罗列典故，非“数典忘祖”之意。

[4] 葛天氏之乐：传说中上古帝王葛天氏的乐舞。见《吕氏春秋·古乐》。

[5] 天籁：大自然发出来的乐音。

[6] 人籁：由人吹奏出来的乐音。

[7] 今之乐犹古之乐：语出《孟子·梁惠王下》。

[8] 皮、陆：皮日休、陆龟蒙，为晚唐诗人。

[9] 燕哙：战国时燕国国君，学尧舜让贤，将国让给国相子之，只三年，国家大乱。事见《史记·燕召王世家》。

[10] 成、弘：成，成化，明宪宗（朱见深）年号（1465—1487）。弘，弘治，明孝宗（朱右樘）年号（1488—1505）。李梦阳倡“文必秦汉，诗必盛唐”是在弘治年间，所以袁枚称“唐、宋分界之说”或“成、弘后始有之”。

[11] 狃（niǔ）：习以为常。

[12] 皮傅：依傅。

[13] 牧斋：钱谦益（1582—1664），字受之，号牧斋。清文学家，诗文在明末清初极负盛名，在其所著《列朝诗集小序》中对明七子多有指责。

[14] 公安、竟陵：晚明诗歌流派。公安派以三袁为中心，竟陵派以钟惺、谭元春为代表。

[15] 摩垒夺帜：迫近敌军堡垒而夺其旗帜，比喻其急于争夺文坛盟主的地位。

[16] 褒（bāo）衣大袑（shào）：褒衣，衣襟宽大。袑，裤子的上半部。这里指官僚空架子，形容沈德潜议论空廓浮泛，拿大架子吓人。

[17] 戴经：西汉戴圣删大戴（戴德）之书为46篇，称《小戴记》即《礼记》。其中《经解》篇载有孔子“温柔敦厚，诗教也”之语。

[18] 《柏舟》、《中谷》：《柏舟》，《诗·邶风》中的一篇。《中谷》，即《中谷有蓷》，《诗·王风》中的一篇。

[19] 艳妻煽方处：见《诗·小雅·十月之交》。此诗讽刺周幽王宠

其艳妻褒姒，而使妻党中人都居高位。

[20] 投畀豺虎：见《诗·小雅·巷伯》。此诗怒斥谗人，表示要把这些投给豺虎。

[21] 僭（jiàn）荐：超越本分。

第十一节　焦循的《花部农谭序》

[说明]

焦循（1763—1820），字理堂，一字里堂，甘泉（今江苏扬州）人。嘉靖六年（1801）举人。清中叶著名朴学大师，博学多才，于经、史、历、算、声韵、训诂之学都有研究。又是戏曲理论家，所撰曲论著作《剧说》、《花部农谭》都很有影响。《花部农谭》是我国戏曲理论批评史上第一部研究地方戏曲的专著，内容是就清代中叶扬州流行的若干戏曲剧目作考证和分析，对当时被士大夫所轻视的“花部”甚为推重。自明代以来，文人论戏，都是以杂剧、传奇（南戏）为主，而焦循独于地方戏曲大力提倡，重视和肯定它们的价值和地位，反映了他对地方戏曲的进步观点，对地方戏曲的发展，是有一定促进作用的。

清代自雍正、乾隆以后，被称为“雅部”的昆曲衰落了，代之而起的是被称为“花部”、“乱弹”的各种地方戏曲。而对这些新兴的戏曲，封建统治阶级认为伤风败俗，严加禁止；一般封建士大夫文人也囿于传统偏见而嫌其野俗不雅，予以轻视。但由于这些地方戏曲具有旺盛的艺术生命力，引起了少数有识之士的重视。焦循在这方面不同流俗，独抒己见，撰写了《花部农谭》。他在该书序文中明确宣称：在“梨园共尚吴音”之时，他却“独好”“花部”。并通过对吴音与花部的比较，对花部给予了充分的肯定。

首先，从声腔上比较，他指出：“吴音繁缛”，其声萎靡不振；花部“其音慷慨，血气为之动荡”。其次，从曲文上比较，他指出：吴音“其曲虽极谐于律”，但唱词典奥，听戏的人如果“未睹本文”，则“无不茫然不知所谓”；而花部则“其词直质，虽妇孺亦能解”，因而“农叟、渔父，聚以为欢”。再次，从内容上比较，他指出：吴音“多男女猥亵”，“殊无足观”；而“花部原本于元剧，其事多忠孝节义，足以动人”（这里表露出他思想中存在的封建正统观念，但在焦循的戏曲理论中，是处于很次要的地位）。总之，他从思想内容、艺术特色和社会作用等方面对昆曲与花部两种戏曲的比较分析中，充分肯定了花部高于昆曲的地方。

[原文]

花部农谭序

焦　循

梨园共尚吴音[1]。“花部”[2]者，其曲文俚质[3]，共称为“乱弹”者也，乃余独好之。盖吴音繁缛[4]，其曲虽极谐于律，而听者使未睹本文[5]，无不茫然不知所谓。其《琵琶》《杀狗》《邯郸梦》《一捧雪》[6]十数本外，多男女猥亵，如《西楼》《红梨》[7]之类，殊无足观。花部原本于元剧，其事多忠孝节义，足以动人[8]，其词真质[9]，虽妇孺亦能解；其音慷慨，血气为之动荡。郭外[10]各村，于二、八月间递相演唱，农叟渔父，聚以为欢，由来久矣。自西蜀魏三儿[11]倡为淫哇鄙谑之词，市井中如樊八、郝天秀[12]之辈，转相效法，染及乡隅。近年渐反于旧[13]，余特喜之。每携老妇幼孙，乘驾小舟，沿湖观阅。天既炎暑，田事馀闲，群坐柳阴豆棚之下，侈谭故事，多不出花部所演，余因略为解说，莫不鼓掌解颐。有村夫子者笔之于册，用以示余。余曰：此农谭耳，不足以辱大雅之目。为芟之，存数则云尔。

嘉庆己卯[14]六月十八日立秋，雕菰楼[15]主人记。

[注释]

[1] 梨园共尚吴音：梨园，戏班子。吴音，即昆腔，因最早流行于江苏南部吴中地区，故又称吴音。

[2] 花部：是清代除昆曲以外的所有其他地方剧种的总称，与雅部昆山腔相对。花部为京腔、秦腔、弋阳腔、梆子腔、罗罗腔、二簧调等，又统称之为“乱弹”（见李斗《扬州画舫录》卷五）。

[3] 俚质：通俗质朴。

[4] 繁缛：指乐声之细腻。

[5] 本文：剧本。

[6] 《琵琶》《杀狗》《邯郸梦》《一捧雪》：《琵琶》、即《琵琶记》，南戏剧本，高明作。《杀狗》，即《杀狗记》，南戏剧本，现在流传《杀狗记》，一般认为作者是明初徐㽦。《邯郸梦》，即《邯郸记》，传奇剧本，汤显祖作。《一捧雪》，传奇剧本，明末清初李玉作。

[7] 《西楼》《红梨》：《西楼》，即《西楼记》，传奇剧本，清初袁

于令作。《红梨》，即《红梨记》，传奇剧本，明徐复祚作。

[8] 花部原本于元剧三句：戏曲传统批评家认为元杂剧多谱写忠孝节义事。

[9] 直质：元剧语求本色，所以其词明白晓畅，朴素无华。

[10] 郭外：城外。

[11] 魏三儿；魏长生，清乾隆时著名的秦腔演员。清人吴太初《燕兰小谱》卷三《赠魏长生诗》的小序称："魏三名长生，字婉清，四川金堂人，伶中子都也。"

[12] 樊八、郝天秀：樊八，疑系樊大之误。樊大、郝天秀（字晓岚）均为乾隆时演旦角的名演员。

[13] 近年渐反于旧：指返回到花部旧时的传统。

[14] 嘉庆己卯：嘉庆二十四年（1819）。

[15] 雕菰楼：焦循晚年所筑楼名，他曾在此楼闭门著书，十余年足迹不入城市。

思　考　题

1．何景明与李梦阳在学古问题上的基本分歧是什么？

2．简述何景明关于学古与创新之关系的见解。

3．何景明提出"临景结构"的针对性在哪里，它的主要含义是什么？

4．何景明提出意象有"应合"与"乖离"问题有什么积极意义？

5．何景明把"辞断而意属，联类而比物"作为古代诗文

“不可易之法”，其内涵是什么？

6. 何景明以筏喻诗的意图在哪里？

7. 王世贞的文学主张在哪些方面对前七子的拟古理论有所修正？

8. 王世贞是怎样主张学古而不泥于古的？

9. 简述“师匠宜高，捃拾宜博”的具体含义。

10. 王世贞主张对古代诗文应“熟读涵味”，其基本精神是什么？

11. 王世贞是怎样论述“才”、“思”、“调”、“格”之间关系的？其理论的价值在哪里？

12. 李贽是怎样论述“童心”与文学之关系的？

13. 为什么说李贽的“童心说”对文学创作具有思想解放的积极意义？

14. 怎样理解李贽提出“童心说”在中国文论上具有开创之功？

15. “童心说”的内涵是什么？

16. 明代中叶戏曲创作上出现了哪两个大派别？它们之间的主要分歧是什么？

17. 汤显祖的戏曲理论的主要观点是什么？

18. 简述汤显祖的“凡文以意、趣、神、色为主”的命题的含义及其进步意义。

19. 试述袁宏道的文学发展观。

20. 袁宏道关于“妍媸之质，不逐目而逐时”的命题的内涵是什么？

21. 袁宏道是怎样批判前后七子“以剿袭为复古”的复古主义的？

22．袁宏道在称赞江盈科的诗歌创作时提出的文学创作原则的内容是什么？它有什么积极意义？

23．金圣叹关于小说的人物形象塑造有哪些重要理论？

24．简述金圣叹关于小说创作应进行艺术虚构的主张。

25．金圣叹从理论上阐释了文学作品与历史记载的各自特征，其理论观点有哪些？

26.什么是“因文生事”,它对小说创作有什么普遍意义？

27．金圣叹指出《水浒传》刻画的人物“任凭提起一个，都似旧时熟识”，其理论意义是什么？

28．金圣叹特别强调人物语言的个性化，他对此有哪些重要的论述？

29．李渔的剧论有哪些独到之处？

30．试论李渔“立主脑”的戏剧理论的内涵与价值。

31．李渔主张“结构第一”，其具体含义是什么？这种主张的实质是什么？

32．李渔关于戏曲的艺术真实问题提出了哪些见解？

33．李渔是如何论述戏剧人物“语求肖似”的？

34．李渔提出了代剧中人物“立心”和“设身处地”代剧中人物“生想”之说，这对戏剧创作有什么重要意义？

35．从《鬲津草堂诗集序》谈谈你对王士祯文学思想的看法。

36．王士祯诗论的变化与纠正当时的诗风有什么关系？

37．王士祯“神韵说”的内涵是什么？

38．王士祯“神韵说”的理论渊源是什么？

39．刘大櫆强调散文艺术本身的相对独立性，其具体的见解有哪些？

40．试述刘大櫆的“神气音节”说。

41．刘大櫆对曹丕的“文气说”做了哪些发展？

42．刘大櫆的“因声求气”说的内涵是什么？

43.《答沈大宗伯论诗书》表现了袁枚哪些进步的文学思想？

44．袁枚是从哪些方面批判“格调说”的？

45．试述袁枚“诗有工拙，而无今古”主张的进步意义。

46．简述袁枚“性灵说”的含义和进步意义。

47．什么是花部？《花部农谭》是一部怎样的书？其序文表达了作者怎样的文学思想？

48．焦循是从哪些方面对花部作了充分的肯定？

附：主要参考书目

1．郭绍虞．中国历代文论选（一卷本）．上海：上海古籍出版社，1979

2．霍松林．古代文论名篇详注．上海：上海古籍出版社，1986

3．谌光麟．中国古代文论概要．长沙：湖南文艺出版社，1987

4．皮朝纲．中国古代文学理论基础．四川师范大学学报丛刊第九辑，1987

编 后 记

本书是根据四川省高等教育自学考试委员会1990年8月23日公布的《中国古代文论选读自学考试大纲》编写的，在编写过程中，曾参考和吸收了不少专家、学者的研究成果，在此说明，并致谢意。由于我们水平有限，缺点错误在所难免，敬请专家和读者批评指正。

参加编写同志的分工如下，蒲友俊编写第一章、第二章、第三章，张小元编写第四章、第五章，皮朝纲编写第六章。最后由皮朝纲统稿、定稿。

编　者

1993年7月